教育部人文社会科学研究青年基金项目：社会主要矛盾转化对新时代思想政治工作的影响研究（项目批准号：20YJC710060）的最终研究成果

国家社科基金高校思政课研究专项项目：新时代高校思政课教师马克思主义信仰建构研究（项目批准号：21VSZ089）阶段性成果

思想政治研究文库

社会主要矛盾转化
对新时代思想政治工作的影响研究

王 敏◎著

光明日报出版社

图书在版编目（CIP）数据

社会主要矛盾转化对新时代思想政治工作的影响研究 /
王敏著 . -- 北京：光明日报出版社，2024.9. -- ISBN
978 - 7 - 5194 - 8287 - 9

Ⅰ . D64；D66

中国国家版本馆 CIP 数据核字第 20245W6Q41 号

社会主要矛盾转化对新时代思想政治工作的影响研究

**SHEHUI ZHUYAO MAODUN ZHUANHUA DUI XINSHIDAI SIXIANG
ZHENGZHI GONGZUO DE YINGXIANG YANJIU**

著　　者：王　敏

责任编辑：许　怡　　　　　　　　责任校对：王　娟　李学敏

封面设计：中联华文　　　　　　　责任印制：曹　净

出版发行：光明日报出版社

地　　址：北京市西城区永安路 106 号，100050

电　　话：010-63169890（咨询），010-63131930（邮购）

传　　真：010-63131930

网　　址：http：// book. gmw. cn

E - mail：gmrbcbs@ gmw. cn

法律顾问：北京市兰台律师事务所龚柳方律师

印　　刷：三河市华东印刷有限公司

装　　订：三河市华东印刷有限公司

本书如有破损、缺页、装订错误，请与本社联系调换，电话：010-63131930

开　　本：170mm×240mm

字　　数：260 千字　　　　　　　印　　张：14.5

版　　次：2025 年 1 月第 1 版　　　印　　次：2025 年 1 月第 1 次印刷

书　　号：ISBN 978 - 7 - 5194 - 8287 - 9

定　　价：89.00 元

序

    中国特色社会主义随着我国社会主要矛盾的转化，不仅进入了全面深化改革开放和高质量发展的新时代，而且进入了全面建设社会主义现代化强国和实现中华民族伟大复兴的新时代。作为党和国家一切工作"生命线"的思想政治工作也随之进入了服务强国建设和民族复兴而必须勇于守正创新和高质量发展的新征程。我国社会主要矛盾的转化，是中国特色社会主义进入新时代的重要依据，是党和国家全局形势和任务发生历史性变化的深层原因，是我国全面深化改革和各项工作创新发展、全面建设现代化强国和实现中国梦的基本遵循。新时代思想政治工作必须适应我国社会主要矛盾转化的内在要求，努力实现守正创新和高质量发展。换言之，只有立足我国社会主要矛盾的转化，新时代思想政治工作才能把握守正创新和高质量发展的重点、难点及主要着力点。

    我国社会主要矛盾的转化等因素使得中国特色社会主义进入新时代，既反映了现阶段我国社会发展的客观实际，又是制定新时代党的路线方针政策和国家长远发展战略的重要依据。"思想政治工作从根本上说是做人的工作"①，随着中国特色社会主义进入新时代，我国社会主要矛盾的转化，首先就意味着马克思主义中国化时代化及党的理论创新进入了新的历史发展时期和新的发展阶段；其次还反映了矛盾需求侧的人的需要的变化提升，即逐渐由物质层面上升为精神层面；最后则是矛盾供给侧指出了社会生产发展的不平衡不充分。为此，推进新时代社会主要矛盾转化背景下思想政治工作改革创新与高质量发展，一是要用习近平新时代中国特色社会主义思想筑梦凝神铸魂与举旗聚力定向，二是要围绕新时代人的精神需求提升思想政治工作能力，三是要推动新时代思想政治工作平衡而充分的发展。

    该书正是基于社会主要矛盾转化深层次地决定和影响思想政治工作的主体、内容、方法、整体结构及过程环节等，进而从总体上规定新时代思想政治工作

---

① 习近平. 习近平著作选读：第一卷［M］. 北京：人民出版社，2023：540.

的科学决策和策略实施，就如何加强和改进新时代思想政治工作、如何促进新时代思想政治工作守正创新与高质量发展的研究目标而进行深入探讨的成果。

纵览全书，可以明显感受到作者努力的基本线索与研究的主要内容。

其一，作者从研究立论的知识基础出发，围绕着社会主要矛盾与思想政治工作的内在逻辑联系进行了具体而清晰的阐述。该书从社会主要矛盾、新时代社会主要矛盾发生转化的整体性认识等方面进行了详细的呈现。社会主要矛盾是由人所组成的社会之发展基本状况的集中反映，"社会主要矛盾是以人为出发点，围绕人展开的"①。思想政治工作，从根本上说，就是做人的工作，是基于特定阶级立场与意识形态要求而通过有目的、有计划、有组织的教育实践活动，使思想政治工作对象形成符合一定社会所要求的思想品德和道德要求的社会实践活动。社会主要矛盾与思想政治工作围绕"人"这个中心，天然地耦合在一起。从新时代社会主要矛盾转化的整体性认识来看，中国共产党对不同历史阶段社会主要矛盾的判断与把握，并据此制定相应的方针政策，是其治国理政的主要做法与成功经验。新时代我国社会主要矛盾的转化，既是党和国家基于社会生产状况变动而出现矛盾演化的事实逻辑之由然，也是党和国家基于矛盾运动始终遵循"人民至上"价值导向的价值逻辑之使然。新时代我国社会主要矛盾发生转化，突出地表现为矛盾需求侧的新质变化与矛盾供给侧的新质变化，即矛盾需求侧的新质变化主要体现为"美好生活需要"比"物质文化需要"的需求层次更高了，矛盾供给侧的新质变化体现为"不平衡不充分的发展"比"落后的社会生产"的发展领域更加宽广。新时代我国社会主要矛盾的转化，并没有改变我国社会主义初级发展阶段之定位，也没有改变我国是最大发展中国家国际地位之定位，而是我国原有矛盾的阶段性质变。新时代我国社会主要矛盾的转化是关系全局的历史性变化，对党和国家发展提出了许多新要求，也对党和国家一切工作的生命线的思想政治工作提出了许多新要求。

其二，该成果对社会主要矛盾转化给新时代思想政治工作主体带来的具体影响进行了详细的呈现，主要从思想政治工作主体的相关内容概述、社会主要矛盾转化对思想政治工作者的影响、社会主要矛盾转化对思想政治工作对象的影响这三个方面进行展开。具体而言，社会主要矛盾发生转化是中国特色社会主义进入新时代的重要标识。"要真正理解好'新时代'，就必须有自信、昂扬、

① 陈国平，韩振峰.把握新时代人民群众美好生活需要的三个维度——基于新时代社会主要矛盾的分析 [J].人民论坛·学术前沿，2018（09）：98.

奋进、豪迈的精神状态。"① 此处涉及的自信、昂扬、奋进、豪迈的精神状态，是指"作为主体的人"的精神状态，既包括思想政治工作者本身应积极适应新时代对思想政治工作提出的目标任务与工作要求，也包括给基于新时代思想政治工作实践所带来的思想政治工作对象"自信、昂扬、奋进、豪迈"精神状态的"实质性变化"。毫无疑义的是，这里所关涉的是，新时代我国社会主要矛盾转化背景下思想政治工作主体所遭遇的深刻而广泛的冲击与变化，是加强和改进思想政治工作进而推进新时代思想政治工作高质量发展必须重点考虑的重要问题。

其三，作者对社会主要矛盾转化给新时代思想政治工作内容带来的具体影响进行了深入的探讨，主要从新时代新矛盾下思想政治工作内容建设的特点、新时代新矛盾下思想政治工作内容建设的重要着力点等三个方面进行详细的阐明。具体而言，中国特色社会主义进入新时代，作为党和国家事业"生命线"的思想政治工作，也应紧紧围绕当今时代特点与目标任务确定新的内容结构体系。2021 年中共中央、国务院印发了《关于新时代加强和改进思想政治工作的意见》，不但确定了新时代思想政治工作的内容，而且回答了新时代思想政治工作要干什么、用什么样的理论和思想体系来教育党员、干部、群众和学生的问题。换言之，新时代社会主要矛盾转化背景下的思想政治工作要坚持用习近平新时代中国特色社会主义思想铸魂育人、用新时代理想信念教育立德树人、用社会主义核心价值观教育聚力定向、用其他思想政治工作内容完善体系。

其四，作者对社会主要矛盾转化给新时代思想政治工作方法带来的具体影响进行了分析，主要包括思想政治工作方法概述、新时代思想政治工作方法的创新境遇、新时代思想政治工作方法创新发展的新内容这三个方面的研究内容。适应社会主要矛盾转化的新时代思想政治工作方法，开始由方法采用上的"单兵作战"向方法集群的"兵团作战"转变，开始由"大而化之"向"精致育人"转变，开始由就事论事和直接育人向整体育德和环境育人转变。同时，随着整个哲学社会科学的跨学科发展趋势，新时代思想政治工作方法的发展也吸收借鉴了其他学科的有益方法，特别是信息科学中分析方法的融合运用、网络科学中实践方法的借鉴运用、环境科学中改造方法的参考运用等，从而不断使得思想政治工作方法体系得到创新、丰富和完善。

其五，作者对深入推进新时代思想政治工作高质量发展的路径进行了探索性的思考，主要从必要性致思理路、数智化实践进路、创新性对策思路这三个

---

① 刘建军. 试论新时代思想政治工作的精神气质［J］. 文化软实力，2017（04）：11.

方面展开了研究。一是新时代社会主要矛盾转化背景下思想政治工作，要想实现改革创新与高质量发展的目标，就需要从切准时代脉搏、勇担历史使命、聚焦人民需要三个方面，来积极回应新时代的新要求、清楚新征程上的新任务、了解承担的新使命；二是新时代社会主要矛盾转化背景下思想政治工作，要想实现改革创新与高质量发展的目标，需要立足新矛盾与数智化耦合互嵌之事实，大力发展数智化驱动型的全面思政、积极发展数智化驱动型的深度思政、全力发展数智化驱动型的真实思政、主动发展数智化驱动型的精准思政；三是新时代社会主要矛盾转化背景下思想政治工作，应聚焦社会主要矛盾的化解和人民美好生活需要的满足两个方面，通过思维转向、主体转变、内容转换和方法转型等措施，从而实现新时代思想政治工作的改革创新、优化提升与高质量发展。

　　该成果是作者在既要攻读博士学位，又先后获批教育部项目和国家社科基金项目等多重任务同时进行之最为艰难时期所完成的成果之一。作者尽管为该书的撰写付出了艰辛的努力与探索，并力求在该问题域有所突破，但鉴于时间紧迫、任务繁重、学识积累、精力有限等原因，该成果仍存在着诸多不尽完美之处，仍需要作者在未来的学术探索之旅继续思考和解决的问题也不少。例如，如何将社会主要矛盾给思想政治工作带来的影响进行定量化评估、如何科学有效地推进新时代思想政治工作改革创新与高质量发展等诸多方面，仍需要进一步地深入思考和努力探索。作者的学术悟性尽管不是很高，但为人本分，踏实努力，乐观向上，谦虚好学，勤奋扎实。祝愿作者在坚持问题导向、坚守学术兴趣、保持专业热情、深化课题研究的道路上继续努力，不断创造超越自己过去的新辉煌。

2023 年 12 月 10 日

于宝山吟峰苑家中

目　录
CONTENTS

导　论

一、问题缘起与研究价值

（一）问题缘起：新时代、新矛盾、新要求

2017 年，习近平在党的十九大报告中提出了"中国特色社会主义进入新时代，我国社会主要矛盾已经转化为人民日益增长的美好生活需要和不平衡不充分的发展之间的矛盾"①的重大历史性判断，认为随着社会主要矛盾的转化，"人民美好生活需要日益广泛，不仅对物质文化生活提出了更高要求，而且在民主、法治、公平、正义、安全、环境等方面的要求日益增长"②。2021 年，中国共产党在迎来其成立一百周年的历史节点上通过了《中共中央关于党的百年奋斗重大成就和历史经验的决议》，从百年党史回顾与总结的角度肯定了新时代我国社会主要矛盾发生转化的历史事实。2022 年，习近平在党的二十大报告中又一次明确我国社会主要矛盾已经发生转化的客观事实，并提出了要"紧紧围绕这个社会主要矛盾推进各项工作，不断丰富和发展人类文明新形态"③的新时代要求。

可以说，社会主要矛盾的转化，突出反映了中国特色社会主义进入新时代以后"经济社会发展问题域"的核心与关键，这些新矛盾新问题的存在，必然会对置身时代潮流当中的人们的生产生活及思想观念产生重大而深刻的冲击与影响。进而言之，随着党的十八大以来中国特色社会主义进入新时代，我国社

---

① 习近平. 决胜全面建成小康社会　夺取新时代中国特色社会主义伟大胜利——在中国共产党第十九次全国代表大会上的报告 [M]. 北京：人民出版社，2017：11.

② 习近平. 决胜全面建成小康社会　夺取新时代中国特色社会主义伟大胜利——在中国共产党第十九次全国代表大会上的报告 [M]. 北京：人民出版社，2017：11.

③ 习近平. 高举中国特色社会主义伟大旗帜　为全面建设社会主义现代化国家而团结奋斗——在中国共产党第二十次全国代表大会上的报告 [M]. 北京：人民出版社，2022：7.

会主要矛盾的转化，表明我国原有的社会主要矛盾已经被新的社会主要矛盾所替代，从总体上反映了我国当今时代发展、社会发展的基本状况以及发展水平，反映我国发展全局的基本状况和未来趋势，反映人民对美好生活需要的日益增长的迫切需要。从某种意义上说，我国社会主要矛盾的转化，构成了中国特色社会主义进入新时代的一个基本而重要的科学依据，是党和国家全局形势和任务发生历史性变化的深层原因，是我国全面深化改革和各项工作发展创新的基本遵循。

"新的社会主要矛盾是新时代的重要内涵和基本特征。"① 这里的"新时代"，并不是历史学意义上的新时代，而是指中国特色社会主义的发展阶段发生了变化，中国特色社会主义发展的形式显现出了新的特点。"新时代的本质内涵是在中国特色社会主义发生历史转变的条件下，中华民族实现强起来发展目标的时代，是中国共产党带领全国各族人民实现中华民族伟大复兴的中国梦，在全面建成小康社会的基础上，分两步走建成富强民主文明和谐美丽的社会主义现代化强国的时代。"② 新时代回应新矛盾，新矛盾成就新时代，新时代呼唤新任务，新矛盾提出新要求。我们必须认识到，"我国社会主要矛盾的变化是关系全局的历史性变化，对党和国家工作提出了许多新要求"③，当然也对新时代事关我国各项事业和工作"生命线"的思想政治工作提出了与时俱进的许多新要求，不但决定思想政治工作领域主要矛盾的相应变化，而且"迫切要求思想政治工作准确把握新时代历史方位的整体特征，从全球视角和长远眼光全面辩证地观察、思考和处理新时代出现的思想问题和理论问题，制定出符合当前新时代特点的战略机制和运行方案"④。因此，新时代我国的思想政治工作也必将随着社会主要矛盾发生转化而受到重大而深刻的冲击与影响。

概言之，社会主要矛盾转化对思想政治（教育）工作具有怎样的影响？影响的过程与机理是什么？如何遵从社会主要矛盾这个历史性转化以建立与新时代中国特色社会主义建设相适应的思想政治工作体系？对这些问题进行回应与解答是新时代思想政治工作理论研究和实践探索的重点，这关系到新时代思想

---

① 颜晓峰. 我国社会主要矛盾变化的重大意义 [N]. 人民日报，2018-01-04 (007).
② 王建国，邓岩. 新时代中国社会主要矛盾的转化与执政党的历史使命 [M]. 武汉：华中师范大学出版社，2020：76.
③ 习近平. 决胜全面建成小康社会　夺取新时代中国特色社会主义伟大胜利——在中国共产党第十九次全国代表大会上的报告 [M]. 北京：人民出版社，2017：11.
④ 张毅翔. 新时代思想政治教育发展的实践逻辑及其建构 [J]. 学校党建与思想教育，2018 (03).

政治工作的自觉发展与有效创新，关系到新时代思想政治工作功能作用的重新定位，关系到新时代中国特色社会主义建设的性质方向，关系到我国社会主义现代化建设与中华民族伟大复兴中国梦的顺利实现。所以说，该课题是一个具有特定的时代价值与现实意义的研究课题。

（二）研究价值

对任何一项研究课题而言，其选题意义或价值主要解决的是该选题的重要性问题。换言之，我们所从事的任何一项研究，都必须具有某种研究价值或意义，也就是要将该选题"值得去做"① 的理由阐释清楚。就社会主要矛盾发生转化对新时代思想政治工作的影响这个选题来看，其选题意义或价值主要体现在理论价值与现实意义两个层面与维度。

1. 理论价值

社会主要矛盾转化对新时代思想政治工作的影响研究，在理论层面的意义或价值，主要体现为它既能促进思想政治工作学科建设与学科发展，又能提升思想政治工作研究的理论自觉与理论创新，既能助推新时代思想政治工作的科学化与现代化发展，又能促进新时代思想政治工作的理论研究研究范式转型。

（1）有利于进一步促进新时代思想政治工作的学科建设与学科发展。历史来看，虽然古代中国和古代西方世界也一直都有事实上的思想政治工作的存在，但也仅仅是"有实无名"的存在。宣传工作或政治工作作为思想政治工作前身之称呼，其"实名之实存"本身则是伴随着马克思主义科学社会主义的正式诞生而开始产生的，时至今日也不过180余年的时间。再严格一点说，"思想政治工作或思想政治教育工作是以马克思主义作为指导思想的中国共产党的优良传统与政治优势"②，是随着中国共产党之诞生而出现和发展的，时至今日也不过100多年的时间。思想政治工作作为一门学科，诞生于20世纪80年代中叶，当时是放在政治学下面的一个二级学科，2005年之后成为马克思主义理论一级学科下的二级学科。囿于创立时间相对较短，其在学科体系建构和基础理论研究等方面，一定程度上式微于其他哲学社会科学，特别是中国特色社会主义进入新时代，我国社会主要矛盾发生转化以后的社会主流价值观念受到一定程度的冲击，加之网络新媒体技术及数智媒体的发展对思想政治工作对象的价值观念产生了一定的影响，在现实与网络的双重影响下，思想政治工作在现实发展及

① 风笑天. 社会研究方法［M］. 4版. 北京：中国人民大学出版社，2009：47.
② 习近平在全国高校思想政治工作会议上强调：把思想政治工作贯穿教育教学全过程　开创我国高等教育事业发展新局面［N］. 人民日报，2016-12-09（001）.

其自身研究过程中存在研究范式套用、研究理论嫁接、实际效果不佳、教育模式单一、任务转型困难等问题和弊端，且不能应对社会变革阶段的需求。所以，本研究对于相关命题的探索，在弥补当前思想政治教育工作学科应对"世界之变、历史之变、时代之变"的不足方面有一定的积极意义，同时也是对学界探讨的相关热点问题的补充，完善学科体系，有利于其进行学科建设。此外，依据唯物辩证法，社会主要矛盾是社会发展问题的集中体现，为未来社会的发展指明了方向路径，其变化必然引起其他各相关领域的变革，意识形态领域也必然要随之发生较大的转变，尤其是当前我国处于新时代推进强国建设与民族复兴梦想实现的关键时期，社会主要矛盾的变化使得其他一切领域的工作重心都发生了相应的较大变化，思想领域首当其冲地受到冲击与影响。作为解决思想领域问题的主要工具，新时代思想政治工作理论及学科发展与建设也应与时俱进，不断发展创新，以保障社会整体的平稳运行和协调发展。

　　（2）有利于推动新时代思想政治工作研究的理论自觉与理论创新。从理论价值上讲，一方面，本研究以马克思主义思想政治教育思想为学科理论基础，依据马克思主义人学理论中有关人的需要和人的全面发展的论述，来准确把握和深刻剖析新时代我国社会主要矛盾发生转化背景下人们需求所发生的相应变化，从而提出了将马克思"合理需要观"和习近平"美好生活观"融入新时代思想政治工作中，有利于给新时代思想政治工作的改革创新与高质量的现代化发展提供理论支撑。进而言之，主观与客观的统一、思维与存在的统一是马克思主义认识论的基本观点，社会主要矛盾转化是一种客观的存在，也就要求新时代思想政治工作要及时跟进，以达到认识自觉与理论自觉的统一。因此，本研究侧重于从社会主要矛盾转化的角度，深入分析"新中国成立以来中国共产党对社会主要矛盾的认识历程"①，并且探讨了习近平同志讲话中有关思想政治工作的论述，以此对两者之间的关联性做深入分析，为思想政治工作在社会主要矛盾转化下的创新发展提供优化的路径，有利于巩固思想政治工作的先导地位和政治工作的核心地位，拓展和深化新时代思想政治工作相关问题的理论研究。另一方面，新时代思想政治工作也必须对社会主要矛盾及其变化做出理论阐释，"从理论上把握社会主要矛盾的内涵及其功能"②，为最终化解社会主要矛盾提供思想认识前提，因而内在地具有理论发展与理论创新的压力与动力。

---

　　①　王建国，邓岩．新时代中国社会主要矛盾的转化与执政党的历史使命［M］．武汉：华中师范大学出版社，2020：22.

　　②　王建国，邓岩．新时代中国社会主要矛盾的转化与执政党的历史使命［M］．武汉：华中师范大学出版社，2020：6.

因此，本研究运用调查研究和多学科交叉研究法分析了社会主要矛盾转化给思想政治工作带来的影响以及论述了马克思合理需要观和习近平美好生活观教育，有利于进一步丰富新时代思想政治工作的理论自觉与理论创新。

（3）有利于推进新时代思想政治工作的科学化、现代化与特色化发展。新时代是应社会发展和人的需要变化的新时代，从根本上说，作为"做人的工作"的思想政治工作，必须回应新时代的新要求，必须以社会实践为依据来正确认识和科学把握社会主要矛盾转化及其带来的全方位的复杂影响，这正是新时代思想政治工作实现科学化、现代化和特色化发展的理论路径。现实地看，伴随我国改革开放的历史进程，党和国家开展思想政治工作的历史背景，涵盖不同阶段的经济、政治、文化、社会等具体的不同的表现，我国社会结构和阶级结构处于急剧变革的历史阶段。特别是进入新时代以来，伴随现代新传播媒介的发展，思想政治工作的思想观念、政治观点和道德规范等，不仅受现实客观世界发展变化的影响，同时受虚拟世界影响的程度也逐步加深。在历史与现实的交互作用下，开展思想政治工作的改革创新与高质量发展研究，从理论层面是对思想政治工作进入新时代后，面对社会主要矛盾发生转变时，其自身应实现什么样的发展和怎样发展等问题的积极思考，也是对今后思想政治教育学界理论热点问题的求索和理论空缺问题的补足。

（4）有利于促进新时代思想政治工作的理论研究范式转型。中国特色社会主义进入新时代，我国社会主要矛盾发生转化，于是，新的社会主要矛盾带来很多社会矛盾、问题与挑战的消除与解决，是现阶段诸多人民内部矛盾产生的主要根源。思想政治（教育）工作作为解决人民内部矛盾的基本方式，要及时预见、准确研判、有效化解这些新旧社会主要矛盾中的人民内部矛盾。可以这么说，社会主要矛盾转化是以人的需求为中心的转化，特别是"人民日益增长的美好生活需要"① 的话语表述，这一方面说明了人们需要的内涵更加丰富，人民不仅对物质文化生活提出了更高要求，而且在民主、法治、公平、正义、安全、环境等方面的要求日益增长，也说明了人们需要的层次得到提升，人们追求更好的生活品质、更高的精神享受；另一方面，用"人民美好生活需要"这一更加生活化、更加接地气、更加贴近人民心灵的语言进行表述，在关注人们在物质文化领域内的思想状况的同时，更要关注人们在社会、环境及精神生活等领域的思想发展动态，从而满足人们多方面的美好生活需要，使人们有更

---

① 习近平．决胜全面建成小康社会　夺取新时代中国特色社会主义伟大胜利——在中国共产党第十九次全国代表大会上的报告［M］．北京：人民出版社，2017：11.

多的获得感和幸福感。这种着重体现将人作为一种真实的、有意识的社会存在物的表述，恰好就是新时代"以人民为中心"的发展思想及价值观所蕴含的尊重人、发展人、解放人的逻辑意涵的展现，同时也提出了新时代思想政治（教育）工作要继续深入彻底地坚持以人民为中心，关注人民多方面、多层次的新需要的新时代要求。所以说，思想政治工作表明了新时代思想政治教育工作研究范式，应由最初的强调社会哲学研究范式，到更为凸显"以人民为中心"的人学研究范式的转变。

2. 现实意义

通过开展本研究，旨在解决和回答新时代社会主要矛盾转化背景下思想政治工作在实际的教育与工作过程中所存在的滞后性问题与缺失性问题，以推动思想政治工作在新时代实现更为科学和完善的发展，具体现实意义集中表征于以下几个方面。

其一，助推新时代思想政治工作"生命线"的战略定位与贯彻执行。"作为马克思主义政党的中国共产党，思想政治工作是铸就其百年辉煌的传家宝和生命线。"[1] 对党和国家而言，将新时代社会主要矛盾转化对思想政治工作带来的影响研究和阐释清楚并大力推进新时代思想政治工作改革创新与高质量发展，有利于在新时代的历史方位下巩固和强化思想政治工作作为党和国家事业及各项工作"生命线"的战略定位与作用发挥。从实践层面来看，新时代我国社会主要矛盾转化所蕴含的"社会问题"，正是思想政治工作实践的依据遵循，为新时代发展提供方向指引和价值导向。为此，党和国家通过建构从上至下强调重视思想政治工作的良好社会氛围，进而增强人民群众对党作为新时代中国特色社会主义领导核心的认同与支持，不断提高人民群众对党和国家路线方针政策的自主接受能力和自觉执行能力，从而为全面建设社会主义现代化国家提供强大精神动力。

其二，助力新时代思想政治工作者主体更有效地开展相关理论与实务工作。对思想政治工作的实施者和开展者而言，将新时代社会主要矛盾转化对思想政治工作带来的影响研究和阐释清楚，将世界百年未有之大变局与中华民族伟大复兴战略全局的新时代思想政治工作环境条件研究和阐释清楚，有利于其"因事而化、因时而进、因势而新"[2] 地开展新时代思想政治工作改革创新与高质

---

① 新时代思想政治工作大课堂 [M]. 北京：人民出版社，2022：4.

② 习近平在全国高校思想政治工作会议上强调：把思想政治工作贯穿教育教学全过程　开创我国高等教育事业发展新局面 [N]. 人民日报，2016-12-09（001）.

量发展的相关理论研究和实践探索，能够有效化解现实中出现的忽视弱化、歪曲误解思想政治工作的思想和言行，提升理论研究的主动性和创造性，增强理论工作者从事思想政治工作教学科研及工作实践的信心和恒心。同时，这一颇具现实性与紧迫性的相关研究成果，亦可被党政机关部门、高等院校、科研院所等各类思想政治工作主体借鉴采纳，实现新时代思想政治工作理论对社会实践的科学指导和反馈修正。

其三，助力新时代思想政治工作对象思想与实际问题之有效解决。对思想政治工作对象而言，将社会主要矛盾转化对思想政治工作带来的影响知晓和了解清楚，能够为其遭遇现实困惑与问题时提供科学合理的教育引导，为化解他们在观念上对美好生活需要和现实发展之间的张力，对其主观世界和精神领域开展积极有效的改造，为最终实现人的自由全面发展做出相应的贡献。在社会主要矛盾转化背景下探讨思想政治教育创新发展与优化路径，有利于提升思想政治工作的针对性和时效性，更加符合时代要求，更好地满足人们的思想政治工作需求，从而推动整个社会的和谐"善治"与美丽中国建设。本研究根据新时代人们思想特点的新变化以及人们对美好生活的需求，在深入调查的基础上总结数据得出针对性方法，提出优化路径及有利于思想政治工作的内容和方式方法，体现时代特征，贴合学生实际，满足人们的真正需求，同时更加聚焦"以人民为中心"的发展思想，更加注重人民群众的主体地位，更有利于促进人的全面发展，从而不断提高科学化和专业化水平，推动新时代思想政治教育的长远发展。

其四，有助于正确认识和把握新时代思想政治工作的机遇与挑战。社会主要矛盾转化决定了思想政治工作主要矛盾的变化，带来了新时代思想政治道德产品需要与供给间的矛盾张力不断扩大的现实境遇；带来思想政治工作其他矛盾的变化，具有新特征的各要素间相互作用而形成新的矛盾形态也接踵而至；新时代国内外发展环境呈现出的新变化催生更多具有不确定性的新情况新矛盾新挑战，增加了新时代思想政治工作的高度复杂性。本研究通过把握机遇与挑战，从而充分发挥新时代思想政治工作的共识凝聚价值与动力激发价值。全国各族人民不断追求和创造美好生活的新时代历史方位，决定了新时代思想政治工作坚持以习近平新时代中国特色社会主义思想为指导，以大力提高人民群众的思想道德素质为基础，以社会主义核心价值观整合多元价值并引领人民的多样利益需要，激发人民群众的精神动力，积聚起解决社会主要矛盾，进而实现强国建设和民族复兴伟大梦想的强大正能量。

其五，有助于新时代思想政治工作的共识凝聚与动力激发。全国各族人民不断创造美好生活的历史方位，决定了新时代思想政治工作坚持以习近平新时代中国特色社会主义思想为指导，以大力提高人民群众的思想道德素质为基础，以社会主义核心价值观整合多元价值并引领人民的多样利益需要，激发人民群众的精神动力，积聚解决社会主要矛盾，实现"两个百年目标"，实现民族复兴伟业中国梦的强大正能量，充分发挥出思想政治工作的共识凝聚价值与动力激发价值。

二、研究现状与研究简评

（一）国内外研究现状梳理

作为体现中国共产党的领导本质并与党的发展历程相生相伴的思想政治工作，虽然早已有之，却是改革开放后才开始的思想政治工作科学化的讨论与研究。本研究所做的国内外研究现状梳理，就是将现阶段国内外关于社会主要矛盾与思想政治工作关系问题的研究现状及动态做一系统性梳理，并对当前研究动态予以呈现。

1. 国内研究现状

（1）关于新时代社会主要矛盾及其相关理论方面的研究

自新时代背景下社会主要矛盾转化的观点提出以来，学术界纷纷对这一主要矛盾及其相关问题展开了比较广泛和深入的研究，成果十分丰硕。通过阅读分析、归纳整理后发现，国内关于新时代我国社会主要矛盾及其相关理论方面的研究与思考，主要涉及以下几方面的研究内容。

第一，新时代社会主要矛盾转化依据的研究。国内学者在探讨社会主要矛盾转化的依据时，多从历史、理论、实践和现实等角度切入，其中关于理论依据和实践依据的研究较多，如刘同舫、吕普生、艾四林、陈跃、陈灿芬、段永清、李萍等学者，但他们的具体观点又有所不同，星罗棋布。总体来看，理论依据主要有社会主要矛盾供求两侧及其主要方面的原理、历史唯物主义、质变量变原理、马克思主义的社会矛盾运动规律等观点。如刘同舫在《新时代中国社会主要矛盾背后的必然逻辑》中认为："生产力的不断发展将中国特色社会主义由'新时期'推进到'新时代'……社会主要矛盾的发生转化，蕴含着深刻的现实与理论的必然逻辑。"[①] 如吕普生在《论新时代中国社会主要矛盾历史性转化的理论与实践依据》中指出："生产力水平、人民需求变化和社会需求的难

---

① 刘同舫. 新时代中国社会主要矛盾背后的必然逻辑 [J]. 华南师范大学学报（社会科学版），2017（06）：47.

以满足是衡量社会主要矛盾转化的主要实践方面依据。"①

第二，对社会主要矛盾转变的内涵及特征分析。中国对社会主要矛盾的认识是一个长期发展的过程。对于新时代矛盾供给侧的社会发展的不平衡、不充分，司天卓认为"新时代我国社会主要矛盾中的不平衡主要有两方面，一是数量分布不均匀，二是矛盾本身存在着不平衡；不充分也表现为两方面，一是精神文化产品供给的不充分，二是主要矛盾的主要方面发展不充分"②。学者杨生平认为"人民在一定程度对生活需求发生变化，说明我国生产力水平以及经济发展已有较大程度提升；对于不平衡不充分的发展，应与'两个没有变'相结合去理解其内涵"③。卫兴华提出要"从整体性和层次性、供给侧和需求侧的关系角度分析矛盾的内涵"，认为"美好生活需要存在三种不同的状况，人民现实的需要未能满足，造成供给侧相对于需求侧的不平衡"④。

第三，新时代社会主要矛盾的化解路径研究。对于新时代社会主要矛盾化解路径的研究，学者们站在不同角度，提出了自己的观点。主要有以下几种：一是国家宏观层面，要坚持党的领导、五位一体、"深入贯彻落实新发展理念"⑤ 等路径；二是人民需求层面，必须坚持"以人民为中心"的发展思想，大力发展生产力，通过经济质量结构化转型，"多关注人民的需要，关怀群众的生活"⑥，不断解决人民在新的需求方面的问题；三是着力于从美好生活需要角度，提供美好精神生活的指引，"以高质量公共服务满足人民美好生活需要"⑦；四是从理论与现实相结合的视角，整体进行把握，处理好整体和部分关系，并"立足现阶段具体实际"⑧，具体问题具体分析。

综上所述，国内学者对新时代我国社会主要矛盾及其相关问题的研究，总体来看的话是"理论之域"的研究成果偏多，对其实践和现实问题的研究较缺

---

① 吕普生. 论新时代中国社会主要矛盾历史性转化的理论与实践依据 [J]. 新疆师范大学学报（社会科学版），2018（04）：23.

② 司天卓. 从事物质与量的规定性谈新时代我国社会主要矛盾的新特征 [J]. 宁夏党校学报，2019（02）：38.

③ 杨生平. 关于新时代中国特色社会主义"主要矛盾"的理解与意义 [J]. 贵州社会科学，2017（11）.

④ 卫兴华. 应准确解读我国新时代社会主要矛盾的科学内涵 [J]. 马克思主义研究，2018（09）.

⑤ 韩胜利. 把握社会主要矛盾变化的实践要求 [N]. 人民日报，2018-06-03（05）.

⑥ 孙英. 正确认识全面把握人民美好生活需要 [N]. 光明日报，2018-12-26（02）.

⑦ 吕志奎. 以高质量公共服务满足人民美好生活需要 [N]. 人民日报，2018-10-09（07）.

⑧ 贾高建. 推动社会发展进步 实现人民美好向往 [N]. 人民日报，2018-03-15（07）.

乏，在一定程度上造成理论与实践的不统一。后续再对这一问题进行研究时，应该加强"社会之镜"视角的分析，注重对社会现实问题的深入探索，才能更好地为社会主要矛盾的化解提供可行性措施。

（2）新时代社会主要矛盾与思想政治工作的关联性影响研究

第一，社会矛盾与思想政治工作关联性的历史研究。余孟孚在《关于社会主义社会的主要矛盾和发展动力问题》中提出："社会主要矛盾发生变化时，我们的中心任务、工作重点也必须进行转移。"这当然也意味着党的思想政治工作也要发生变化。此外，李征、陈成文、宋新新等又认为思想政治教育工作具有化解社会矛盾和促进社会问题解决的治理优势和重要功能。陈成文在《论加强思想政治工作与化解社会矛盾》中还提出："只有不断加强和改进思想政治工作，充分发挥思想政治工作优势，才能不断增强化解社会矛盾的能力。"① 由此可知，社会矛盾与思想政治教育工作的关系是非常密切的。也正如车晨阳在《思想政治教育化解转型期社会矛盾的路径探析》中所说，"利用思想政治工作化解社会矛盾是党的优良传统和政治优势；当代社会矛盾的基本特性确定了思想政治工作不可或缺的位置；当代社会矛盾发生的过程特征要求思想政治工作贯穿于全过程"②。

第二，新时代社会主要矛盾与思想政治工作的直接关联性研究。其一，王树荫、李君如、侯衍社等均认为社会主要矛盾转化集中反映我国社会发展新的阶段性特征，是制定党和国家大政方针、长远战略的重要依据。其二，思想政治工作理当匹配并服务于新时代我国社会主要矛盾转化的全局性、历史性变化，并发挥其矛盾化解与社会稳定的功能。如平章起、王方、刘小文、冀学锋、周举坤、周峰、田颖鹏、王永益、王朝庆、王刚、齐益铭、陈华洲、赵耀、张毅翔等均认为新时代社会主要矛盾与思想政治（教育）工作关系非常密切，矛盾的应对与解决，迫切要求思想政治（教育）工作把握新时代历史方位的整体特征，并发挥相应的作用。具体来看，有如下代表性观点：

A. 重视社会主要矛盾与思想政治工作间的辩证关系及社会主要矛盾转化对思想政治工作影响的研究。骆郁廷和项敬尧撰文指出，新时代我国社会主要矛盾的内容虽然发生转变，但其性质不变，仍然属于人民内部矛盾。作者根据党在革命、建设和改革中探索积累的宝贵经验，认为处理和解决好新时代我国社会主要矛盾需要充分发挥思想政治教育的积极作用，并指出"既要创新发展思

---

① 陈成文. 论加强思想政治工作与化解社会矛盾 [J]. 思想教育研究，2010（03）.

② 车晨阳. 思想政治教育化解转型期社会矛盾的路径探析 [D]. 太原：山西大学，2014.

想政治教育处理矛盾方法，也要教育引导人民群众正确认识新时代主要矛盾'变'与'不变'的关系"①。张毅翔撰文指出"社会主要矛盾转化决定新时代思想政治教育主要矛盾及其他矛盾的变化，深层次影响思想政治教育的整体结构、科学决策和战略实施"，还认为新时代为思想政治教育发展提供了优质的实践环境，"新时代社会主要矛盾转化是我国生产力发展的结果……决定着思想政治工作思路、重点和策略的相应改变"②。

B. 社会主要矛盾与大学生思想政治工作相结合的研究。到目前为止，国内关于两者结合的研究，主要集中在整体探讨思想政治工作应该如何适应新时代的变化，对于矛盾转化下的思想政治教育相关研究已经有了一些相应的成果。但以大学生为群体，研究高校学生思想政治教育优化路径的文献甚少，还没有形成系统的体系。对于两者结合的研究，学者们大都从矛盾变化后对思想政治教育的影响、启示、新要求、新任务、新挑战方面同时展开研讨，对其内容、方法、理念的转型及创新提出路径。还有部分学者是从美好生活角度出发论述其对大学生以及高校思政教育的影响、机遇与挑战。如魏建功和任爽认为社会主要矛盾对高校思想政治教育的主题、理念、工作重点、内容都产生了一定影响，大学生思想政治教育要根据不同的时代背景创新发展路径，并分别从四个不同角度、四个不同方面提出了当前社会主要矛盾转化的情况下高校学生思想政治教育的主要任务和实践路径。巩克菊③认为，思想政治教育需要通过更新教育内容、组织体验式教育活动、运用网络媒体的优势，不断满足大学生美好生活的愿望。

C. 对社会主要矛盾变化所引起的思想政治教育领域新变化的研究。王永益在《湖湘论坛》撰文并从社会系统论的角度探讨了社会主要矛盾与思想政治教育的关系，在阐明新时代社会主要矛盾变化呈现出的需求层次更高、发展层次更高和矛盾改变与基本国情不变等新特征的基础上，指明了思想政治教育在主要矛盾、主客体需求、教育主题和工作侧重点等方面的新变化，并围绕思想政治教育对新时代社会主要矛盾变化进行的积极回应展开相关论述，还提出了三点对应措施。颜晓峰通过阐明美好精神生活需要与人民美好生活需要的关系，

① 骆郁廷，项敬尧. 论新时代思想政治教育创新发展的基本遵循 [J]. 思想理论教育，2018（01）.

② 张毅翔. 社会主要矛盾转化影响新时代思想政治教育的机理、根源与应对 [J]. 思想理论教育，2019（04）：48.

③ 巩克菊，张国岭. 美好精神生活视域下大学生思想政治教育方法创新 [J]. 山东青年政治学院学报，2020（01）：60.

指出思想政治教育从内容提供、矛盾化解、途径建构三个方面成为满足美好精神生活需要的重要手段，同时揭示了理论界对思想政治教育满足美好精神生活需要的功能作用不够重视、牵引力不足等问题，提出创新发展思想政治教育，满足人民美好精神生活需要的结论。平章起和王方立足不平衡发展和不充分发展对思想政治教育转型提出的新要求，围绕思想政治教育在传播内容、工作重心、教育对象、教育方式等方面的转型发展进行详细论述，提出新时代思想政治教育要以满足人民群众的获得感和幸福感为价值标准和价值取向。冯培根据新时代社会主要矛盾的新变化，提出思想政治教育"以思想引领者角色激发学生使命感，以时代共进者角色提升学生的获得感"①。颜晓峰通过阐明美好精神生活需要与人民美好生活需要的关系，指出思想政治教育"要把满足人民美好精神生活需要作为高质量发展的目的和标准，以高质量发展引领人民精神生活需要，不断满足人民群众个性化、多样化、不断升级的精神生活需求"②。张毅翔指出新时代社会主要矛盾的变化是新时代思想政治教育发展的深层根源。作者认为原有的思想政治教育"服务人们基于物质利益获得基础上的精神追求"③而对人们其他需要的分析解释不够。所以，应面向社会主要矛盾转化引发的新矛盾和新问题，开展形式多样的思想政治教育。

D. 对社会主要矛盾转变下思想政治教育的新发展方面的研究。骆郁廷和项敬尧提出要从新时代教育工作的时代遵循、思想遵循、目标遵循、内容遵循以及方法遵循等几个维度提出教育工作的创新途径。王永益认为随着新时代社会主要矛盾的变化，"思想政治教育要积极调整自身以应对社会主要矛盾的变化，要更加关注社会思想和价值观层面不平衡不充分的发展现实，要把新时代提出的思想、政治、道德等方面的新要求和人们精神需求上的新需要结合起来，要继续抓住社会主义核心价值体系和社会主义核心价值观这条主线"④。张毅翔提出新时代思想政治教育应始终坚持党在意识形态领域的主导地位，丰富思想政治教育内容，推进学科教育全面创新。平章起和王方分别从不平衡和不充分的发展两方面阐述了社会主要矛盾转化对思想政治教育提出的新要求，指出新时

---

① 冯培．从十九大的两大政治新论断看新时代高校思想政治理论教育教学的角色担当[J]．思想理论教育导刊，2018（01）：23-24.

② 颜晓峰．满足人民美好精神生活需要的高质量发展[J]．南通大学学报（社会科学版），2019（01）：1-5.

③ 张毅翔．社会主要矛盾转化影响新时代思想政治教育的机理、根源与应对[J]．思想理论教育，2019（04）：48.

④ 王永益．问题与思路：新时代社会主要矛盾变化下的思想政治教育[J]．湖湘论坛，2018（02）：70-75.

代思想政治教育应当以人民群众的切身感受为主导，增强其在教育过程中的幸福感，提升思想政治教育的广泛性、公平性、针对性。

综上所述，对于新时代社会主要矛盾转化背景下思想政治教育的优化研究，从党的十九大之后已经逐渐受到国内学者的重视，出现了众多研究性的论文，研究的理论深度和实践广度还有所欠缺，系统性的有价值的著作还不是很多，但现有的这些研究成果，也在某种意义上为本选题奠定了文献基础，开阔了研究视野，提供了可贵借鉴。

2. 国外研究现状

从国外的研究现状来看，我们发现，国外学者对新时代中国社会主要矛盾问题的直接研究成果较少，但有对于社会主要矛盾相关问题的研究。一些学者在研究毛泽东时代、邓小平时代等相关内容时，也会间接涉及中国社会主要矛盾问题，为了获取较多国外关于相关问题的研究，本研究对搜集资料的主题范围也进行了一定的扩展。

（1）关于马克思主义经典作家之矛盾观的研究。马克思主义社会矛盾理论是我国社会主要矛盾判断的理论基础。马克思和恩格斯创造性提出的社会矛盾理论，不但对资本主义社会的矛盾及其运行有了较为深刻的阐述与分析，而且从理论上畅想和憧憬了未来社会主义和共产主义社会的社会矛盾及其化解之图景。苏联开辟了社会主义建设的先河，为后来者提供了理论借鉴和实践教训。列宁把矛盾的特殊性作为分析问题与解决问题的前提，在探讨俄国社会主要矛盾时，列宁对于人民内部矛盾有了初步认识。在斯大林执政期间，他否认社会矛盾的存在，但在后续的建设中认识到经济基础与上层建筑之间存在矛盾。具体而言，虽然马克思并未就"社会基本矛盾"做专门论述，但是，社会基本矛盾作为"人类历史的发展规律"的基本内容，其发现者正是马克思。马克思、恩格斯在批判地继承黑格尔唯心辩证法基础上，在《共产党宣言》《反杜林论》和《自然辩证法》中阐述了矛盾思想，认为："矛盾是随着实践的变化而丰富和发展，是促进事物发展的动力。"[①] 马克思在《政治经济学批判·导言》中把矛盾发展的不平衡性看作"一种普照的光"。马克思在《政治经济学批判·序言》中指出："一切历史冲突都根源于生产力与交往形式之间的矛盾。"[②] 列宁在继承马克思和恩格斯的矛盾思想并在具体革命实践中加以高超运用。1915 年他在流亡瑞士期间撰写了《谈谈辩证法问题》并提出："统一物之分为两个部分以及

---

① 马克思恩格斯选集：第 2 卷 [M]．北京：人民出版社，2012：3．
② 马克思恩格斯选集：第 2 卷 [M]．北京：人民出版社，2012：2-3．

对它的矛盾着部分的认识……是辩证法的实质。"① 他在 1920 年 5 月阅读布哈林《过渡时期经济学》时谈道："对抗和矛盾完全不是一回事，在社会主义下，对抗将会消失，矛盾仍然存在。"②

（2）关于近代中国社会矛盾的探索与研究。荷兰学者乌里尔·罗森塔尔（Rosenthal）等人就近代中国社会矛盾进行了研究，也对毛泽东的《矛盾论》给予了高度评价，认为中国很好地依据自身国情和社会发展状况对社会主要矛盾进行了有益探索，是马克思主义发展的典型示范。日本著名的马克思主义哲学家松村一人在《辩证法的发展：以毛泽东〈矛盾论〉为中心》认为，用矛盾辩证法阐述根本矛盾和阶段性是哲学的一个创新。日本学者新岛淳良在《毛泽东的哲学研究》中认为，毛泽东对社会主要矛盾的理解超越了包括列宁在内的许多马克思主义者。法国学者阿尔都塞（Althusser）在《保卫马克思》一书中专门研究了毛泽东思想的辩证法问题，认为主要矛盾、主次矛盾、对抗性和非对抗性矛盾、矛盾的不平衡发展规律是毛泽东哲学的要义，这些内容是黑格尔哲学所没有的。斯洛文尼亚学者齐泽克（Žižek）认为，毛泽东的《矛盾论》与《实践论》是对马克思和列宁唯物辩证法的重大创新，但是另一方面，他认为毛泽东错误地拒斥了否定之否定观念，片面强调了斗争性而否定同一性，片面强调了一分为二而忽视了合二为一，导致出现了长期的"文革"内乱。

（3）关于中国特色社会主义的社会主要矛盾的研究。第一，关于中国发展成就的研究。塞内加尔中国问题专家阿达玛·盖伊提出中国社会的主要矛盾随着时间发展而演变，说明中国已经不再贫穷。美国布鲁金斯学会（Brookings Institution）约翰·桑顿中国研究中心主任李成教授表示，中国的生产力水平已经走出落后的状态，中国在环境治理、全面脱贫等方面都做出了了不起的贡献，在创新、商业模式等方面也让世界刮目相看。澳大利亚国立大学教授德赖斯戴尔（Drysdale）表示由于消费能力提升和服务业蓬勃发展，世界将会发现更多来自中国的机遇。第二，关于美好生活需要及其满足的研究，一方面，美国著名的人本主义心理学家马斯洛（Maslow）在《人类激励理论》中提出了需求层次理论，认为"当低层次的生存需要得到满足以后，就会产生高层次的发展需要及自我实现的需要"。另一方面，古希腊的亚里士多德（Aristotle）最早提出"美好生活"概念。他在《政治学》中提出："城邦（国家）是公民生活的总

---

① 列宁选集：第 2 卷 [M]．北京：人民出版社，2012：556．
② 列宁．对布哈林《过渡时期的经济》一书的评论 [M]．北京：人民出版社，1976：12．

体，其目的是公民的优良生活。"① 首次把国家与公民美好生活需要联系在一起。法国的霍尔巴赫（Holbarch）在《自然政治论》中也指出："判断政府是否贤明，要看它利用国家土地和财富……保障人民过幸福生活。"② 第三，对新时代社会主要矛盾转化后之人民美好生活方面的认识与研究。《欧洲时报》认为"新时代"准确抓住了新征程的关键，"新"体现在对"新的社会主要矛盾"的科学认识和判断上，突出了中国人民对环境、尊严、社会保障、公平分配等方面的向往，呈现出新的矛盾状况。巴西里约热内卢天主教大学教授保罗·罗贝尔表示，中国人民对生活的需要已经走出了纯物质层面，对美好生活的需要更加广泛，人们对一些相对"抽象"理念的认识也越来越深入。法国记者马萨尔认为中国的共享单车既是经济发展的创新，也体现了人民对环境和生活的重新审视和更高要求，是人们生活方式返璞归真的表现。第四，对新时代社会主要矛盾转化后之发展不平衡不充分方面的认识与研究。巴西的保罗·罗贝尔曾亲身到过中国一些大城市与郊区，他认为发展不平衡不充分的状况在中国还普遍存在并体现在诸多方面。

（4）关于思想政治工作或思想政治教育及其社会矛盾视域考察的研究。虽然国外对于思想政治教育这一概念没有直接的论述，但是在绝大多数的西方国家中，常常以许多类似于民族教育的文化活动作为思想引领和政治导向，如公民教育、国民教育、道德教育、法制教育、世界主义教育等方面的研究较多，对其内容和教学方式方法的论述相对较少。值得一提的是，在进行公民的"隐形"教育方面，一些西方国家具有丰富的经验，如近代美国著名的实用主义教育家约翰·杜威（John Dewey）认为："生活是教育的本质，学校作为社会本体，学生是生活在本体之中的主体，生活中的每一事件都蕴含道德的可能。"③ 该观点非常注重对于学生的民主和实用主义精神的培养，利用生活中的经验和教训来起到教育的作用。另外，欧美等西方国家，把思想政治教育理解为道德培养、公民教育等，明确将青年学生作为教育的主体，并且注重理论与社会实践的结合。这一思政教育方式是值得我国去学习和借鉴的。从已有研究来看，由于国外学界不使用"思想政治教育"这一概念，并且新时代社会主要矛盾转化是党的十九大针对中国发展提出的，因此国外对两者优化的研究也就无从谈起，但是以上观点和相关教育活动对本文的研究具有一定启发和借鉴价值。

---

① 亚里士多德. 政治学 [M]. 吴寿彭，译. 北京：商务印书馆，1965：7.

② 霍尔巴赫. 自然政治论 [M]. 陈太先，等译. 北京：商务印书馆，1994：290.

③ 杜威教育论著选 [M]. 赵祥麟，王承绪，编译. 上海：华东师范大学出版社，1981：6.

（二）研究简评及主要趋势

综合来看，国内外很早就有很多关于社会矛盾对社会发展和思想文化产生重要影响的研究，通过中国知网论文数据库检索发现，截至 2023 年 10 月 30 日，以"社会主要矛盾转化"为主题搜索到论文 439 篇；以"新时代+思想政治+社会主要矛盾"为主题词进行搜索，只有 28 条文献记录；以"社会主要矛盾+思想政治"为主题词进行搜索，搜到 66 条记录；基于 2017 年 9 月以后的"社会主要矛盾+思想政治"主题搜索，共有 50 条。总的来说，学界的相关研究成果是越来越多，但缺乏一个完整性、综合性、系统性的研究成果，这也是本研究的重要着力之处。

1. 关于中国共产党历来重视思想政治工作的研究评述

通过中国共产党历来重视思想政治工作研究成果的爬梳，这一方面说明在中国革命、建设和改革的各个历史时期，党善于运用马克思主义矛盾分析法观察分析中国社会，利用社会主要矛盾的根本政治依据来制定正确路线、方针、政策，特别要求思想政治工作发挥化解矛盾的重要功能与作用。另一方面，新时代社会主要矛盾转化与思想政治教育工作的直接关联性文献只有少数几条，但新时代我国社会主要矛盾转化必然会深刻而广泛地影响到思想政治教育工作，必然会对其历史使命、目标任务、主题内容、工作重点以及方式方法等产生巨大影响。这个影响主要是基于人们的需求变化及美好生活需要的价值理由，而要求新时代思想政治工作来有效应对。也正如综述所示，党的十九大后，研究者们以高度的学术自觉，积极探索新时代社会主要矛盾转化下思想政治（教育）工作发展的议题，实现学术研讨与现实导向的良好互动。但就目前的现实状况而言，对该问题的研究尚有进一步挖掘的空间。

2. 关于研究视角与研究成果的简要评述

就研究视角而言，一方面，对新时代社会主要矛盾转化的研究多围绕政治、公共管理等学科视角进行解读，同时部分研究者尝试从马克思主义哲学的人学理论、中共党史党建的视角出发也同样取得良好的效果。另一方面，对该问题的研究多围绕历史背景、贯彻党的十九大精神，十九届二中、三中、四中、五中、六中全会精神以及党的二十大精神等宏观维度展开，而对从根本上规约社会良性运行与协调发展的社会主要矛盾的论述却涉及有限，且存在一定程度上的浅尝辄止。因此，本书基于新时代社会主要矛盾转化和思想政治教育工作高质量发展的研究视角，不仅是对社会主要矛盾转化研究视角的拓展和延伸，也是对思想政治教育工作发展研究视角的透析和深化。

就研究成果而言，第一，目前学界对新时代社会主要矛盾转化的研究成果颇丰，但就其与思想政治教育工作直接关联的文献成果则较为少见，使得本研究的开展面临一定阻力。第二，现有研究成果，对新时代社会主要矛盾转化与思想政治教育工作发展的关系解读，为建构本研究两个要素间的关系提供了较为清晰的理路和指导。第三，对新时代社会主要矛盾转化与思想政治教育工作研究尚有较广的探索空间，诸如在社会主要矛盾发生转变的背景下建设什么样的思想政治教育工作、怎样建设思想政治教育工作等现实问题突出地摆在当代学人面前。第四，前人对推进思想政治教育工作系统工程各要素优化与完善的具体措施、对各要素之间的逻辑关联互动等问题呈现一定的研究空场，面对现实与理论的困境，呼唤系统的关于新时代思想政治（教育）工作发展的研究尽快出现。

概言之，新时代，我国社会主要矛盾转化影响思想政治工作并要求其发挥化解社会矛盾的功能作用，必定会是理论界与实务界在当前及今后很长一段时期里的一个非常重要的研究趋向与实践主题。

三、目标思路与研究方法

（一）研究目标

1. 准确理解新时代我国社会主要矛盾转化的科学内涵及其表现。矛盾就是问题，有问题就需要直面并解决问题。新时代我国社会主要矛盾的变化，包括新时代人民的生活需要的变化、人民价值观的变化，以及人民内部矛盾的变化等。正确理解新时代我国社会主要矛盾的科学内涵及其在现实中的具体表现，是我们探索解决这一新矛盾的重要前提与知识基础，也是我们正确认识新时代中国特色社会主义的重要前提与知识基础，更是我们正确认识新时代思想政治工作发生相应变化的重要前提与知识基础。

2. 准确把握新时代社会主要矛盾发生转化对思想政治工作的新要求。新时代我国社会主要矛盾发生转化是关系国家发展战略全局的历史性变化，对党和国家工作提出了许多新要求。在当前及今后相当长的一段时期，我们党的治国理政都必须紧紧围绕和始终聚焦我国社会主要矛盾这个主题进行思考，党和国家的中心任务就是大力推进高质量发展，集中精力解决不平衡不充分的发展问题，从而切实满足新时代人民日益增长的美好生活需要，切实提高人民的生活品质和品位，在满足人民物质生活需要的同时，更多地满足人民的精神需求、社会参与、社会公平、生态环保、安居乐业等更深层次的全面需求。而新时代思想政治工作正是为了适应如何更好地对人民的美好生活需要进行科学而恰当的引导，如何将"以人民为中心"的发展理念落到实处，如何坚持新的发展理念，如何走向高质量的发展，如何引领全国人民不断创造美好生活等诸多方面的新使命与新要求。

3. 大力推进新时代我国社会主要矛盾转化下思想政治工作高质量发展。高质量发展是新时代的鲜明主题，它不仅仅是指向经济维度的全新要求，还是对经济社会发展方方面面的总要求。我们的"经济、社会、文化、生态等各领域都要体现高质量发展的要求"①，新时代思想政治工作也要追求和实现高质量发展。本研究通过详细梳理和澄清新时代我国社会主要矛盾转化对思想政治工作的主体、环境、内容与方法等诸多层面所带来的重大而深远的影响，从而进一步明确新时代思想政治工作所面临的问题境遇、时代挑战、工作重点、工作难点、创新空间、创新路径等。正是考虑到要有效应对新时代我国社会主要矛盾对思想政治工作的全方位冲击与多方面影响的现实需要，从理论与现实相结合的角度，不断推进新时代思想政治工作的创新发展，从思想政治工作的角度探索满足人民日益增长的美好生活需要的新路向与新对策。

（二）研究思路

本研究课题遵循提出问题、分析问题、解决问题的思路，通过充分吸收借鉴前人的研究成果，查阅相关文献资料，开展一定程度的访谈调查，以及参加相关的学术会议或论坛，来收集相关研究资料与信息，以求在全面把握和深度理解研究资料的基础上，重点探讨新时代我国社会主要矛盾转化对思想政治工作所带来的历史性的重要冲击与全方位的重要影响，特别是对思想政治工作主体、内容、方法等所带来的广泛影响，从主体、内容、方法等方面，对推进新时代我国思想政治工作的高质量发展以满足人民日益增长的美好生活需要展开相应的思考与探索。

（三）研究方法

在研究方法上，力求改变传统单一向度的纯理论性的研究方法，不满足于对思想政治教育工作的描述性研究方法，注意到研究方法的多样性，尝试探索一条走出"学者书斋"和"政治辩论圆桌"的研究方法与技术路线，力求运用多学科相结合、理论与现实相结合、质化研究与量化研究相结合的研究方法。

1. 文献研究法

本研究基于文献研究法，通过仔细阅读马克思主义思想政治教育经典著作，

---

① 中华人民共和国国民经济和社会发展第十四个五年规划和2035年远景目标纲要（草案）[N]. 人民日报，2020-03-06（1）.

查找国内外有关社会矛盾和思想政治教育工作方面的文献资料，从而为本研究的开展奠定坚实的文献基础与资料准备工作。具言之，本研究对文献的收集、整理和分析，主要从三个方面着手和进行：第一，研读马克思主义经典著作和思想政治教育学科相关成果。主要对马克思主义经典作家关于矛盾、社会存在和社会意识的相关论述进行深度挖掘；同时对思想政治教育学原理、方法论、转型发展等相关书籍进行阅读梳理，从中摘取有关的理念观点。第二，分析研读政策公告。主要从党和国家针对新时代社会主要矛盾转化、针对思想政治工作开展而出台的政策、文件、报告出发，把握党和国家对相关问题的导向，为研究思想政治教育的发展提供指导与建议。第三，整理概括论文文献。主要对新时代社会主要矛盾转化与思想政治教育的相关文献进行收集、整理、分析，在把握现有研究成果的基础上，提炼概括与本书相关的理论观点，深化本研究的广度和深度。

2. 矛盾分析法

矛盾分析法是认识事物及其发展变化的有力武器与重要方法，是提出问题、分析问题、解决问题的有力武器。本研究立足新时代社会主要矛盾转化对思想政治教育工作发展的影响，围绕厘清主次矛盾及矛盾主要方面，坚持重点论和两点论统一，在对社会主要矛盾着重进行分析的同时，对主要矛盾的主要方面、主要矛盾统辖下的其他人民内部矛盾，以及非主要矛盾等给予一定的关注和把握。此外，针对社会主要矛盾对思想政治教育工作的影响，本研究紧密围绕矛盾双方，即供给侧和需求侧的不同及其现实张力而展开深入的论述，于研究的全过程和各方面体现一分为二的、辩证看待问题的矛盾分析法的真谛。新时代社会主要矛盾的变化给思想政治教育工作的开展带来了挑战，我们首先必须明确当前我国社会主要矛盾属于人民内部矛盾，同时紧紧围绕其转变对思想政治教育工作的影响来展开相应的研究论述，在研究过程中充分应用矛盾分析法，统筹全局，依据社会主义现代化强国建设与中华民族伟大复兴的战略全局进行方法论的思考与构建，既要紧紧把握当前我国社会主要矛盾的供给方面，即发展的不平衡不充分问题，又要加强引导当前我国社会主要矛盾的需求方面，即人民日益增长的美好生活需要。

3. 系统分析法

唯物辩证法认为，整个世界既是相互联系的整体，也是相互作用的系统。系统思维，是指以系统论的原理和观点为指导，对事物进行分析和认识的思维方式。系统思维把事物作为系统，从系统和要素、要素和要素、系统和环境的相互联系、相互作用中综合地考察认识对象。进入新时代以来，习近平同志高度重视系统思维，不仅自己娴熟运用于对问题及工作的分析研究，而且从提高思维能力的角度反复要求广大干部提高包括系统思维在内的各种思维能力并运用于分析问题中。同时，习近平同志"多次突出强调要树立系统思维，运用系统思维分析解决问题"①。本研究中采用的系统分析法，不同于以往静止状态下单一式、固定化的研究方法，而是将各个研究要素置于动态发展的过程中，进行整体研究和全面探讨。思想政治工作作为一个由多要素构成的复杂开放系统，不仅要协调平衡各要素的状态及其相互关系，更要进一步推动整个系统的优化与完善。故本研究运用系统分析法的系统整体、动态平衡及系统最优性等具体的研究路径开展研究，以期实现新时代社会主要矛盾转化下思想政治工作系统各要素的发展和系统整体的优化。

4. 历史分析法

"历史是至关重要的，它的重要性不仅仅在于我们可以向过去取经，而且还因为现在和未来是通过一个社会制度的连续性与过去连接起来。"② 任何一种思想的提出或理论的创造，都不是无本之木、无源之水，都是"站在前人的肩膀上"登高望远、继续发展的结果，都是在继承前人相关思想理论成果的基础上进行创新的结果。社会科学研究中的历史分析法，将各个研究因素置于历史的、动态的发展过程中，摒弃以往研究方法的单一性和割裂性。本研究梳理了随着时代的发展，社会主要矛盾在不同时期的演变，以及各个历史阶段，思想政治教育工作应对社会主要矛盾所进行的各种手段和方法。纵向比较在不同社会历史发展时期针对不同的社会主要矛盾背景下思想政治教育工作理论的创新发展，依据得出社会主要矛盾变化的历史，以史为鉴，在探析历史的同时总结经验以更好地指导实践。

5. 跨学科方法

所谓跨学科方法，又称学科交叉法，是指运用思想政治教育学、历史学、社会学、心理学、传播学、公共管理学等多学科的研究视角与分析方法的交叉融合，不断推进新时代思想政治工作的科学化与高质量发展，力求全面、客观地开展理论观照与思考，从而理性探讨相关的对策与路径。毕竟，新时代我国社会主要矛盾转化背景下思想政治工作高质量发展的研究是一个涉及多学科的综合性问题，在对其进行研究的时候要综合考虑，尤其是对人们的思想状况、政治态度、道德素质与法治素养等相关问题研究分析的涉及领域十分广泛和复

①　吴瀚飞. 习近平总书记论系统思维［N］. 学习时报，2023-07-30（005）.

②　诺斯. 制度、制度变迁与经济绩效［M］. 刘守英，译. 上海：上海三联书店，1994：1.

杂，涉及哲学、社会学、教育学和心理学的知识，故而需要运用多学科相结合的跨学科法对该课题展开多方位的研究，以增强理论深度和实践广度，最终以此试图对新时代思想政治工作创新优化与高质量发展提出具有可操作性的对策建议。

四、相关概念的识别界定

即围绕思想政治工作这个核心概念的内涵予以阐明，与其相关的概念如思想政治教育、宣传思想工作等的识别与比较，理解思想政治工作、思想政治工作系统及思想政治工作系统要素的含义。此外，同社会主要矛盾相关的概念，还有社会矛盾、社会基本矛盾，也同样需要在此做出明确的界定与识别。

（一）思想政治工作与思想政治教育

"思想政治工作"与"思想政治教育"是两个既有区别又有联系的概念，在人们的日常学习、研究与工作中，还有诸多与之密切关联的概念，如"思想工作""政治工作""政治思想工作""思想政治工作""思想教育工作""思想宣传工作""宣传思想文化工作""思想政治教育工作"等，也时常见诸党的文件政策与思政研究范域中。特别是"思想政治工作"与"思想政治教育"这两个概念，"从区别的角度看，二者内容不完全重合且外延指向不同；从联系的角度看，二者本质上具有共同性，同时在功能上具有一致性、在内容上具有重叠性"①。事实上，"思想政治工作"与"思想政治教育"两个概念容易混淆，厘清二者关系是思想政治教育学科研究的基本问题之一。

1. 思想政治工作与思想政治教育概念的历史考察

从历史演变来看，马克思和恩格斯在《共产主义者同盟章程》中首次提出"具有革命毅力和宣传热情"②的盟员条件，此处的"宣传"就是思想政治教育工作概念的最初形态；列宁在创建布尔什维克党的过程中，提出了"政治教育"和"政治教育工作"的概念，并就政治教育工作者的"三大任务"提出了"要运用政治教育提高群众的文化水平和政治思想觉悟"③；斯大林在联共（布）十七大报告中明确提出"思想工作"和"政治思想工作"两个概念，并规定了政治思想工作的六项基本任务和内容，并将其纳入国家的政治文化生活和学校教

---

① 冯刚，曾永平．"思想政治工作"与"思想政治教育"概念辨析［J］．思想理论教育，2018（01）．
② 共产党宣言［M］．北京：人民出版社，2014：138.
③ 列宁选集：第4卷［M］．北京：人民出版社，2012：588-589.

育的轨道。

中国共产党在不同时期提出了"政治工作""思想政治工作"等相关概念。党的一大通过的《中国共产党第一个纲领》与《中国共产党第一个决议》强调要在工会中灌输阶级斗争的思想,用共产主义教育党员。在革命战争年代,中国共产党充分认识到,在影响战争成败的因素中,人的因素比武器的因素更为重要。因此,加强人的思想教育显得格外重要。毛泽东在《论联合政府》中指出:"掌握思想教育,是团结全党进行伟大斗争的中心环节。如果这个任务不解决,党的一切政治任务是不可能完成的。"① 周恩来、王稼祥、朱德等党和红军主要领导人在中国工农红军第一次全国政治工作会议上分别阐述了"政治工作是红军的生命线"的重要思想。1940 年 3 月,陈云在延安抗日军政大学第五期学生毕业大会上做的《严格遵守党的纪律》讲话中较早提出"思想政治工作"一词。他指出:"维护党的统一,不靠刀枪,要靠纪律;同时,加强思想政治工作,端正路线和方针、政策。"② 可见,思想政治工作在当时严明党纪、维护党的统一以及保证革命取得胜利等方面均发挥了重要作用。1945 年 4 月,毛泽东在《论联合政府》中指出:"掌握思想教育,是团结全党进行伟大政治斗争的中心环节。如果这个任务不解决,党的一切政治任务是不能完成的。"③ 1951 年 5 月,刘少奇在第一次全国宣传工作会议上再次使用了"思想政治工作"这一概念。他指出,"今天,思想政治工作的必要性更加提高了,更加需要加强党的思想领导,因为目前的情况与过去不同了,中国人民的革命胜利了,各种工作更繁杂,实际工作任务更加重了"④,提出要在全国范围内宣传马克思主义,努力提高人民的政治思想觉悟,为建设社会主义、实现共产主义奠定良好的思想基础。

"思想政治教育"一词是在"思想政治工作"之后提出来的,主要是针对教育引导学生而言的。新中国成立以后,为了更好地教育、引导和培养青年学生,体现思想政治工作的优势,1950 年 2 月召开的中华全国学生联合会会议通过了《中国学生当前任务的决议》,指出中国学生"必须重视思想政治教育的学习,从而更好地掌握进步的文化科学知识,完成历史所赋予的任务"⑤。中共中

---

① 毛泽东选集:第三卷 [M]. 北京:人民出版社,1991:1094.
② 陈云文选(一九二六——一九四九)[M]. 北京:人民出版社,1984:134.
③ 毛泽东选集:第三卷 [M]. 北京:人民出版社,1991:1094.
④ 建国以来重要文献选编:第 2 册 [G]. 北京:中央文献出版社,1995:301.
⑤ 冯刚,沈壮海. 中华人民共和国学校德育编年史 [G]. 北京:中国人民大学出版社,2010:7.

央批转的《国营企业职工思想政治工作纲要（试行）》强调："职工思想政治工作，主要是指职工的思想政治教育，它是党的政治工作的一个重要组成部分，但不是政治工作的全部。"① 党的十一届三中全会之后，随着改革开放的进一步深化以及国际国内形势的变化，思想政治工作越发显得重要。一方面，现实的思想政治工作迫切需要科学的理论支撑；另一方面，党和国家需要培养出更多从事思想政治工作的优秀人才，需要从学科和专业的角度着重考虑。1980 年 5月，第一机械工业部和全国机械工会在北京召开思想政治工作座谈会，提出"思想政治工作应成为一门科学"的重要论断，强调把思想政治工作当作一门科学来研究，必须对思想政治工作进行抽象和凝练，并形成专有的学术思维、学科门类和学术话语体系。中共中央《关于批转〈国营企业职工思想政治工作纲要（试行）〉的通知》还指出："现有的全国综合性大学、文科院校，各部、委、总局所属的大专院校，有条件的都要增设政治工作专业或政治工作干部进修班。"② 为了贯彻落实这一精神，教育部专门召开了思想政治工作专业论证会，会上最终确定学科名称为"思想政治教育学"，专业名称为"思想政治教育"，从 1984 年开始招生。随着思想政治教育学科的设立，思想政治教育逐步走上科学化、规范化发展的轨道，先后经历了开办第二学士学位班，以及设置专业硕士点、博士点、博士后流动站、国家级重点学科的发展过程。伴随着学科专业建设不断发展完善，"思想政治教育"概念得以进一步明确和规范。

总的来讲，如从宣传工作、政治工作、政治教育工作、思想政治工作、思想政治教育、宣传思想文化工作等相关概念的历史出场来看，发现这些概念是以不同历史时期的实践重点与中心任务为依据而形成和提出的，既有历史演变的过程，也有在同一时期不同提法并用的情况，其共同的本质内涵都是基于马克思主义理论指导下党的思想政治工作，只是因不同时期实践的某些特点而在话语表述上有所差别。换言之，如从历史渊源的角度看，思想政治工作与思想政治教育同宗同源，但"思想政治工作"比"思想政治教育"更早地被提出来，从某种意义上讲，"思想政治工作"是"思想政治教育"的前身。两个概念都是从"宣传工作""政治工作""思想工作""政治教育"等引申而来。

2. 思想政治工作与思想政治教育概念的语义考察

就语义而言，思想政治工作与思想政治教育这两个概念之间最主要的联系在于它们本身所包含的思想性和政治性，均有"思想"和"政治"的普遍蕴

---

① 十二大以来重要文献选编：上 ［G］. 北京：中央文献出版社，2011：310.
② 十二大以来重要文献选编：上 ［G］. 北京：中央文献出版社，2011：325.

涵。它们的区别主要包括四个方面：第一，"思想政治工作"概念出现的时间早于"思想政治教育"，"思想政治工作"的范围广于"思想政治教育"，它所强调和构建的是一种"大思政"格局，不仅包含思想政治教育，还包括党建、宣传、组织、维稳等其他相关工作；第二，在具体使用中，"思想政治教育"大多习惯性地指代高校思想政治教育，将主体限定于高校，而"思想政治工作"的主体范围更广，习惯性地指代企业、军队、社区等众多方面；第三，"思想政治教育"指代学科专业，而"思想政治工作"更多地指向实务工作；第四，"思想政治教育"更加注重教育性，更加注重人才培养，努力培养社会主义合格建设者和接班人，而"思想政治工作"则更加注重解决国家、社会发展中的现实问题。

总的来说，思想政治工作与思想政治教育这两个概念，既有共通性与共识性的一面，如含义基本相同，指导思想、目的和内容也基本一致，也有差别性与区分性的一面，如具体使用场合、工作范畴等方面。明确这两个概念的联系和主要区别，是正确使用它们的基础，也是学科相关研究的重要前提。本研究在此不对二者做明显的区分，在很多时候将其视为同一个概念予以使用，即思想政治工作，等同于思想政治教育工作，或者直接等同于思想政治教育。

（二）社会矛盾、社会基本矛盾、社会主要矛盾及其相互关系

1. 社会矛盾、社会基本矛盾与社会主要矛盾的概念析出

第一，社会矛盾，指的是社会主体在从事由生产、分配、交换、消费构成的社会生产和再生产过程中与其他主体、社会环境、自然环境产生的种种矛盾。社会矛盾除了因物质利益差别、对立而导致的矛盾外，还包括世界观、方法论、价值观的矛盾，也包括政治立场、伦理道德、思想观念的矛盾，等等。社会矛盾包括了城乡矛盾、工农矛盾、脑力劳动者与体力劳动者的矛盾、干群矛盾、不同民族的矛盾、信教群众与世俗群众的矛盾、沿海地区与中西部地区的矛盾、贫富矛盾、积累与消费的矛盾、贪腐与廉洁的矛盾，等等。总之，社会矛盾是外延极广的概念，社会主体在从事实践活动中产生的种种矛盾都是社会矛盾。

第二，社会基本矛盾，指的是"人类社会各种矛盾中最基本的矛盾"①"在社会多种矛盾中发挥本源作用、总制动作用的那种矛盾"②，也就是"生产力和生产关系、经济基础和上层建筑的矛盾"③。社会基本矛盾存在于各种社会形态

① 马仲良. 论社会基本矛盾与社会主要矛盾的关系 [J]. 北京社会科学，1992（02）.
② 何畏. 社会矛盾学说的新发展——兼论社会根本矛盾、基本矛盾、主要矛盾及其关系 [J]. 求索，1983（06）.
③ 何畏. 社会矛盾学说的新发展——兼论社会根本矛盾、基本矛盾、主要矛盾及其关系 [J]. 求索，1983（06）.

之中，规定社会的主要性质和基本结构，贯穿人类社会发展的始终，推动它由低级向高级发展。因而社会基本矛盾的载体是生产财富的能力与生产的社会形式，生产的社会形式与上层建筑。换言之，社会基本矛盾的载体是生产财富的能力，生产的社会形式，特定的政治法律制度和意识形态。在生产资料公有制的社会里，生产关系、上层建筑基本上适应生产力、经济基础的发展；它们之间也存在矛盾，但这些矛盾是非对抗性的矛盾，可以通过改革的方法克服。

第三，社会主要矛盾，指的是"整个实践领域中居于主导地位的矛盾"①，是"指在某一历史阶段的社会诸矛盾中占支配地位，对该历史阶段的发展起主导决定作用的矛盾，它随历史条件的变化而变化是各个历史阶段人们为之奋斗的中心任务是社会发展的直接动力"②。因而，社会主要矛盾的载体是社会群体、社会主体。在以生产资料私人占有为基础的社会里，社会主要矛盾体现为阶级矛盾，如奴隶社会的主要矛盾是奴隶主阶级和奴隶阶级的矛盾；封建社会的主要矛盾是地主阶级和农民阶级的矛盾；资本主义社会的主要矛盾是资产阶级和无产阶级的矛盾。在以生产资料公有制为基础的社会主义社会里，铲除了阶级剥削，社会主要矛盾已经不再是阶级矛盾，而是人民内部的非对抗性矛盾。

2. 社会矛盾、社会基本矛盾与社会主要矛盾的关系厘定

社会基本矛盾和社会主要矛盾都是社会矛盾，二者从不同侧面反映和体现社会矛盾。社会基本矛盾是常住的、确定的、各种社会形态共同具有的社会矛盾；而社会主要矛盾是易逝的、不确定的，并非各种社会形态共同具有的带根本性的社会矛盾。在这里，社会基本矛盾和社会主要矛盾都从属于社会矛盾。

理解社会主要矛盾，首先要理解社会基本矛盾与社会主要矛盾的关系，从社会基本矛盾出发来理解社会主要矛盾。社会主要矛盾来自社会基本矛盾，生产力和生产关系、经济基础和上层建筑的矛盾，决定社会的基本性质。生产力和生产关系、经济基础和上层建筑的矛盾是历史的、发展的、具体的，这就使得社会基本矛盾在不同社会形态、不同民族国家、不同发展阶段的表现是不同的。不同社会基本矛盾在一定社会形态或发展阶段的具体表现，构成社会主要矛盾。可以说，社会基本矛盾是社会主要矛盾的深层结构，社会主要矛盾是社会基本矛盾的表层结构。社会主要矛盾是一个国家在一定历史时期或发展阶段的多种矛盾中起着支配性作用的矛盾，是影响和制约一定时期一个国家发展的

---

① 马仲良 . 论社会基本矛盾与社会主要矛盾的关系［J］. 北京社会科学，1992（02）.

② 何畏 . 社会矛盾学说的新发展——兼论社会根本矛盾、基本矛盾、主要矛盾及其关系［J］. 求索，1983（06）.

决定性矛盾。正确地认识和把握社会主要矛盾，并按照社会发展进步的方向推动解决主要矛盾，使社会主要矛盾进入更新阶段更高水平，是代表先进生产力和先进生产关系的社会集团和政党的根本任务，也是一种社会形态向新的社会形态转变、一个时代向新的时代演化的根本原因。解决社会主要矛盾的过程，实质上也是解决社会基本矛盾的过程，二者不可分割。生产力发展永无止境，这就使得社会基本矛盾永无终结，社会主要矛盾也不会始终停止在同一种状态、同一个水平。

人类社会迄今大体上经历了原始社会、奴隶社会、封建社会、资本主义社会、社会主义社会等几种社会形态。在原始社会中，没有形成阶级，原始社会的社会基本矛盾，表现为原始的低级的社会生产不能满足原始社会人们基本生存需要的社会主要矛盾。进入阶级社会后，阶级成为社会基本矛盾的人格化代表，劳动人民是生产力的主体，统治阶级是生产关系、上层建筑的主体，这就使得阶级社会中社会基本矛盾是通过阶级矛盾表现出来的。奴隶社会的社会主要矛盾是奴隶阶级和奴隶主阶级的矛盾，封建社会的社会主要矛盾是农民阶级和地主阶级的矛盾，资本主义社会的主要矛盾是工人阶级和资产阶级的矛盾。"阶级矛盾构成阶级社会的社会主要矛盾，既符合社会主要矛盾的理论逻辑，也符合社会主要矛盾的历史逻辑。"① 社会主要矛盾表现为阶级矛盾，是剩余产品出现、私有制形成、阶级斗争成为历史发展动力的必然结果，是社会生产力得到高度发展、阶级消灭之前的必经阶段。只有到了社会主义社会和共产主义社会，社会主要矛盾才不以阶级矛盾的方式体现出来。

社会主义社会作为人类社会一种崭新的社会形态，人民当家做主，成为公有制的主人，成为国家的主人，人民不仅是生产力的主体，而且是生产关系和上层建筑的主体。因此，社会主义社会的社会基本矛盾，就不再是对抗性的矛盾，社会主义社会的社会主要矛盾，就不再表现为阶级矛盾。这就使得社会主要矛盾的构建逻辑，不能再按照阶级社会的构建逻辑，而是必须使用新的构建逻辑。社会主义制度在中国建立后，党中央关于我国社会主要矛盾的判断，从党的八大到党的十一届六中全会，再到党的十九大，都有比较权威的阐发和表述。这些表述在构成矛盾双方的内涵上各有不同，但都不同于阶级社会中主要矛盾的构建逻辑，都是使用了社会主义社会主要矛盾新的构建逻辑。这就是把人民作为社会主要矛盾的主体，把人民的需要状况与人民需要的满足状况作为

---

① 何畏. 社会矛盾学说的新发展——兼论社会根本矛盾、基本矛盾、主要矛盾及其关系 [J]. 求索, 1983（06）.

社会主要矛盾的两个方面。这样的构建逻辑，使得社会基本矛盾与社会主要矛盾在社会主义社会得到了贯通，既符合马克思主义基本原理，又反映了社会主义社会的特殊规律；这样的构建逻辑，使得解决社会主要矛盾的方式，不必通过激烈的阶级斗争的方式，而是通过解放和发展生产力的方式，以生产力不断发展来满足人民日益增长的生活需要；这样的构建逻辑，确立了以人民为中心的社会主要矛盾，而不是在人民之外再确定一个对立阶级，以两大阶级关系作为中心的社会主要矛盾。

　　综合来看，社会基本矛盾和社会主要矛盾都是社会矛盾，它们的关系可以理解为本质和现象、抽象和具体、普遍和特殊的关系。社会基本矛盾是本质，决定和制约社会主要矛盾。社会主要矛盾是现象，体现和决定社会基本矛盾。"社会基本矛盾内在地存在于社会主要矛盾中，而社会主要矛盾是对社会基本矛盾的外在体现和反映。"[①] 社会基本矛盾是对各种社会形态共同具有的社会矛盾的高度概括，具有很高的抽象性；社会主要矛盾是对不同社会形态、同一社会形态不同历史时期带有根本性的不同社会矛盾的反映，体现出具体性。社会基本矛盾存在于各种社会形态中，因而具有普遍性；而不同社会形态、同一社会形态的不同发展阶段存在的主要矛盾带有特殊性。本质和现象、抽象和具体、普遍和特殊的关系揭示了社会基本矛盾与社会主要矛盾之间的决定和被决定的辩证关系。

---

① 马仲良. 论社会基本矛盾与社会主要矛盾的关系 [J]. 北京社会科学, 1992 (02).

第一章

新时代社会主要矛盾转化与思想政治工作

矛盾是宇宙中一切事物的普遍客观存在与基本存在态势。矛盾理论是马克思主义哲学的重要内容构成，也是马克思主义经典理论的重要组成部分。《1844年经济学哲学手稿》作为马克思主义哲学诞生地和秘密的著作，富含着马克思关于矛盾的诸多经典论述，其最核心也最为关键的矛盾论述，就是"实践中主客体的对立统一"①。在《资本论》中，马克思揭示了社会基本矛盾在资本主义社会的具体表现形式；列宁对社会主义社会的矛盾理论与实践做出了有益的探索，提出社会主义条件下，"对抗将会消失，矛盾仍将存在"②；毛泽东进一步丰富了马克思主义矛盾理论，提出了矛盾普遍性与特殊性、主要矛盾和次要矛盾及矛盾主要方面和次要方面等与矛盾相关的观点与议题，明确指出了"世界是由矛盾组成的，没有矛盾就没有世界"③ 的观点。可以这么说，马克思主义经典作家关于矛盾的丰富的论述与深刻的阐明，为我们正确认识中国社会主要矛盾提供了理论指导，也最终为中国共产党领导中国人民取得新民主主义革命的胜利和新中国的成立奠定了坚实的理论基础。

新中国成立后，社会主要矛盾随着社会发展阶段和发展条件的变化而不断变化，我们党对社会主要矛盾的认识也经历了一个复杂的过程，尤其是改革开放后，党重新恢复了对社会主要矛盾的科学把握，不断深化着对我国社会主要矛盾内涵和本质的认识，为推动新时代我国社会主要矛盾转化、促进党和国家事业全局发展奠定了坚实的基础，这充分体现了中国共产党正视社会矛盾和问题的自觉性。事实上，社会主义社会尤其是社会主义初级阶段，如同以往一切社会形态，仍然是一个复杂的矛盾体系：生产力与生产关系之间的矛盾作为人类社会的基本矛盾，仍然是社会主义初级阶段各种社会矛盾和问题生成、存在

---

① 萧诗美，刘锦山．马克思哲学的核心原理：实践中主客体的对立同———马克思《1844年经济学哲学手稿》解读 [J]．武汉大学学报（人文社科版），2010（05）．

② 列宁．对布哈林《过渡时期的经济》一书的评论 [M]．北京：人民出版社，1976：12.

③ 毛泽东文集：第七卷 [M]．北京：人民出版社，1996：44.

的客观基础；人民日益增长的物质文化需要同落后的社会生产之间的矛盾是人类社会基本矛盾在社会主义初级阶段的集中体现；由社会主义初级阶段生产力水平决定的社会经济发展的不平衡性、社会利益主体间收入分配的差异性、人们思想观念的多元性，乃至经济社会发展过程中的公平与效率之间的冲突等，都是人类社会基本矛盾在社会变革时代背景下的具体表现；等等。因此，新时代中国特色社会主义建设、中华民族伟大复兴中国梦的实现，必须正确分析和理性应对新时代中国社会主要矛盾，科学分析社会主要矛盾的变与不变，这既是体现和反映人类社会发展规律的理性态度，也是主动化解社会矛盾的前提。马克思主义也认为，矛盾不仅存在于一切事物之中，而且是一切事物发展的根本动力。

一、社会主要矛盾的社会系统论意义及其与思想政治工作的内在关联

社会是人的社会，人是社会的人。人与人类社会本身也是一个矛盾的存在，无论构成社会成员的人与自身的内在矛盾，还是人与人之间、人与社会、人与自然之间，都时刻充满着各种各样的矛盾。社会主要矛盾是社会发展基本状况的集中反映，"社会主要矛盾是以人为出发点，围绕人展开的"①。思想政治工作服务于一定阶级的意识形态，通过有目的、有计划、有组织的教育活动，运用有效的教育方式和手段，使人们形成符合一定社会要求的思想品德和道德要求的社会实践活动。从根本上说，思想政治工作就是做人的工作。由此，围绕人这个中心，社会主要矛盾与思想政治工作具有天然的耦合性，具有十分密切的内在联系。

（一）社会系统论视域的社会主要矛盾理论阐明

"社会主要矛盾是社会发展中的基础性问题"②，指的是在社会系统内诸多矛盾中占支配地位、能够规定或影响社会各种具象性矛盾产生、发展及消亡的矛盾。构成社会系统内在要素的社会主要矛盾，内在涵括三个方面的本质规定性的特质：其一，从构成形式层面来看，必须是一对矛盾体；其二，从共时性辩证层面来看，必须能够规定或影响同一社会阶段的其他矛盾；其三，从历时性发展层面来看，必须构成社会主要矛盾历史形式的共性。综合来看，"人的需

---

① 陈国平，韩振峰. 把握新时代人民群众美好生活需要的三个维度——基于新时代社会主要矛盾的分析 [J]. 人民论坛·学术前沿，2018（09）.

② 王永益. 问题与思路：新时代社会主要矛盾变化下的思想政治教育 [J]. 湘湖论坛，2018（02）.

要"方与"社会生产"方之间的矛盾构成了社会主要矛盾的本质内涵。明晰这一本质是研究新时代社会主要矛盾转化之为何发生转化、如何发生转化以及转化到何种程度等诸多问题的逻辑前提。

1. "人的需要"方与"社会生产"方是一对典型的矛盾体

矛盾即对立统一，反映的是事物之间或事物内部的对立与统一及其关系的哲学范畴。也就是说，任何矛盾体，既具有互依性和统一性或同一性的一面，也具有对立性与斗争性的一面，矛盾的同一性与斗争性构成其本质属性。对"人的需要"方与"社会生产"方来说，这种矛盾的同一性表现在：一切动物都有需要，而人与动物之间在需要上的最大区别就在于，人的需要具有多变性和进阶性，一种需要得到满足后会引起一种新的需要。这就说明人的需要背后还有一个能够推动需要自身发展的动力存在。马克思曾在《1844年经济学哲学手稿》中明确指出了劳动（社会生产）是满足人的需要的手段，他认为"劳动这种生命活动、这种生产生活本身对人来说不过是满足一种需要即维持肉体生存的需要的一种手段"①。也就是说，一切社会生产都为了满足人们的各种需要而存在，人的需要是社会生产的前提和目的。同时，马克思也指出，人能够产生何种需要是由一定的生产方式决定的，正所谓"个人怎样表现自己的生命，他们自己就是怎样。因此，他们是什么样的，这同他们的生产是一致的"②。可以说，人的需要与社会生产就是一对典型的矛盾体，它们互以对方作为自身存在的前提与基础，共同存在于一个统一体当中。

就"人的需要"方与"社会生产"方这对矛盾体的斗争性而言，马克思和恩格斯在《德意志意识形态》中指出："已经得到满足的第一个需要本身、满足需要的活动和已经获得的为满足需要而用的工具又引起新的需要，而这种新的需要的产生是第一个历史活动。"③ 也就是说，在社会生产满足人的需要从而解决矛盾之时，新的需要由此孕育而生，以至于满足了原有需要的社会生产与新的需要又形成了矛盾，社会生产进入到满足新需要的过程，从而两者呈现出"人的生存需要—社会生产—新的需要—新的社会生产……"的螺旋发展序列，在"不平衡—平衡—不平衡—再平衡……"的矛盾斗争中实现互动，并推动着社会历史向前发展。因此，"人的需要"与"社会生产"这两个方面既对立又统一，并能够在一定条件下相互转化，构成一对矛盾体。

---

① 马克思恩格斯文集：第1卷 [M]. 北京：人民出版社，2009：162.
② 马克思恩格斯文集：第1卷 [M]. 北京：人民出版社，2009：520.
③ 马克思恩格斯文集：第1卷 [M]. 北京：人民出版社，2009：531-532.

2. 人的需要与社会生产的矛盾规约同一社会发展阶段中的其他矛盾

人的需要与社会生产之间的矛盾，之所以会对社会其他各领域矛盾有着明确的"规定或影响"之地位与作用，这是由人的需要与社会生产两方面所具有的丰富意蕴所决定的。就人的需要来说，人的需要是人生存、发展的条件。人的需要作为人生目的的重要方面，直接导引着人的对象化的社会实践活动之实现。事实上，人正是通过对象化的社会实践活动，从而生成了人之所以为人的本质规定性生命特征。人的需要，既指那些能随时满足人的吃喝住穿行的生存性活动之需要，即人作为自然存在物的需要，也指那些伴随人在社会生产矛盾运动中所萌生和发展起来的诸多新的更高层级的发展性活动之需要，即人作为社会存在物的需要，包括满足人自身高品质的舒适生活的享受需要，以及人之自由全面发展的自我实现之需要。"与人的需要逐级发展相伴生成的是，人的生产从作为动物的片面生产发展为彰显人的本质的全面生产。全面生产指人们所创造的一切。"① 按人们创造的存在物，全面生产可以划分为物质资料生产、人自身的生产、社会关系的生产和精神生产。人为了生存，开始从事改造自然物存在形态的物质生产活动，这种生产活动是最为根本的生产。在满足一代人生存需要的基础上，人延续自身的生产（繁衍）是人在代际意义上的生存需要。除这两种"直接生活的生产和再生产"② 之外，人的需要与人的对象性活动之间的矛盾运动，将"我"与"他"联系起来，将单个人的生产整合在社会生产之中，将单个人的需要统合在全社会人的需要之中，从而结成了社会各种关系，亦即社会关系（交往形式）的生产，而观念上层建筑（哲学、宗教、艺术、政治法律思想等）和日常意识（情感、风俗、习惯等）的生产构成了社会精神生产的活动和过程。从人的需要和社会生产的矛盾关系图谱中可以看出，两者外延涵盖社会的基本领域，且社会生产是社会各领域存在物生成的根本途径，这也就意味着，其他形式的社会各领域的具体矛盾就必然与人的需要和社会生产之间产生十分紧密的逻辑关联。故而，从这个意义上来看，人的需要与社会生产之间的矛盾，蕴含着人与自然、人与人、人与社会之间的联系，构成影响甚至制约社会各领域矛盾的本质性矛盾。

3. 人的需要与社会生产的矛盾构成社会主要矛盾历史形式的共性

马克思认为："人们之间一开始就有一种物质的联系。这种联系是由需要和生产方式决定的，它和人本身有同样长久的历史；这种联系不断采取新的形式，

---

① 马克思恩格斯文集：第 1 卷 [M]. 北京：人民出版社，2009：42.
② 马克思恩格斯文集：第 1 卷 [M]. 北京：人民出版社，2009：575.

因而就表现为'历史'。"① 按照马克思的意思，社会发展的历史阶段与样态由人的需要与社会生产状况决定，那么作为历史阶段样态的集中表现，社会主要矛盾的各种形式就是人的需要与社会生产这对矛盾的具体化表达。

历史地看，在社会生产力水平相当低下的原始社会时期，单个人力量由于太过于单薄，无法独立应对自然界毒蛇猛兽之袭击与自然力之侵扰等各种生存性威胁，于是便结群而居，选择一种共同的群居生活和集体的劳动协作，公共劳动产品归集体所有并由集体统一分配，用于满足本群体成员的基本生存需要。这一阶段的社会主要矛盾是人的基本生存需要与原始落后的社会生产之间的矛盾。

到存在阶级对抗（私有制）的社会，社会主要矛盾主要表现为两大对立阶级之间的斗争冲突与阶级矛盾。这种阶级矛盾，就其本质而言，仍然没有超脱人的需要与社会生产之间的矛盾，是人的需要与社会生产矛盾的一种"间接"表达形式。具体而言，由于生产资料私有制的存在，阶级社会中社会生产的目的，就是为满足统治阶级即少数生产资料占有者的需要，社会生产的承担者则是那些大多数被实际剥夺了生产资料与劳动产品的被统治阶级。对多数人来说，他们也具有与社会发展水平相当的需要，但在实际生活中却无法得到满足，从而引起了以满足需要为目的的斗争，无生产资料的多数人与占有生产资料的少数人之间的矛盾由此凸显出来，成为社会主要矛盾。从这个意义上说，以生产资料私有制为基础的阶级社会，其社会主要矛盾，仍然是人的需要与社会生产的矛盾，具体则外在地表现为少数人的需要与多数人生产的矛盾，以社会阶级的形式则表现为"在古代是自由民和奴隶之间的对立，在中世纪是贵族和农奴之间的对立，近代是资产阶级和无产阶级之间的对立"②。

在其后产生的以公有制生产方式为基础的社会，在肯定了"生产力是否归人民所有"这一前提下，社会生产是人民群众的实践活动和过程，社会大多数人的需要是社会生产的目的，生产资料私有制条件下相互对立的阶级矛盾趋于消失，于是，大多数人的需要与大多数人进行的社会生产之间的矛盾成为社会主要矛盾。在这一矛盾运动过程中，公有制生产方式使人的需要与社会生产的对抗性矛盾运动得到成功解决和顺利实现，能够不断促进矛盾主要方面的发展，以推动矛盾的解决和内生性发展。

由此可知，"人的需要"方与"社会生产"方之间的矛盾，构成社会主要

---

① 马克思恩格斯文集：第 1 卷 [M]. 北京：人民出版社，2009：533.
② 马克思恩格斯文集：第 1 卷 [M]. 北京：人民出版社，2009：571.

矛盾在人类社会各个历史时期和各种社会形态下的共同特质与表现形式，能够对社会各发展阶段所存在的社会主要矛盾进行科学与合理的解释。所以说，"人的需要"方与"社会生产"方之间的这个共性矛盾为阐发新时代社会主要矛盾的转化提供了理论基点与解释框架。

（二）社会主要矛盾与思想政治工作的内在关联

所谓社会主要矛盾，是指"在复杂的事物的发展过程中，有许多的矛盾存在，其中必有一种是主要的矛盾，由于它的存在和发展规定或影响着其他矛盾的存在和发展"①。抓住了社会主要矛盾，就抓住了中心和重点，社会主要矛盾变化了，中心和重点也就随之发生改变。只有正确把握特定社会发展阶段的社会主要矛盾，一切问题才可能"迎刃而解"。

思想政治工作是一个"具有社会主义性质与中华民族特色"②的专门概念，是党为推进经济工作以及其他一切工作所运用的"软力量"，它对社会发展具有保障、引领、激励、凝聚、调适等功能，为党和国家重大方针政策服务。思想政治工作理论的价值不在于解释世界，而在于改造世界，"代表先进阶级的正确思想，一旦被群众掌握，就会变成改造社会、改造世界的物质力量"③。思想政治工作的最终旨归，就是运用先进的思想政治工作理论来教育广大人民群众，形塑其思想观念、增强其政治觉悟、提升其道德素质从而促进人的自由全面发展。

社会主要矛盾与思想政治工作之间有着严密的内在关联。一方面，社会主要矛盾规约着思想政治工作，对思想政治工作提出新任务和新要求。"社会主要矛盾的发展变化既决定了思想政治教育（工作）服务的内容，也影响着思想政治教育（工作）服务的方式。"④ 在不同的社会发展阶段，社会主要矛盾的转化，推动了党和国家工作重心和中心任务的转变，进而促使思想政治工作的主要任务、内容、方法、话语等也要发生相应的变化与调整。另一方面，思想政治工作为社会主要矛盾的解决和转化提供理论支撑，对社会主要矛盾的解决发挥着独特的作用。"思想政治工作是化解社会矛盾的有效途径，建构多元化机制

---

① 毛泽东文集：第八卷 [M]．北京：人民出版社，1999：320．
② 郑永廷．论社会意识形态与思想政治教育的内在联系 [J]．中国高校社会科学，2015 （06）．
③ 毛泽东文集：第八卷 [M]．北京：人民出版社，1999：320．
④ 王永益．问题与思路：新时代社会主要矛盾变化下的思想政治教育 [J]．湖湘论坛，2018 （02）．

体系，能增强思想政治工作化解社会矛盾的实效性。"① 思想政治工作要对社会主要矛盾及变化做出合理的阐释，引导人们澄清思想上的误区与认识上的偏差，进而达成思想认识上的统一，为最终解决社会主要矛盾提供共同的思想认识前提，为"促进人们更好地投入发展注入活力与动力"②。作为生命线地位的党的思想政治工作，一直聚焦和围绕社会主要矛盾而提供有效的思想引领服务。因此，从某种意义上说，一部中国共产党的历史，就是一部为解决不同发展阶段的社会主要矛盾而进行相应的思想政治工作的历史。这里需要指出的是，由于社会矛盾众多，而且往往具有复杂的变动性，这就要求我们要从诸多的社会矛盾中正确研判社会主要矛盾，只有抓住了社会主要矛盾，才能抓住思想政治工作的主要任务，才能推进社会主要矛盾的解决和社会的进步发展，反之则不然。

新中国成立以来，党对社会主要矛盾认识不断深化的历程，也是党的思想政治工作不断成熟发展的历程。在社会主义建设时期，随着社会主义改造的胜利完成，原来的无产阶级同资产阶级的社会主要矛盾已经基本得到解决，它已经开始转化为"人民对于建立先进的工业国的要求同落后的农业国的现实之间的矛盾"和"人民对于经济文化迅速发展的需要同当前经济文化不能满足人民需要的状况之间的矛盾"③。与此相适应，这一历史阶段思想政治工作的主要任务、内容和方法，就是坚持"团结—批评—团结"的方针，通过向广大人民群众灌输马克思主义理论、社会主义信念、集体主义价值观等，从而充分调动广大人民群众建设社会主义的积极性和热情。然而，1957 年下半年以来，受国际国内综合因素的影响，党内出现了"左"倾错误，使党对我国社会主要矛盾的认识发生了偏差。中共八届三中全会又重新把这一时期的社会主要矛盾归结为"无产阶级和资产阶级的矛盾，社会主义道路和资本主义道路的矛盾"④。在这样的认识下，党领导开展的思想政治工作出现了以"大鸣大放大辩论"的群众运动式教育代替了说理讨论式教育，片面夸大人的主观意志的作用，向广大人民群众灌输"千万不要忘记阶级斗争"的理论。应该说，这种"左"的思想政治工作不但不利于人的全面发展，而且还造成了人的思想观念的混乱，因此它"是不成功的"⑤。十一届三中全会以来，通过恢复党的实事求是的思想路线和

① 陈成文. 论加强思想政治工作与化解社会矛盾 [J]. 思想教育研究, 2010 (03)：8.
② 王永益. 问题与思路：新时代社会主要矛盾变化下的思想政治教育 [J]. 湖湘论坛, 2018 (2)：71.
③ 中共中央文件选集：1949 年 10 月—1966 年 5 月 [G]. 北京：人民出版社, 2013：248.
④ 中共中央文件选集：1949 年 10 月—1966 年 5 月 [G]. 北京：人民出版社, 2013：248.
⑤ 建国以来重要文献选编：第 10 册 [G]. 北京：中央文献出版社, 1994：593-594.

拨乱反正，以邓小平为代表的中国共产党人对我国社会主要矛盾进行了再认识，并做出了合乎国情的正确判断，即"我国所要解决的主要矛盾，是人民日益增长的物质文化需要同落后的社会生产之间的矛盾"①。此后，从党的十二大到十八大，每次党代会报告都重申和强调我国的社会主要矛盾没有变，其目的就是要搞清楚我国的历史方位，始终坚持以经济建设为中心，大力发展社会生产力。由于党对我国社会主义初级阶段社会主要矛盾的正确认识，我们明确了思想政治工作在社会主义初级阶段的主要任务，丰富和创新了其内容、方法、话语等。

由此可见，社会主要矛盾与思想政治工作之间有着密不可分的关联，社会主要矛盾对思想政治工作产生规约性作用，反过来思想政治工作又回应社会主要矛盾，后者"因事而化、因时而进、因势而新"。新时代我国社会主要矛盾的转化，不仅意味着人民生活的需要发生了变化，还引发了人民价值观和人民内部矛盾的变化，这些都给新时代思想政治工作带来了新的问题和挑战。

1. 人民生活需要的变化对思想政治工作的挑战

马克思曾指出，人的需要往往是人的本性的反映，"他们的需要，即他们的本性"②。根据马斯洛需求层次理论，人的需求从低到高共分为五个层级。长期以来，受生产力发展水平的制约，人民的生活需要更多地限制在基础性的物质文化领域。但随着中国由"站起来"到"富起来"并向"强起来"的目标进一步发展，人民的生活需要必然也与时俱进而发生历史性变化。

从横向来看，这种历史性变化主要表现为人民对美好生活需要的界域的拓展。在基础性的物质和文化需要满足以后，人民的需要更加多样化和个性化，对安全、民主、法治、公平、正义、尊严、科技、艺术、环境等方面的需要愈益迫切。比如，近年来雾霾的"幽灵"始终挥之不去，这对人民的身心健康产生了十分消极的影响，营造一个良好宜居的生态环境成为人民的美好期待。从纵向来看，这种历史性变化主要表现为人民对美好生活需要的质量的提升。人民不再仅仅满足于自身的"生存性需要"，而是更注重有利于自身成长的"发展性需要"，这正如习近平总书记所指出的："我们的人民热爱生活，期盼有更好的教育、更稳定的工作、更满意的收入、更可靠的社会保障、更高水平的医疗卫生服务、更舒适的居住条件、更优美的环境，期盼孩子们能成长得更好、工作得更好、生活得更好。"③ 在这里，他接连用了十个"更"，充分体现了人民

① 毛泽东文集：第五卷 [M]. 北京：人民出版社，1996：839.
② 马克思恩格斯全集：第 3 卷 [M]. 北京：人民出版社，1960：524.
③ 习近平. 决胜全面建成小康社会 夺取新时代中国特色社会主义伟大胜利——在中国共产党第十九次全国代表大会上的报告 [M]. 北京：人民出版社，2017：4.

对美好生活的需要从"量"到"质"的层次性跃升。

应该说，随着时代的发展进步，人民对美好生活产生愈益多样化和优质化的追求与需要，这不仅是合情合理的生活追求，也是不容置疑的客观存在。然而需要注意的是，从哲学层面来看，"美好"是一种主观的价值判断，由于个体的人生经历、知识水平、眼界境界、财富多寡等方面的异质性与差别性，每个人对"美好生活"的理解也是千差万别、人言人殊，他们在追求多元化、多样化、优质化的美好生活时，容易产生一些问题。比如，为人民谋福祉是中国共产党始终不变的初心和使命，党的十八大以来，以习近平同志为核心的党中央深入贯彻实施"脱贫攻坚"与"乡村振兴"战略，加大对我国广大农村贫困地区、贫困人口的政策支持和帮扶力度，大力促进农业现代化发展、大力促进农民的富裕增收、大力促进乡村振兴。2021年，习近平在庆祝中国共产党成立一百周年大会上宣告中华大地全面建成小康社会。可以说，短短数年之间，我国九千多万的农村贫困人口彻底摆脱贫困，贫困发生率从10.2%实际地下降到4%以下，创造了彪炳史册的人间减贫奇迹，不仅兑现了中国共产党对中国人民的庄严承诺并深刻改变了亿万群众的命运，而且深刻改变了贫困地区落后面貌并补齐了全面建成小康社会最突出的短板。然而，在脱贫攻坚和乡村振兴过程中，部分地区的贫困户存在"等靠要"的懒汉心态，认为有党和政府的帮扶，美好生活不用自己奋斗就可以自然而然地实现。这种错误思想，急需思想政治工作来加以正确引导。再如，一些人为了追求所谓"美好生活"，彼此之间"比富斗阔"，往往不顾自己的实际需要和支付能力而狂热地过度消费，如何纠正错误的消费观念也是思想政治工作需要解决的难题。

2. 社会价值观的变化对思想政治工作的挑战

历史唯物主义认为，社会存在决定社会意识，社会意识是社会存在的能动反映。社会价值观是社会意识的重要组成部分，是人们关于社会关系的是非判断，它与社会存在密切相关，并随着社会的转型发展和社会条件的变化而变化。历史发展表明，处于转型期的社会，人们的社会价值观的变化表现得十分明显。如新中国成立后，人们的社会价值观逐渐从非马克思主义转向马克思主义，集体主义是当时主流的社会价值观；而改革开放以来，随着计划经济转向社会主义市场经济，封闭状态转向全面开放状态，人们的社会价值观也由一元转向了多元。每一次的社会转型，都对党的思想政治工作提出新的要求，都需要党通过加强思想政治工作对人们的社会价值观进行正确的引领。否则，社会价值观领域一旦出现了所谓"真空地带"，其他一些非主流的甚至是错误的价值观必将占据主导地位，后果就会不堪设想。

当前，改革进入深水区，随着全面深化改革不断向纵深推进，社会发生了深刻的变化与转型，给人们的思想世界与价值世界带来很大的变化，"各种利益关系错综复杂、人们的价值观选择出现了多样化的特征"①，如果不对其加以正确引领，难免会造成社会价值观的混乱。以政治价值观的变化为例，党的十八大以来，由于政治体制改革的全面推进，中国特色社会主义民主政治建设取得实质性进展，中国特色社会主义法治体系更加健全。然而，与此同时西方的自由化浪潮裹挟着"宪政民主""普世价值""公民社会"等舆论思潮也进一步加速涌来，如何正确引领人民揭穿西方"宪政民主"等此类"神话"而走向中国特色社会主义民主政治，成为新时代思想政治工作的重要任务。此外，其他价值观如文化价值观、经济价值观、生态价值观等的变化，也同样为思想政治工作的开展带来了新的挑战。

3. 社会主要矛盾内部两方面的变化对思想政治工作的挑战

"进入新时代，社会主要矛盾转变，思想政治教育工作主要矛盾转变为人们对于人们道德精神需求的多样性和思想政治教育工作育人的德性涵养效果不凸显之间的矛盾。"② 具体言之，可从"人的需要"与"社会生产"两方面来看待。

人的需要就是社会主要矛盾的需求侧的内容。从人的有需要方来看，在社会主要矛盾发生转化之前，人民需求更多地集中于物质文化层面，具体地说，它主要发生在经济领域。然而，随着人民美好生活需要的界域拓展与质量提高，不可避免地将在更多的领域、更广的空间和更高的层次上产生利益冲突与利益分歧，人民需求将更加复杂化、细微化和多元化。比如，在公共安全领域，近年来，"地沟油""食品添加剂""假保健品""电信诈骗""网络谣言"等屡禁不止，对社会公共秩序和人民生命财产安全造成了严重威胁。随着人民需求由物质幸福转向美好生活，思想政治工作要适应这种转变，并积极引领这种转变。

社会生产就是社会主要矛盾的供给侧的内容。从社会主要矛盾的供给侧看，相对于改革开放初期，我国的生产力水平总体上显著提升，社会生产能力在很多方面进入世界前列，如果继续沿用过去"落后的社会生产"显然不符合实际。因此，目前我国生产力的发展水平用"不平衡不充分"来表述更为恰当，它主要表现在地区之间、城乡之间、群体之间、领域之间等不平衡不充分的发展上，

① 谢晓娟，柳杨. 新时代我国社会主要矛盾变化背景下思想政治教育新使命 [J]. 辽宁师范大学学报（社会科学版），2020（05）.

② 孙梦婵. 论新时代思想政治教育主要矛盾 [J]. 思想政治教育研究，2019（01）.

而这种"不平衡不充分"的发展势必引发人民内部新的矛盾。以教育为例,人民对教育的需要是无限的,而就目前来讲我国教育资源的发展还不够充分,其分配还面临着严重的不均衡,无法有效满足人民对教育公平的愿望。社会主要矛盾供给的转变,要求思想政治工作要向人民阐释这种不平衡不充分的发展,并引领人民解决这一问题。

4. 加强思想政治工作是化解社会矛盾的有效途径

从根本上来说,社会矛盾和问题体现为人与人之间利益关系的失常状态,而思想政治工作是以现实关系中的人为活动对象、恢复和重建主体间常态关系的实践活动。换言之,加强和改进思想政治工作是有效化解社会矛盾的重要途径。从历史维度来看,通过加强思想政治工作化解社会矛盾和问题,是我们党的优良传统和政治优势,在领导革命和建设的长期实践中,我们党形成了具有鲜明中国特色的思想政治工作理论体系,积累了丰富的化解社会矛盾的实践经验。早在 1932 年,针对当时军队中各种矛盾突出,化解矛盾、加强军队建设十分必要而又紧迫,毛泽东提出了"政治工作是红军的生命线"[①] 的战略思想,促进了全党全军的空前团结;20 世纪 80 年代初,随着党工作重心的转移,以原有的经济体制与社会发展之间的矛盾为基础的各种社会问题严重阻碍着改革开放的进一步发展,邓小平适时地指出:"我们一定要把思想政治工作放在非常重要的地位,切实认真做好,不能放松。"[②] 世纪之交,为了有效化解社会结构深刻变化带来的各种社会矛盾和问题,江泽民在 2000 年中央思想政治工作会议上强调:"党的思想政治工作面临的形势更复杂、任务更繁重、工作更艰巨了。党的思想政治工作绝不是可有可无、无所作为,而是必不可少、大有作为的。"[③] 新时代以来,习近平也反复强调:"思想政治工作是党的优良传统、鲜明特色和突出政治优势,是一切工作的生命线。加强和改进思想政治工作,事关党的前途命运,事关国家长治久安,事关民族凝聚力和向心力。"[④] 从现实维度来看,当前我国已进入全面深化改革发展的"深水区"与关键时期,社会变革不可避免地会带来各种各样社会矛盾和问题,只有不断加强和改进思想政治工作,充分发挥思想政治工作的特有功能,才能有效化解社会矛盾,实现和谐社会与美丽中国的"美好图景"。

---

① 毛泽东选集:第四卷 [M]. 北京:人民出版社,1991:1248.

② 邓小平文选:第二卷 [M]. 北京:人民出版社,1993:342.

③ 江泽民文选:第三卷 [M]. 北京:人民出版社,2006:83-84.

④ 中共中央 国务院印发《关于新时代加强和改进思想政治工作的意见》[N]. 人民日报,2021-07-13 (001).

第一，思想政治工作是巩固党的领导地位与执政基础的"生命线"工作。通过加强和改进思想政治工作，不但能增强党的先进性和执政能力，而且能从根本上消除腐败，消释党群隔阂并有效化解信任危机，巩固党的执政基础。一方面，加强和改进党自身思想政治工作，有利于推进党的执政能力和先进性建设，为推进强国建设和民族复兴提供坚强有力的政治保证。我国正处于改革发展的关键时期，经济体制深刻变革，社会结构深刻变动，利益格局深刻调整，思想观念深刻变化。这种空前的社会变革必然给我国的发展进步带来这样那样的矛盾和问题。这就要求我们必须加强和改进党的自身思想政治工作，牢固树立立党为公、执政为民的治国理念，推进党的先进性建设；必须始终坚持以马克思主义为指导，推进马克思主义学习型政党建设，不断提高广大党员干部理论修养和全党驾驭市场经济规律的执政能力，从而在全社会培植广泛的政治信赖。另一方面，加强和改进党的自身思想政治工作，有利于推进惩治和预防腐败体系建设，从根本上化解党群隔阂，巩固党的执政基础。"随着改革发展的深化，党内腐败现象严重侵蚀了党的肌体，损害了广大人民的根本利益，伤害了人民群众的政治感情，在一定程度上直接导致了社会信仰危机、信任危机和信念危机的产生。"① 因此，在推进新时代强国建设与民族复兴的过程中，只有始终加强党员干部的思想政治工作，始终保持党的先进性和纯洁性，才能巩固党的执政基础。

第二，思想政治工作是化解社会矛盾和建构社会和谐共识的重要抓手。在新的历史时期，随着全面改革发展的不断深入和社会利益格局的不断调整，社会成员之间的利益冲突不断产生；随着人们的思想观念的不断变化，社会思潮多元化趋势日益凸显，各种思想问题不断涌现；随着市场经济进一步发展，竞争压力进一步增大，各种心理问题不断产生……只有加强和改进思想政治工作，才能不断化解社会变革带来的各种新的社会矛盾和问题，在全社会形成共同致力于建设中国特色社会主义事业的思想道德基础。一方面，社会主义核心价值体系与社会主义核心价值观是全民族奋发向上的精神力量和团结和睦的精神纽带，通过不断加强和改进思想政治工作，把社会主义核心价值体系和核心价值观内化为人们的自觉行动，才能有效消释各种思想意识问题，从而引导全社会形成中国特色社会主义共同理想，形成以爱国主义为核心的民族精神和以改革创新为核心的时代精神，形成以社会主义荣辱观为主要内容的思想道德基础。另一方面，社会主义国家具有公平正义、诚信友爱、安定有序的特征属性，建设社会主义"善治"社会是全党全国人民的战略目标。只有加强和改进思想政

---

① 饶武元. 社会稳定与思想政治工作研究［M］. 北京：人民出版社，2018：100.

治工作，才能不断化解各种社会矛盾和问题，在全社会形成爱国、敬业、诚信、友善的道德规范，形成知荣辱、讲正气、促和谐的道德风尚，形成男女平等、尊老爱幼、扶贫济困、礼让宽容的人际关系，自觉养成传统美德与时代精神完美结合的健康文明的生活方式。此外，构建富强民主文明和谐美丽的现代化国家是一项系统工程，只有不断加强和改进思想政治工作，充分发挥思想政治工作的导向功能，才能在全社会形成自尊自信、理性平和、积极向上的社会心态，形成健康和谐的社会心理，为改革发展和中国特色社会主义建设实践提供稳定的社会心理基础。

第三，思想政治工作是助推社会利益关系协调与社会和谐稳定的关键举措。党的十一届三中全会以来，我们党始终坚持以经济建设为中心，坚定不移地推进改革开放和现代化建设。但是，随着改革发展的深入，社会结构深刻调整，社会主体间的利益格局不断解构、重组，新的社会矛盾和问题不断产生，城乡发展不平衡、居民收入差距进一步扩大、就业与安全等关系群众切身利益的矛盾和问题日益突出，已成为制约社会和谐发展的不确定性因素。因此，习近平指出："思想政治工作只能加强不能削弱。"① 总的来看，随着改革开放的不断深入，社会成员的主体意识不断提升，群众利益无小事、群众利益高于一切的思想观念已经深入到社会生活的各个层面。"思想政治工作是一项转变人的思想认识、强化人的精神动力、塑造人的美好心灵、提升人的思想境界的重要工作。"② 思想政治工作必须适应社会结构和利益格局变化的时代要求，始终坚持把改善人民生活作为正确处理改革、发展、稳定的结合点，才能正确处理最广大人民的根本利益、现阶段群众的共同利益和不同群体的特殊利益之间的关系，从根本上化解社会矛盾和问题。具体而言，一是加强和改进思想政治工作，充分发挥思想政治工作的利益调节功能，能够有效地统筹各方面利益关系，促进社会和谐稳定；二是加强和改进思想政治工作，进一步完善教育、协商和疏导机制，能有效预防和妥善处理群众性突发事件，把事关人民群众切身利益的矛盾和问题化解在基层、解决在萌芽状态，从而维护和谐稳定的社会环境；三是加强和改进思想政治工作，有助于引导人民群众自觉培育市场竞争意识、独立自主意识，在全社会形成公平正义的和谐利益心态。

第四，思想政治工作是助推社会良性运行与和谐发展的重要手段。党的二十大报告指出："完善正确处理新形势下人民内部矛盾机制……及时把矛盾纠纷

---

① 习近平. 在全国宣传思想工作会议上的讲话 [N]. 人民日报，2013-08-21（1）.
② 饶武元. 社会稳定与思想政治工作研究 [M]. 北京：人民出版社，2018：58.

化解在基层、化解在萌芽状态……建设人人有责、人人尽责、人人享有的社会治理共同体。"① 建设社会治理共同体是一项系统工程，必须最大限度地激发社会活力。加强和改进思想政治工作，是不断化解社会矛盾、增强社会活力的有效途径。只有加强和改进思想政治工作，才能不断化解社会矛盾，从而最大限度地调动人民群众的积极性、主动性和创造性，增强人民群众的参与意识和责任意识，促使社会创新能量充分释放、创新成果不断涌现；才能不断化解社会矛盾，从而充分激发人民群众自力更生、顽强拼搏、团结协作精神，为建设社会治理共同体提供源源不断的精神动力；才能在建立和完善人文关怀和心理疏导机制的基础上，引导人民群众正确处理与他人、与社会的关系。

二、对新时代我国社会主要矛盾发生转化的整体性认识

基于社会主要矛盾的本质内涵，阐释新时代我国社会主要矛盾的转化，实际上就是要解决两个问题：其一，厘清新时代社会主要矛盾转化的根本动因与条件，以社会主要矛盾依存条件的变化，推演出社会主要矛盾转化的理论逻辑，并遵循马克思主义中国化时代化的价值意蕴，分析出新矛盾的内涵与特征为何如此的价值逻辑。其二，厘清我国社会主要矛盾转化前后新旧矛盾之间的关系，全面、辩证地表达新矛盾的转化程度，具体包括：一是矛盾需求侧的变化，如人民日益增长的美好生活需要的理解；二是矛盾供给侧的变化，如发展不平衡不充分已经成为人民追求美好生活的主要制约因素；三是社会主要矛盾的"变"与我国基本国情的"不变"的统一。

（一）新中国成立以来党对社会主要矛盾的历史表述

新中国成立后，我国社会主要矛盾经历了重大变化，党对社会主要矛盾的认识也经历了一定的历史曲折和反复。中国共产党对不同历史阶段社会主要矛盾的判断与把握，并据此制定相应的方针政策，是中国共产党治国理政的主要做法与成功经验。"准确认识社会主要矛盾是把握历史主动的理论前提，是把握历史规律的逻辑起点。"②

---

① 习近平. 高举中国特色社会主义伟大旗帜　为全面建设社会主义现代化国家而团结奋斗——在中国共产党第二十次全国代表大会上的报告［M］. 北京：人民出版社，2022：54.

② 田鹏颖. 在准确认识社会主要矛盾中把握历史主动［J］. 中国特色社会主义研究，2022（04）.

1. 党在社会主义革命时期对我国社会主要矛盾的认识与定位

从 1949 年新中国成立到 1956 年社会主义"三大改造"完成的这一时期，是我国的社会主义革命时期，也是我国由新民主主义向社会主义过渡的重要历史时期。1948 年 9 月，毛泽东在中共中央政治局会议上指出："现在点明一句话，资产阶级民主革命完成之后，中国内部的主要矛盾就是无产阶级和资产阶级之间的矛盾，外部就是同帝国主义的矛盾。"[①] 1949 年 3 月 5 日，毛泽东在七届二中全会上的报告中指出："从现在起，党的工作重心由乡村移到了城市"[②]；在"已经推翻国民党的统治，建立了人民的统治，并且从根本上解决了土地问题"后，"党在这里的中心任务，是动员一切力量恢复和发展生产事业，这是一切工作的重点所在"[③]。"中国新民主主义革命在全国胜利，并且解决了土地问题以后，中国还存在着两种基本的矛盾。第一种是国内的，即工人阶级和资产阶级的矛盾。第二种是国外的，即中国和帝国主义国家的矛盾"[④]。在毛泽东此时的语境中，是把一个社会的基本矛盾（主要矛盾）与工作重心、中心任务、工作重点相区别而使用的。1952 年 6 月 6 日，毛泽东在中共中央《关于民主党派工作的决定（草稿）》上的批语中指出："在打倒地主阶级和官僚资产阶级以后，中国内部的主要矛盾即工人阶级与民族资产阶级的矛盾，故不应再将民族资产阶级称为中间阶级。"[⑤] 基于此，中国共产党以对社会主义革命时期或过渡时期社会主要矛盾的认识与判断作为依据，于 1952 年制定了过渡时期的总路线。正是这个基于当时我国社会主要矛盾的准确判断与定位，成功地指引我国提前完成第一个五年计划，并于 1956 年年底完成了具有社会主义革命性质的"三大改造"，最终成功建立了社会主义制度。其中，"社会主要改造之所以能和平顺利地完成，耐心细致的思想政治工作对人们思想的转变起到很大的作用"[⑥]。

2. 党在"八大"前后对我国社会主要矛盾的认识与定位

在我国社会主义基本制度建立之后，社会的主要矛盾是什么，这是关系到全党全国确定今后的基本路线、根本任务、工作中心的重大问题。在这个社会转向与历史转折的重大时刻，1956 年 9 月召开的中国共产党第八次全国代表大

① 毛泽东文集：第五卷 [M]. 北京：人民出版社，1996：145-146.
② 毛泽东选集：第四卷 [M]. 北京：人民出版社，1991：1427.
③ 毛泽东选集：第四卷 [M]. 北京：人民出版社，1991：1427.
④ 毛泽东选集：第四卷 [M]. 北京：人民出版社，1991：1433.
⑤ 毛泽东文集：第六卷 [M]. 北京：人民出版社，1999：231.
⑥ 李海峰. 社会主要矛盾变迁下的思想政治工作发展 [J]. 人民论坛，2021（36）.

会及时地回答了这个问题："我们国内的主要矛盾，已经是人民对于建立先进的工业国的要求同落后的农业国之间的矛盾，已经是人民对于经济文化迅速发展的需要同当前经济文化不能满足人民需要的状况之间的矛盾。这一矛盾的实质，在我国社会主义制度已经建立的情况下，也就是先进的社会主义制度同落后的社会生产力之间的矛盾。"① 可以这么说，党的八大关于社会主要矛盾论述的基本精神，就是强调阶级斗争已经不是社会主要矛盾，创造性地提出当时我国社会主要矛盾是落后的社会生产力不能满足人民的物质文化需要，主要任务是集中力量发展社会生产力。

然而，随着 1957 年反右派斗争扩大化的出现，导致毛泽东对社会主要矛盾认识发生改变。1957 年 10 月 9 日，毛泽东在八届三中全会闭幕会上提出："无产阶级和资产阶级的矛盾，社会主义道路和资本主义道路的矛盾，毫无疑问，这是当前我国社会的主要矛盾。"②党的八大二次会议文件确认了毛泽东的判断："整风运动和反右派斗争的经验再一次表明，在整个过渡时期，也就是说，在社会主义社会建成以前，无产阶级同资产阶级的斗争，社会主义道路同资本主义道路的斗争，始终是我国内部的主要矛盾。"③这个论断，背离了党的八大一次会议对我国社会主要矛盾的判断。1962 年 10 月，党的八届十中全会重提阶级斗争，并且把"整个过渡时期"无产阶级同资产阶级的矛盾始终是社会的主要矛盾的论点进一步延伸到"整个社会主义历史阶段"。后来逐渐形成了一个"以阶级斗争为纲"的路线，发展到极端就是发生较长时期的、相当严重的"左"倾错误和严重内乱。

3. 党在改革开放历史新时期对社会主要矛盾的判断与定位

党的十一届三中全会完成拨乱反正工作的首要一条，就是不再提"以阶级斗争为纲"的基本路线，决定全党工作的重点转移到社会主义现代化建设上来。1979 年邓小平在理论务虚会上联系中心任务回答了我国社会主要矛盾问题："至于什么是目前时期的主要矛盾，也就是目前时期全党和全国人民所必须解决的主要问题或中心任务，由于三中全会决定把工作重点转移到社会主义现代化建设方面来，实际上已经解决了。我们的生产力发展水平很低，远远不能满足人民和国家的需要，这就是我们目前时期的主要矛盾，解决这个主要矛盾就是我们的中心任务。"④

① 建国以来重要文献选编：第 9 册 [M]. 北京：中央文献出版社，1994：37.
② 毛泽东文集：第六卷 [M]. 北京：人民出版社，1999：223-224.
③ 毛泽东文集：第六卷 [M]. 北京：人民出版社，1999：223-224.
④ 邓小平文选：第二卷 [M]. 北京：人民出版社，1994：182.

1981 年党的十一届六中全会通过的《关于建国以来党的若干历史问题的决议》，在重新肯定党的八大的路线及其关于矛盾变化论述的基础上，提出："在社会主义改造基本完成以后，我国所要解决的主要矛盾，是人民日益增长的物质文化需要同落后的社会生产之间的矛盾。党和国家工作的重点必须转移到以经济建设为中心的社会主义现代化建设上来，大大发展社会生产力，并在这个基础上逐步改善人民的物质文化生活。"① 需要指出的是，决议中把原来八大决议中"落后的社会生产力"的表述改为"落后的社会生产"。社会生产既包括生产力，又包括生产关系。这样的表述，就更为准确和周延。党的十二大确认了决议的提法，并载入了《中国共产党章程》的总纲中，党的十三大、十四大继续确认并沿用了这个提法。

1997 年 9 月召开的党的十五大，对我国社会的主要矛盾做了更为完整系统的表述，就社会主要矛盾的地位作用、贯穿的历史时期和范围进行了新的概括，指出："我国经济、政治、文化和社会生活各方面存在着种种矛盾，阶级矛盾由于国际国内因素还将在一定范围内长期存在，但社会的主要矛盾是人民日益增长的物质文化需要同落后的社会生产之间的矛盾。"② 党的十六大、十七大基本上还是沿用十五大报告关于我国社会发展阶段、社会主要矛盾、中心任务的提法。

党的十八大基于"我国正处于并将长期处于社会主义初级阶段"的基本认识，提出"三个没有变"，即"我国仍处于并将长期处于社会主义初级阶段的基本国情没有变，人民日益增长的物质文化需要同落后的社会生产之间的矛盾这一社会主要矛盾没有变，我国是世界最大发展中国家的国际地位没有变"③。然而，不变是相对的，变是绝对的。1992 年 12 月 18 日，邓小平就明确指出："中国发展到一定程度后，一定要考虑分配问题。也就是说，要考虑落后地区和发达地区的差距问题。不同地区总会有一定的差距。这种差距太小不行，太大也不行。如果仅仅是少数人富有，那就会落到资本主义去了。要研究提出分配这个问题和它的意义。"④ 邓小平在 20 世纪末就抓住了发展起来以后也就是今天我们面对的突出矛盾和问题，解决这个问题就是我们的中心任务，也就是当前的社会主要矛盾。

4. 党在中国特色社会主义新时代对社会主要矛盾的判断与定位

2012 年 11 月 15 日，刚刚当选为中共中央总书记的习近平在同采访党的十

① 三中全会以来重要文献选编：下 [G]. 北京：中央文献出版社，2011：168.

② 十五大以来重要文献选编：上 [G]. 北京：中央文献出版社，2011：14.

③ 十八大以来重要文献选编：上 [G]. 北京：中央文献出版社，2014：12-13.

④ 邓小平年谱（1975—1997）：下册 [M]. 北京：中央文献出版社，2004：1356-1357.

八大的中外记者见面时就掷地有声地指出："我们的人民热爱生活，期盼有更好的教育、更稳定的工作、更满意的收入、更可靠的社会保障、更高水平的医疗卫生服务、更舒适的居住条件、更优美的环境，期盼孩子们能成长得更好、工作得更好、生活得更好。人民对美好生活的向往，就是我们的奋斗目标。"① 2015 年 10 月 29 日，习近平总书记在党的十八届五中全会第二次全体会议上的讲话中指出："我们必须紧紧抓住经济建设这个中心，推动经济持续健康发展，进一步把'蛋糕'做大，为保障社会公平正义奠定更加坚实的物质基础。"② 他还明确指出："我国经济发展的'蛋糕'不断做大，但分配不公问题比较突出，收入差距、城乡区域公共服务水平差距较大……为此，我们必须坚持发展为了人民、发展依靠人民、发展成果由人民共享，作出更有效的制度安排，使全体人民朝着共同富裕方向稳步前进，绝不能出现'富者累巨万，而贫者食糟糠'的现象。"③ 他强调："全面深化改革必须着眼创造更加公平正义的社会环境，不断克服各种有违公平正义的现象，使改革发展成果更多更公平惠及全体人民。"④ 可以说，新时代以来，以习近平同志为主要代表的中共党人，看到了改革开放以来中国经济社会发展的沧桑巨变，也看到了人民需要的美好追求，还看到了城乡之间、区域之间及行业产业之间发展不平衡不充分的客观现实，从而做出了新时代我国社会主要矛盾开始转变为人民美好生活需要和不平衡不充分的发展之间的矛盾的判断与定位。

（二）新时代社会主要矛盾转化的逻辑遵循

1. 事实逻辑：基于社会生产状况变动而出现的矛盾演化

新时代社会主要矛盾转化的事实逻辑，又称生产力逻辑，包含着我国社会主要矛盾为何变动以及为何如此两个问题，实质上是研究新矛盾转化的根本动因与转化条件。

第一，从"为何变动"来看，它涉及的是根本动因问题。"从唯物史观的视角来看，社会主要矛盾转化的根本动因在于社会基本矛盾运动。"⑤ 社会基本矛盾是社会发展动力的最高抽象表达，在特定社会阶段中，其基本要素之间并非完全契合，总是兼有相适应之处与不相适应之处。其中，适应之处是这一社会阶段为何如此的根源所在，而不适应之处则表现为大量涵盖社会各领域的矛盾，

---

① 习近平. 习近平谈治国理政：第一卷 [M]. 北京：外文出版社，2014：4.

② 习近平. 习近平谈治国理政：第二卷 [M]. 北京：外文出版社，2017：200.

③ 习近平. 习近平谈治国理政：第二卷 [M]. 北京：外文出版社，2017：200.

④ 习近平. 习近平谈治国理政：第二卷 [M]. 北京：外文出版社，2017：200.

⑤ 宋晓丹. 新时代社会主要矛盾转化的唯物史观维度 [J]. 学术探索，2018（03）.

需要社会基本矛盾结构要素内部不断调适。于是，社会矛盾的产生、发展与调适等各个环节都与社会基本矛盾运动"环环相扣"。而社会主要矛盾是特定社会发展阶段的矛盾中居于主导地位的矛盾，那么，社会基本矛盾运动中生成的主要不适应之处就是社会主要矛盾。由此可以得出，社会基本矛盾运动决定社会主要矛盾的内涵与特征，是社会主要矛盾转化的根本动因。社会主要矛盾则成为社会基本矛盾在特定社会发展阶段的主要具象形式。

联系到我国实际，社会主要矛盾转化的事实逻辑，其实质就是随着生产力与生产关系、经济基础与上层建筑之间的矛盾运动，社会生产状况（同时也是人的需要与社会生产这一矛盾的主要方面）发展至特定程度时，触发了这一阶段人（作为历史主体）的新需要并与之构成新的矛盾，使"旧的统一和组成此统一的对立成分让位于新的统一和组成此统一的对立成分"①。历史地看，在1956年完成社会主义"三大改造"后，我国社会主义公有制建立起来。基于生产资料归全体人民所有的生产方式，我国的社会主要矛盾进入人民需要与社会生产之间的矛盾关系范围，需要承认的是，在我国这样的落后国家建立社会主义制度有其特殊性，即社会主义制度确切地说是"建立"而非"建成"。换言之，社会主义制度的建立与完善之间存在着矛盾。所以说，新中国成立后的很长一段时期内的这种基础差、底子薄的社会生产状况，决定了人民的需要层次主要体现为生存需要的低层次阶段，即基本的物质文化需要。正是在这样的条件下，我国自社会主义公有制生产方式确立伊始，社会主要矛盾就定位为人民对物质文化的需要与社会生产不能满足人民的物质文化需要之间的矛盾。

第二，从"为何如此"来看，它涉及的是转化条件问题。社会主要矛盾的转化条件为特定社会发展阶段的社会生产状况。具体来说，矛盾的转化需要依赖于一定的条件，"不但在一定条件之下共处于一个统一体中，而且在一定条件之下互相转化"②。既然社会主要矛盾产生、发展与化解等都由社会基本矛盾决定，那么其转化的条件也就由社会基本矛盾运动创造。而社会基本矛盾各要素的发展状况正是社会生产的发展状况。也就是说，社会主要矛盾转化的条件是社会基本矛盾运动的结果，表现为特定社会发展阶段的社会生产状况。经过新中国成立70多年特别是改革开放40多年来的飞速发展，"我国取得举世瞩目的发展成就，从生产力到生产关系、从经济基础到上层建筑都发生了意义深远的

---

① 毛泽东选集：第一卷［M］. 北京：人民出版社，1991：307.
② 毛泽东选集：第一卷［M］. 北京：人民出版社，1991：307.

重大变化"①，使得我国社会主要矛盾依存条件发生了极大的变化，由社会生产各个领域、各个方面所组成的社会主要矛盾也出现了变动。

首先，就物质资料生产领域来看，当今的我国，已经成为世界第二大经济体，于 2021 年全部完成脱贫攻坚并在中华大地上全面建成小康社会的历史任务，成为首个实现联合国减贫目标的发展中国家，创造了人类历史上彪炳千秋的历史奇迹，"我国社会生产力水平总体上显著提高，社会生产能力在很多方面进入世界前列"②，这无疑意味着我国生产力水平低下已不符合事实。其次，就社会关系的生产而言，随着我国经济体制等社会结构性要素的改革，利益分配格局出现极大的调整，在城乡发展、区域发展和收入分配等方面不平衡状况凸显。比如近年来，我国衡量收入分配的基尼系数一直处于 0.4 的警戒线以上，这不但生成了大量事关民生问题的群体性矛盾，而且提出了社会治理体系和治理能力现代化水平有待加强的矛盾问题。最后，就人自身的生产而言，马克思主义认为，人自身的生产是人通过需要的满足，将自身作为自然存在物与社会存在物的双重"痕迹"，来进行"类"的繁衍、延续与发展的过程。新中国成立 70 多年来，人的需要范围和结构从物质文化需要，转化为多层次、多样化、多方面的需要，特别是精神层面的需要呈现显性化发展态势。

由此可知，维持新中国成立初期主要矛盾存在的条件已不复存在。在解决落后的社会生产、满足人民基本的物质文化需要过程中，我国社会生产的各种结构性矛盾逐渐凸显出来，不仅制约着社会生产的进一步充分发展，也不能满足人民日益增长的多层次、多样化、多方面的需要，从而人民日益增长的美好生活需要和不平衡不充分的发展之间的矛盾凸显出来，成为新的社会主要矛盾。

2. 价值逻辑：矛盾运动始终遵循"人民至上"的价值导向

我国社会主要矛盾的转化，是合规律性与合目的性统一的过程。如果说我国社会主要矛盾转化的合规律性，体现的是遵循着一种人的需要与社会生产的矛盾随社会生产条件变化而发生转化的"生产力逻辑"或"事实逻辑"③；那么我国社会主要矛盾转化的合目的性，则体现为遵循着一种"价值逻辑"④，即在我国社会主义公有制的生产方式下，"人的需要"具象形式为广大人民群众的需

① 汪青松，林彦虎. 美好生活需要的新时代内涵及其实现 [J]. 上海交通大学学报（哲学社会科学版），2018（06）.

② 习近平. 决胜全面建成小康社会　夺取新时代中国特色社会主义伟大胜利——在中国共产党第十九次全国代表大会上的报告 [M]. 北京：人民出版社，2017：11.

③ 吴宏政. 新时代我国社会主要矛盾转化的"价值逻辑" [J]. 红旗文稿，2019（04）.

④ 吴宏政. 新时代我国社会主要矛盾转化的"价值逻辑" [J]. 红旗文稿，2019（04）.

要，而非私有制条件下少数人的需要，社会主要矛盾运动始终遵循着"人民至上"的价值导向。

（1）"人民至上"的价值立场是我国社会生产发展的重要导向。依据社会主要矛盾制定党和国家的建设路线、方针和政策是新中国成立 70 多年来的一条重要经验。其中，不断满足人民日益增长的需要不仅作为路线、方针和政策的目标引指，且成为这些路线、方针和政策实际落实中的价值规范和标准。历史地看，从毛泽东指出不能使人民生活得到改善，"那我们就不能维持政权"[①]，到以"是否有助于人民的富裕幸福"作为衡量两个文明发展方向与水平的重要标准，再到"人民群众日益增长的物质文化生活需要，同落后的社会生产之间的矛盾"[②]，再到提出以人为本的科学发展观、社会主义和谐社会、"促进国民经济又好又快发展"等重要思想，再到提出"以人民为中心"的发展思想、"五位一体"总体布局、"四个全面"战略布局、新发展理念等思想和举措，可以看到，我国社会生产发展始终秉承着"人民至上"的价值逻辑，而非仅注重生产力层面的事实逻辑。正是以"人民至上"的价值目标引导现代化建设，使我国社会生产始终能够回应人民的殷切需要。

（2）人民"美好生活需要"集中体现了"人民至上"的价值逻辑。随着社会生产和供给能力的提高，"美好生活首先还是物质的，这也符合中国社会主义初级阶段的实际，但新的物质需要与以前会有所不同，需要的数量更多、品质也更高"[③]，而且"在民主、法治、公平、正义、安全、环境等方面的要求日益增长"[④]。将这些多层次、多样化、多方面的需要统称为"美好生活需要"，这便涉及价值逻辑。这是因为，"美好生活"是涉及主体需要的话语表达，生活美好与否的判断，"不仅取决于人民需要与社会生产状况的事实判断，更多地与主体体验有关"。同时，从外延来看，习近平指出，人民对美好生活的向往，是"期盼有更好的教育、更稳定的工作、更满意的收入、更可靠的社会保障、更高水平的医疗卫生服务、更舒适的居住条件、更优美的环境、更丰富的精神文化生活"[⑤]，这显然指向"人的自由全面发展"的终极价值关怀。因此，新时代社

---

① 毛泽东选集：第四卷［M］. 北京：人民出版社，1991：1428.

② 三中全会以来重要文献选编：下［G］. 北京：中央文献出版社，2011：168.

③ 陶文昭. 科学把握社会主要矛盾转化［J］. 中国高校社会科学，2017（06）.

④ 习近平. 决胜全面建成小康社会 夺取新时代中国特色社会主义伟大胜利——在中国共产党第十九次全国代表大会上的报告［M］. 北京：人民出版社，2017：11.

⑤ 习近平. 决胜全面建成小康社会 夺取新时代中国特色社会主义伟大胜利——在中国共产党第十九次全国代表大会上的报告［M］. 北京：人民出版社，2017：11.

会主要矛盾的转化，不仅具有合规律性的必然性，还是始终遵循"人民至上"的价值逻辑的结果。

（三）新时代社会主要矛盾变化的新质特征

党的十九大明确指出："中国特色社会主义进入新时代，我国社会主要矛盾已经转化为人民日益增长的美好生活需要和不平衡不充分的发展之间的矛盾。"① 党的二十大报告在继续肯定"我国社会主要矛盾发生转化"这个事实前提下，要求要"紧紧围绕这个社会主要矛盾推进各项工作"②。也正如习近平同志所指出的："党的百年奋斗历程告诉我们，党和人民事业能不能沿着正确方向前进，取决于我们能否准确认识和把握社会主要矛盾、确定中心任务。"③ 准确认识和把握社会的主要矛盾并据以确定中心任务，是我国革命、建设、改革发展进程中要解决的重大课题，是我们制定正确路线方针政策和科学战略策略的重要前提。新时代我国社会主要矛盾的转化，是全党全社会一个重要的转折点，同时也释放出一个新的信号，那就是科学把握新时代的社会主要矛盾对思想政治工作影响的研究具有重要的里程碑意义。

1. 矛盾需求侧的新质变化

矛盾需求侧的新质变化主要体现为"美好生活需要"比"物质文化需要"的需求层次更高了。"人民日益增长的美好生活需要"，这一科学判断有利于更加全面分析和把握多方面、多样化、个性化、多变性、多层次的人民需要，对于更好地坚持以人民为中心的发展思想，不断满足人民群众追求美好生活的各项需求，与时俱进地研究分析人民群众需要的时代特点和演变发展的规律，以及制定具体的方针、政策和战略，都有重要的理论意义和实践意义。

首先，"落后的社会生产"问题已经解决。改革开放 40 多年来，我国社会生产力水平总体上明显提高，国民经济已进入世界前列，过去出现的产品数量、质量、种类与人们需要的不一致，生产与需要在时间、空间上的不一致已经基本得到解决，"落后的社会生产"已经不能准确表达当前中国社会发展和生产力水平的实际状况。社会主要矛盾的转化，反映了我国生产力水平从不高到实现经济中高速增长、社会生产力得到空前发展、社会创造力和发展活力大幅增强。要继续大力解放和发展社会生产力，从而实现更高质量、更有效率、更加公平、

① 习近平. 决胜全面建成小康社会　夺取新时代中国特色社会主义伟大胜利——在中国共产党第十九次全国代表大会上的报告［M］. 北京：人民出版社，2017：11.

② 习近平. 决胜全面建成小康社会　夺取新时代中国特色社会主义伟大胜利——在中国共产党第二十次全国代表大会上的报告［M］. 北京：人民出版社，2022：7.

③ 习近平. 习近平谈治国理政：第四卷［M］. 北京：外文出版社，2022：30.

更可持续的发展。

其次，从"物质文化需要"到"美好生活需要"，反映了当前人民需要的上升性与全面性。"'美好生活需要'比'物质文化需要'的需求层次更高、范围更广。"① 改革开放40多年的快速发展，人们吃饱穿暖早已不是问题，而是希望吃好穿好。尤其是新时代以来，党和国家事业发生了历史性的变革，"迎来了从站起来、富起来到强起来的伟大飞跃"，经济建设、综合国力、人民生活再上新台阶。"物质文化需要"已经不能全面概括当前人民群众全方位、多层次的需要，人民对于物质文化的需要层次更高，从追求数量到追求品质，追求更多的是美好生活的需要。"美好生活"的表述，能够更加全面地表达人们不仅有物质需要和精神需要；不只有温饱需要，还有民主、法治、公平、正义、安全、环境等方面的需要，"既要金山银山，也要绿水青山"。

新时代社会主要矛盾的转化，反映了我国社会发展的巨大进步，反映了发展的阶段性要求。这是一个"质"的飞跃，以前"物质文化需要"，我们的要求仅仅是停留在物质层面上，生理需要是最低的层次需求，只要吃饱穿暖即可，实现全社会的整体小康水平；而现在提升到"美好生活需要"这一层面，就不仅仅是要求"量"那么简单，还上升到了"质"的层面。也就是说，不光要满足日益增长的物质需求，还要满足日益增长的精神需求。人们开始注重"养生""休闲度假"，追求更高层面的需求，这也说明我国的经济实力在增长，人们的需求也在逐年增长，而且是向着多元化的态势发展。正如习近平同志所提出的，"我们的人民热爱生活，期盼有更好的教育、更稳定的工作、更满意的收入、更可靠的社会保障、更高水平的医疗卫生服务、更舒适的居住条件、更优美的环境，期盼着孩子们能成长得更好、工作得更好、生活得更好"②。这充分反映了当前人民需要的全面性。

2. 矛盾供给侧的新质变化

矛盾供给侧的新质变化体现为"不平衡不充分的发展"比"落后的社会生产"的发展领域更加宽广。"不平衡不充分的发展"，这一判断既反映了我国的生产力水平仍然存在较大提升空间，又准确概括了当前中国发展格局和生产状况中比较突出的结构性矛盾。"不充分"是"不平衡"产生的客观基础。我国当前的客观实际是，经济社会已经发展起来了，但发展又不够充分。

---

① 王永益. 问题与思路：新时代社会主要矛盾变化下的思想政治教育 [J]. 湖湘论坛，2018（02）.

② 习近平. 决胜全面建成小康社会 夺取新时代中国特色社会主义伟大胜利——在中国共产党第十九次全国代表大会上的报告 [M]. 北京：人民出版社，2017：4.

（1）发展不平衡，主要体现在城乡发展不平衡、行业发展不平衡、区域发展不平衡等几个方面。发展不平衡会导致经济发展水平高的地区与经济落后的地区贫富差距很大，从而引发一连串的社会问题。发展不平衡主要表现在：第一，地区间的不平衡。受地理位置和政策影响，我国整体上呈现东、中、西三大区域发展不平衡的局面。改革开放后，东部地区借助于开放的春风，先一步改革，先一步开放，也先一步发展，但也带来了区域经济发展不平衡的问题，导致东部与中西部地区间人均 GDP 和人均收入差距迅速扩大。虽然中央推行"振兴东北老工业基地""中部崛起""西部大开发"等发展战略，在一定程度上减少了地区发展差距，但是中西部地区的人均收入仍远远低于东部地区。从人才方面来说，人才总是流向发达区域和城市，因为这里有施展抱负的平台、更好的生活条件。因此，我们一方面需要实现均衡发展，减少地区差距；另一方面又需要通过京津冀一体化和长江经济带战略，推动龙头地区赶超西方发达国家，带动其他区域联动发展。第二，城乡间的不平衡。根据 2023 年中国统计年鉴的数据，"我国城镇居民消费水平为 38289 元，农村居民消费水平为 19530 元"[①]。目前我国城乡发展和收入分配差距依然较大，城乡及城市内部的矛盾突出，并且随着城镇化的进一步发展，农村的空心化将会日趋严重。与城市的车水马龙相比，农村地区的基础设施建设、公共服务水平、乡村治理水平还需进一步发展。第三，收入差距过大。2022 年全国居民人均可支配收入基尼系数为 0.474。一般说来，基尼系数超过 0.4 就属于差距较大。收入差距大，是我国经济社会发展中的长期问题。再加之"炫富"等歪风邪气和"仇富"等畸形心态，容易诱发社会矛盾。第四，产业间的不平衡。一方面，传统产业产能饱和乃至严重过剩，而战略性新兴产业仍发展不足。另一方面，我国一些产业已经达到世界领先水平，一些产业还处于价值链的低端。在此背景下，我国正大力推进供给侧结构性改革，推动传统产业提质增效、新兴产业加快发展步伐。第五，社会文明、国民素质与社会经济发展水平的不平衡。在社会经济不断发展的背景下，社会上还存在着功利主义、享乐主义、拜金主义，假冒伪劣、欺诈传销等行为屡禁不止，社会文明和国民素质亟待进一步提高。

（2）不充分的发展，主要是指公共服务的发展水平不够高，发展成果不足以惠及全体人民。"不平衡"会反过来加剧"不充分"。由于发展不平衡，处于发展强势一端的社会主体，会过多占用发展资源，从而加剧处于发展弱势一端的社会主体在公共服务供给遭受不充分乃至稀缺的感受。主要体现在以下几个

---

① 国家统计局 . 中国统计年鉴 2023 ［R/OL］. 国家统计局，［2023-10-01］.

方面：第一，优质教育发展不充分。人民群众所追求的教育公平，是享有平等的受教育机会和条件。受制于经济社会发展水平等多种因素，当前优质教育资源发展中存在数量不足、分布不均、薄弱校自我造血能力不够等问题。加大对教育的投入，充分发展优质教育，让人民都能享有优质的教育资源，是美好生活的必要条件。第二，住房资源普及不充分。我国作为人口大国，随着城市化的不断发展，确实存在大城市房源供不应求的情况，但居高不下的房价显然已成为政府亟待解决的问题。除却抑制炒房等行为外，更需要加大投入的是经济适用房、公租房、保障房等民心工程，切实解决贫困和低收入人民的安家问题。第三，医疗建设体量不充分。当前，人民群众"看病难，看病贵"的现象仍然存在，公立大医院数量少，许多患者得了大病不得不进省城，甚至进京就诊，究其根本原因在于医疗建设的体量不充分，不足以满足14亿多中国人民看病就诊的需要。第四，自主创造力不充分。我国的制造业大而不强、全而不优，绝大多数产业处于国际生产链的中低端。"Made in China"产品，凭借"世界工厂"的廉价劳动力和"高投入、高排放、高污染、低质量、低效益"的粗放型方式赚取微薄利润。所以，创新是中国制造必须解决的关键问题，要坚持创新驱动，把创新摆在制造业发展全局的关键位置，推动产业创新力向前发展。第五，精神文明发展不充分。物质文明的快速发展，更加需要与之相辅相成的精神文明高度发展。但不可否认，"物质文明和精神文明在很多地方还存在'一个快、一个慢'与'一条腿长、一条腿短'的问题，无法满足人们对精神世界的更高追求。精神文明发展不充分，反过来会严重制约物质文明的充分发展"①。

（四）新时代社会主要矛盾转化的程度判别

全面、辩证地理解新时代社会主要矛盾的转化，不仅要厘清新矛盾的"变"，还需探讨新矛盾是否存在"不变"，即判定新矛盾的转化程度。从对矛盾转化两种程度的分析可知，新时代社会主要矛盾是旧矛盾的完全质变，还是阶段性质变，取决于新矛盾是否已超越人的需要与社会生产这对矛盾在社会主义初级阶段具象形式的关系范围。既然社会生产状况是同一社会发展阶段主要矛盾内涵的依存条件，那么判定我国现阶段是否已超越社会主义初级阶段社会生产的状况，就成为对社会主要矛盾定性的切入点。

1. 我国社会主义初级发展阶段之定位没有变

党的十三大做出我国正处在社会主义初级阶段的重大论断，首次对社会主义社会初级阶段做了初步的界定，指出"这个初级阶段至少需要上百年时间，

---

① 吴宏政. 新时代我国社会主要矛盾转化的"价值逻辑"[J]. 红旗文稿, 2019（04）.

所面临的主要矛盾是人民日益增长的物质文化需要同落后的社会生产之间的矛盾"①。党的十五大再次对社会主义初级阶段做了明确的界定，从社会主义初级阶段判定的依据来看，党的十五大将其社会生产的"不发达"特征概括为："在现代化、三产结构、经济运行方式、科技教育文化、人民生活、区域协调、社会各领域体制改革、精神文明以及国际比较等方面发展水平和程度还很低下。"② 几十年来，尽管中国的面貌发生了极大改变，中华民族迎来了从站起来、富起来到强起来的伟大飞跃，但我们党始终保持清醒的头脑和客观的判断，我国社会主义所处历史阶段的判断始终没有变。党的十九大做出我国社会主要矛盾变化的重大论断，同时也强调"两个没有变""三个牢记"。这就要求我们深入领会社会主要矛盾变化与社会主义初级阶段的关系，在新的历史方位基础上把握社会主义初级阶段，并且在解决新的社会主要矛盾过程中走出社会主义初级阶段。

建设社会主义是一次伟大的长征，走过社会主义初级阶段至少需要上百年时间。在这个进程中，社会主要矛盾不是一成不变的。长期以来，人民日益增长的物质文化需要同落后的社会生产之间的矛盾是我国社会主要矛盾。随着中国特色社会主义进入新时代，我国社会主要矛盾已经转化为人民日益增长的美好生活需要和不平衡不充分的发展之间的矛盾。如何正确理解和把握社会主义初级阶段与社会主要矛盾的辩证关系，是我们认识当下、规划未来、制定政策、推进事业必须处理好的重大问题。"变化者，乃天地之自然。"社会是在矛盾运动中不断向前发展的，社会主要矛盾也随着经济社会发展而变化。

经过长期努力，我国社会生产力水平总体上显著提高，社会生产能力在很多方面进入世界前列，成为世界第二大经济体、制造业第一大国、货物贸易第一大国，我国长期存在的短缺经济和供给不足状况已经发生根本性转变，更加突出的问题是发展不平衡不充分，再讲"落后的社会生产"已经不符合实际。同时，"人民对美好生活的向往更加强烈、需要日益广泛，不仅对物质文化生活提出了更高要求，而且在民主、法治、公平、正义、安全、环境等方面的要求日益增长"③，再只讲"物质文化需要"已不能真实全面反映人民群众的愿望和要求。当前和今后一个时期，制约满足人民日益增长的美好生活需要的主要因

---

① 十三大以来重要文献选编：上 [G]．北京：中央文献出版社，2011：11．

② 十五大以来重要文献选编：上 [G]．北京：中央文献出版社，2011：13-14．

③ 习近平．决胜全面建成小康社会 夺取新时代中国特色社会主义伟大胜利——在中国共产党第十九次全国代表大会上的报告 [M]．北京：人民出版社，2017：4．

素是发展的不平衡不充分。发展是动态过程，不平衡不充分是永远存在的，但当发展到了一定阶段，不平衡不充分成为社会主要矛盾的主要方面时，就必须下功夫去认识它、解决它，否则就会制约发展全局。这就是我们做出社会主要矛盾变化判断的主要依据。我国社会主要矛盾的变化，没有改变我们对我国社会主义所处历史阶段的判断，我国仍处于并将长期处于社会主义初级阶段的基本国情没有变，我国是世界上最大发展中国家的国际地位没有变。把握这一基本国情，必须清醒认识社会主义初级阶段的长期性、艰巨性。社会主义初级阶段是一个漫长的历史过程，社会主要矛盾的变化只是在社会主义初级阶段这个历史阶段中发生的变化。

近年来，面对中国发展的巨大成就，有人炒作说中国已经是发达国家了，"中国威胁论""中国责任论"等论调在国际上不绝于耳。实际上，世界上发达国家人均国内生产总值一般在 3 万美元以上，美国人均国内生产总值高达 6 万多美元，而我国人均国内生产总值刚刚突破 1 万美元，低于世界平均值，在全球近 200 个经济体中排名在 70 位左右。据国家统计局数字："2022 年我国常住人口城镇化率为 66.16%，而发达国家的城市化率一般在 80% 左右。"① 与发达国家科技水平相比，我国发展还面临重大的科技瓶颈，关键领域核心技术受制于人的格局没有从根本上改变。如果说走出社会主义初级阶段是攀登一座高峰的话，那么社会主要矛盾发生变化意味着我们只是爬到了半山腰，距离全面建成社会主义现代化强国的目标还有一段很长很艰巨的路程。把握社会主义初级阶段这一基本国情，还要充分认识初级阶段发展的全面性、复杂性。社会主义初级阶段是不发达阶段，经济发展水平起重要作用，但不意味着经济发展水平是决定初级阶段的唯一条件。我们党对社会主义初级阶段的认识是从整个社会主义事业发展全局来看的，涉及生产力和生产关系、经济基础和上层建筑，涉及经济建设、政治建设、文化建设、社会建设、生态文明建设和党的建设各个方面。与这种全面性要求相比，我国经济社会发展还存在不平衡不充分的问题。

从社会生产力来看，我国仍有大量传统的、相对落后甚至原始的生产力，而且生产力水平和布局很不均匀。从"五位一体"总体布局来看，各个领域仍然存在这样那样的短板，有些方面还面临不少突出问题。从城乡区域发展来看，我国农村和中西部地区特别是老少边穷地区经济社会发展还比较落后。从收入分配来看，收入分配差距仍然较大，必须把促进全体人民共同富裕摆在更加重要的位置。"千钧将一羽，轻重在平衡。"党的十九大对我国社会主要矛盾做出

---

① 国家统计局 . 中国统计年鉴 2023 ［R/OL］. 国家统计局，［2023-10-01］.

新论断,特别是强调发展的不平衡不充分问题,反映了社会主义初级阶段更加全面、更高水平发展的客观要求。正确理解和把握社会主要矛盾的"变"与社会主义初级阶段的"没有变",要求我们在继续推动发展的基础上,着力解决好发展不平衡不充分问题,更好地推动人的全面发展、社会全面进步。"社会主义的本质,就是解放生产力,发展生产力"①,发展仍然是解决我国一切问题的关键。要坚持新发展理念,构建新发展格局,实现高质量发展,牢牢把握社会主义初级阶段这个最大国情和最大实际,在经济总量低时要立足初级阶段,在经济总量提高后要牢记初级阶段,在谋划长远发展时更不能脱离初级阶段,推动我国社会生产力不断向前发展。同时要看到,社会主要矛盾的变化是关系全局的历史性变化,对党和国家工作提出了许多新要求。要紧扣这一变化,坚持以新发展理念为基本遵循,统筹推进经济建设、政治建设、文化建设、社会建设、生态文明建设"五位一体"总体布局,协调推进全面建设社会主义现代化国家、全面深化改革、全面依法治国、全面从严治党"四个全面"战略布局,更好地满足人民日益增长的美好生活需要。认识社会主要矛盾是把握社会发展阶段的"钥匙"。

我们党在探索社会主义建设规律过程中对我国社会主要矛盾认识的每一次深化,都提升了对社会主义初级阶段的认识水平,保证了党的路线方针政策的科学性、正确性。在新时代长征路上,必须始终牢牢把握我国发展的阶段性特征,科学把握我国社会主要矛盾的新变化,既不能落后于时代,也不能脱离实际、超越阶段,毫不动摇贯彻党在社会主义初级阶段的基本路线,奋力夺取新时代中国特色社会主义伟大胜利。

据此对照我国现阶段的社会生产状况,可以发现,我国尚未摆脱不发达的核心发展特征,即尚未完全实现社会主义现代化和中华民族伟大复兴。党的二十大强调现阶段的中心任务"是团结带领全国各族人民全面建成社会主义现代化强国、实现第二个百年奋斗目标,以中国式现代化全面推进中华民族伟大复兴"②,是对这一状况的进一步印证。

2. 我国是最大发展中国家的国际地位没有变

第一,我国经济实力跃上新台阶,但人均水平仍低于世界平均水平,更明显低于发达国家水平。衡量一个国家的真实发展水平,既要看其经济总量的大

---

① 邓小平文选:第三卷 [M]. 北京:人民出版社,1993:373.

② 习近平. 高举中国特色社会主义伟大旗帜 为全面建设社会主义现代化国家而团结奋斗——在中国共产党第二十次全国代表大会上的报告 [M]. 北京:人民出版社,2022:21.

小，更要看其人均水平的高低。改革开放以来，我国经济取得了年均增长约
9.5%的举世瞩目成就，2022年国内生产总值稳居世界第二位，在总量上与美国
的差距进一步缩小，对世界经济的贡献连续多年超过30%。但从人均水平考察，
我国发展中国家的特征并没有根本改变。根据世界银行数据，2022年我国人均
国内生产总值为世界平均水平的80%左右，仅为美国的1/7，居世界第68位。
从投资水平看，目前我国基础设施人均资本存量只有发达国家的20%~30%。西
部省份和贫困地区交通、通信、水利等重大基础设施仍很薄弱。从消费水平来
看，2022年我国人均居民消费不及世界平均水平的1/2，仅为美国的7%。我国
人均耐用消费品与发达国家还有较大差距。2022年年底，我国居民每百户拥有
汽车29.7辆①，而美国每百户拥有汽车超过200辆，欧洲一些发达国家超过150
辆。从消费率看，中国居民的消费率也远低于发达国家。从消费结构看，2022
年我国居民消费恩格尔系数为28.4%，仍远高于发达国家的水平，说明我国百
姓还需要用较大比重的支出来满足吃饭穿衣等基本需要，而用于文化消费、卫
生保健消费和休闲旅游消费等方面的支出比重比发达国家低得多。

　　第二，我国经济结构出现重大变革，但产业结构、就业结构仍需优化升级。
发达国家国内生产总值中第一产业所占比重一般在2%左右，第二产业一般在
23%左右，且以高端制造业为主；第三产业所占比重在75%左右。改革开放以
来，我国产业结构不断优化升级，总体上呈现第一、二产业占比下降、第三产
业占比上升的格局。但与发达国家相比，我国第一产业占比仍较高，制造业大
而不强，整体上处于全球产业链的中低端，中高端产品有效供给不足，服务业
占比偏低，知识密集型的现代服务业占比更低。这样的产业结构反映了我国产
业竞争力仍不强，技术含量仍较低，创新能力仍不足，也反映了我国在国际分
工中还处于相对不利地位。美国、日本、欧洲国家在创新、设计和品牌上占优
势的格局尚未改变。与此相应，尽管我国的就业结构不断优化，第一产业就业
比重明显下降，第三产业就业比重明显上升，但从我国第一、二、三产业就业
人口占比来看，就业结构水平与发达国家相比还有相当大差距。

　　第三，我国创新驱动发展成果丰硕，但科技创新整体上与世界先进水平有
不小差距。改革开放以来，我国以企业为主体的创新体系基本形成，研发投入
不断加大，在基础和前沿领域取得了一批有国际影响的重大创新成果，一些领
域实现了从跟跑到并跑、领跑的跃升，但整体上我国科技创新能力与世界先进
水平尚有差距。开发能力弱、自主创新能力不足、核心技术缺乏依然是企业发

---

① 国家统计局. 中国统计年鉴2023 [R/OL]. 国家统计局，[2023-10-01].

展面临的突出障碍，80%左右的关键技术、多数高端装备以及核心零部件和元器件依赖进口，拥有自主知识产权的核心技术和在国际上知名的自主品牌屈指可数。由于自主创新能力不足，我国虽已是制造业大国，但还不是制造业强国。尽管新技术、新产品、新业态和新模式不断涌现，新旧产业融合不断加快，但整体规模和贡献还相对有限，创新驱动增长格局尚未真正形成。

第四，我国城乡区域发展协调性显著增强，但发展不平衡问题还比较突出。相对而言，发达国家内部的发展较为平衡，城乡之间、区域之间差距较小。而中国仍处在发展不平衡问题较为突出的阶段，城乡之间、区域之间、行业之间的差距较大，具有发展中国家的典型特征：一是区域发展不平衡。2022年东部地区人均GDP分别是中部、西部、东北地区的1.77、1.85、1.62倍，省与省之间人均GDP差距最高达4倍以上。二是城乡发展不平衡。2022年我国城市化率为58.52%，仍然远低于发达国家80%左右的平均水平。我国城乡居民收入差距仍然较大，城乡基础设施和公共服务的差距仍很明显。2022年，城镇居民可支配收入是农村居民的2.7倍，城镇居民人均消费支出是农村居民的2.2倍。① 三是收入分配不平衡。2022年我国的基尼系数为0.465，如果考虑到财产存量的差距，分配不平衡的问题更加突出。四是经济与社会发展不平衡。看病难、择校难、养老难等问题，仍然是人民群众的操心事、烦心事。五是经济与生态发展不平衡。人民群众对美好环境和生态产品的需要日益增长，与生态环境总体不佳的矛盾仍很突出。

第五，我国市场活力和社会创造力明显增强，但发展不充分问题仍亟待解决。相对而言，目前，我国在提高资源配置效率等方面与发达国家相比，还存在较大差距：一是市场竞争不充分。市场准入还存在不必要不公平限制，行政性垄断等时有发生，一些"僵尸企业"退出困难，地方保护问题依然存在。二是效率发挥不充分。当前，投资效率明显低于发达国家平均水平。三是有效供给不充分。供给能力跟不上居民消费结构加快升级的步伐，居民个性化、多样化、服务化的需求难以得到满足。四是制度建设不充分。市场在资源配置中发挥决定性作用还面临一些体制机制约束，监管体系、产品质量、食品安全等方面的制度缺口还很明显，有利于落实创新、协调、绿色、开放、共享的新发展理念的制度环境还未全面形成。

综合来看，一个国家只能做自己有能力做的事情，既尽力而为，又量力而行。如果去做那些超出能力范围的事情，那不仅意味着难以持久，而且很可能

---

① 国家统计局. 中国统计年鉴2023［R/OL］. 国家统计局，［2023-10-01］.

把自己拖垮，最终危及世界繁荣发展。作为一个发展中大国，我国在自身发展的同时，也力所能及地援助其他发展中国家，我国经济发展的外溢效应让广大发展中国家受益。同时，我国一直以发展中国家一员的身份，在国际社会为发展中国家仗义执言。如果把中国排除在发展中国家之外，不仅会"捧杀"中国，而且会损害发展中国家的整体利益。中国特色社会主义进入新时代，并不是说中国已不是发展中国家，更不是说中国已成为发达国家。"这个新时代，是承前启后、继往开来、在新的历史条件下继续夺取中国特色社会主义伟大胜利的时代，是决胜全面建成小康社会、进而全面建设社会主义现代化强国的时代，是全国各族人民团结奋斗、不断创造美好生活、逐步实现全体人民共同富裕的时代，是全体中华儿女勠力同心、奋力实现中华民族伟大复兴中国梦的时代，是我国日益走近世界舞台中央、不断为人类作出更大贡献的时代。"① 只有清醒认识我国仍是世界上最大发展中国家的国际地位，深刻把握社会主义初级阶段的发展规律，才能做到坚持和发展中国特色社会主义一以贯之，以时不我待、只争朝夕的精神状态投入工作，不断开创新时代中国特色社会主义事业新局面。一以贯之坚持和发展中国特色社会主义，要有面向未来的前瞻性。我们党领导人民进行改革开放这场新的伟大革命，开辟了中国特色社会主义道路，使我国大踏步赶上时代，但进入发达国家行列仍有很长的路要走，还需要进行长期不懈的努力。一以贯之坚持和发展中国特色社会主义，要有面向世界的胸怀。面对世界发展大势，如果不能在经济社会发展上真正达到和超越资本主义发达国家水平，而是满足于当下的成绩，那么我国社会主义的优势和特点就不能充分发挥出来，我们的事业就缺乏足够说服力。我们要为科学社会主义发展、为解决人类未来发展问题做出更大历史贡献，就必须正视当下我国仍然是发展中国家的现实。一以贯之坚持和发展中国特色社会主义，要始终保持革命精神。决不能因为胜利而骄傲，决不能因为成就而懈怠，决不能因为困难而退缩。要百尺竿头、更进一步，努力使中国特色社会主义展现更加强大、更有说服力的真理力量。

3. 新时代社会主要矛盾的转化是阶段性质变

基于我国社会生产状况，新时代社会主要矛盾的转化程度是原有矛盾的阶段性质变。基于仍然不发达的社会生产状况，新旧矛盾之间不是断裂关系和替代关系，而是递进关系，其共性在于两者同为人民需要与不充分的社会生产的矛盾关系范围。新旧矛盾的共性缘何是人民需要与不充分的社会生产的矛盾呢？

---

① 习近平. 决胜全面建成小康社会　夺取新时代中国特色社会主义伟大胜利——在中国共产党第十九次全国代表大会上的报告［M］. 北京：人民出版社，2017：10-11.

一方面，这对矛盾属于公有制生产方式下人民需要与社会生产的矛盾范围；另一方面，由于社会主义初级阶段"既是社会主义社会，又还处于初级阶段"①，其"不发达"的社会生产状况决定了社会生产一方表现为不充分的社会生产。需要注意的是，不充分的社会生产的发展目标并非实现绝对充分，毕竟人的需要的无限性决定了社会生产的相对充分性，因而，是否达到"充分"发展的衡量标准在于，社会生产是否摆脱了不发达的状况。在新中国成立初期，"一穷二白"的经济社会状况是社会生产充分程度很低的体现。经过 70 多年的发展，"我国社会生产力水平总体上显著提高，社会生产能力在很多方面进入世界前列，更加突出的问题是发展不平衡不充分"②，这成为我国社会生产状况仍然不够充分的佐证。

进一步看，新矛盾的阶段性质变程度与性质如何与"社会主义初级阶段没有变"的研判相协调呢？关键在于厘清社会主要矛盾、社会基本矛盾与社会发展阶段三者的关系，明确社会主要矛盾与社会发展阶段是"前提—结论"的关系，而社会基本矛盾是两者联结的基础所在。具体来说，既然社会基本矛盾状况是划分社会发展阶段的根本依据，而社会主要矛盾是社会基本矛盾的集中表现，那么特定社会发展阶段何以为此也就是由社会主要矛盾状况决定的。相应地，社会主要矛盾的时代内涵虽常冠以特定社会发展阶段为话语表达的前缀，但实际上决定社会主要矛盾"时代烙印"的是社会基本矛盾的状况，特别是社会生产状况。这是因为，社会基本矛盾作为人类社会最高层次的抽象存在，其本质内容总是隐匿于"表象"——社会发展阶段之下，那些认为社会发展阶段决定社会主要矛盾的观点实际上就是混淆了社会发展阶段与社会基本矛盾，从而没有认识到对社会主要矛盾程度起决定作用的，是隐藏在社会发展阶段概念背后的社会基本矛盾。由此可得，三者间的逻辑关系实质上为：社会基本矛盾运动决定社会生产状况，为社会主要矛盾的存在和发展提供条件，而社会主要矛盾的内涵与特征成为划分社会发展阶段的依据。据此来看，我国的社会生产仍然没有摆脱不发达的状况，新矛盾的转化程度没有超出人民需要与不充分的社会生产的矛盾关系范围，决定了社会主义初级阶段仍然没有变。

总之，新时代社会主要矛盾的转化，是人民需要与不充分的社会生产这一矛盾在新阶段的新特征，为中国特色社会主义进入新时代的研判，以及贯彻新

---

① 颜晓峰．论新时代我国社会主要矛盾的变化［J］．中共中央党校（国家行政学院）学报，2019（02）．

② 辛鸣．我国仍处于社会主义初级阶段［N］．人民日报，2018-05-02（07）．

时代党和国家的方针政策提供了现实依据。同时，剖析新矛盾阶段性质变的转化程度，为我国继续坚持社会主义初级阶段的基本路线，以及实现社会主义现代化和中华民族伟大复兴的总任务提供了理论依据。

三、新时代社会主要矛盾转化对思想政治工作提出的新要求

中国特色社会主义进入新时代，社会主要矛盾转化是关系党和国家事业发展全局的历史性变化，不但决定新时代思想政治工作主要矛盾及其他矛盾的变化，而且深层次地影响思想政治工作的整体结构、科学决策和战略实施。

（一）社会主要矛盾转化决定新时代思想政治工作的变化发展

"思想政治工作是为国家和社会服务的，会随着每一次社会主要矛盾的变化而不断调整以适应社会发展状况。"① 社会主要矛盾及社会发展规律是思想政治工作发展创新的根本前提，社会主要矛盾转化深层影响思想政治工作的整体结构及过程环节，从总体上规定着新时代思想政治工作的科学决策和策略实施。社会主要矛盾转化决定社会条件、供需关系、社会任务的变化，在思想政治工作领域，它决定着人们的思想政治道德需要与满足这种需要的条件的变化，决定着新时代思想政治工作主要矛盾和其他矛盾的变化，使思想政治工作面临着新情况新问题新矛盾。

1. 社会主要矛盾决定思想政治工作主要矛盾

社会主要矛盾转化决定思想政治工作主要矛盾的变化，影响着思想政治道德产品需要与供给之间的矛盾张力。社会主要矛盾指的是在特定历史阶段内一个国家经济政治文化等各领域矛盾交织中最凸显、最重要、最核心的矛盾，对其他社会矛盾起到决定性制约作用，从整体上影响该国各领域各行业各方面的发展。社会主要矛盾对思想政治工作主要矛盾及其他矛盾具有决定性制约作用，影响思想政治工作发展方向和决策部署，是思想政治工作发展创新的重要依据。社会主要矛盾发生转化，集中反映了思想政治工作服务对象和工作重点存在的突出问题及新的特点，说明思想政治工作主要矛盾及矛盾主要方面的内涵发生了变化。在新时代的历史方位下，受社会主要矛盾转化的影响，思想政治工作的主要矛盾具体表现为人们对于美好思想政治道德生活的需要（对于思想政治道德产品及服务的需要）和不平衡不充分的发展（社会未能平衡而充分地供给和分配如上需要）之间的矛盾。党的十八大以来，我国"公共文化服务水平不

---

① 刘建军，马卿誉. 论新时代社会治理格局中思想政治工作的作用 [J]. 教学与研究，2021（01）.

断提高，文艺创作持续繁荣，文化事业和文化产品蓬勃发展，互联网建设管理运用不断完善"①，精神文化产品生产服务能力不断增长，思想政治道德产品不断丰富，我国已经稳定解决了人们对于精神文化产品的普遍基本需要。随着社会主要矛盾的转化，虽然国家提供的精神文化产品不断发展，但人们对于精神文化产品的需要层次更高，精神文化产品的供给存在不充分状况。从需求方来看，人们的思想政治道德发展水平有了较大提升，产生了更多更广更高的思想政治道德产品需要。从供给方来看，面对人们对于美好精神文化政治生活的需要，社会提供思想政治道德产品和服务的能力相对不足，产品分配布局存在地区、行业、群体的不平衡，思想政治工作的话语权和领导权有待进一步加强。可见，新时代思想政治工作主要矛盾的张力不断扩大，既给思想政治工作带来机遇和条件，又给思想政治工作带来挑战和难度。

2. 社会主要矛盾影响思想政治工作其他矛盾

社会主要矛盾转化决定思想政治工作其他矛盾的变化，具有新特征的要素交互作用形成新的矛盾表现形态。思想政治工作是由教育者、受教育者、教育内容、教育载体等要素构成的复杂系统，矛盾间的相互作用共同构成思想政治工作的发展动力。新时代社会主要矛盾除了对思想政治工作的主要矛盾产生深层影响，也对由两者共同决定的其他要素和矛盾产生影响。首先，思想政治工作产品服务与教育者之间的矛盾发生变化，新的理论成果、政治要求、规划任务要求教育者提高自身的理论水平和服务能力，并在新时代的伟大征程中有新作为。建立在新时代中国特色社会主义建设基础上的思想上层建筑包括思想理念、理论体系发生一系列改变，习近平新时代中国特色社会主义思想成为新时代的指导思想，教育者对其内涵的认识、实质的理解、要义的掌握还存在一定的滞后与差距，需要在深刻理解和领悟新的理论成果和政治要求基础上生产出更丰富的精神文化产品，满足人们的精神文化生活需要。其次，教育者与受教育者之间的矛盾存在新的变化。人们对于美好生活的向往越来越强烈，需要的层次和结构不断调整和升级，并且对教育者的期待和要求越来越高，教育者难以掌握受教育者的需求心理和思想变化，难以满足人们的多样态、高品质服务需求，两者间的矛盾差距不断加大。再次，受教育者不断增长的对于精神文化产品的需要与满足这种需要的方式之间的矛盾不断加大。当人们的精神需求、政治要求得到提升，原有思想政治工作方式方法的适应性减弱，或不易被受教

① 习近平. 决胜全面建成小康社会　夺取新时代中国特色社会主义伟大胜利——在中国共产党第十九次全国代表大会上的报告［M］. 北京：人民出版社，2017：4.

育者接受认可，或不能满足人们更多更高更新的要求。人们的精神文化需要越简单，思想政治工作实施的方法越简洁；人们的精神文化需要越复杂，思想政治工作实施的方法也更复杂。此外，社会主要矛盾转化影响思想政治工作目标任务等要素的变化，赋予矛盾群体新的功能特征和运行模式，呈现出比以往思想政治工作更庞大繁杂的特征。

3. 社会主要矛盾转化催生更多新问题新矛盾

新时代，我国社会主要矛盾发生转化，标志着我国思想政治工作也进入新过程和新阶段，影响和促使更多新矛盾新情况新问题的生成，增加了新时代思想政治工作的复杂性。"新过程的发生是什么呢？这是旧的统一和组成此统一的对立成分让位于新的统一和组成此统一的对立成分，于是新过程就代替旧过程而发生。旧过程完结了，新过程发生了。新过程又包含着新矛盾，开始它自己的矛盾发展史。"① 在新的矛盾发展过程中，新时代思想政治工作产生新的对立成分，这些新的对立成分构成新矛盾，使新时代思想政治工作的新过程开始"包含着新矛盾"，有了自己新的"矛盾发展史"，有了新的特征和形式。例如，新兴行业如互联网产业的迅速发展使该领域的思想政治工作成为真空，依托这些产业平台发展的从业人员类型多样、人数众多。一方面，宽松、开放的生产交往方式使他们具有多元的思维方式、价值观念和评价标准；另一方面，他们的社会保障情况也极大影响其政治认同和制度自信。因此，他们的价值判断和行为选择，可能遵从社会主义核心价值观的导向，也可能与之相背离，甚至由于缺失道德自觉与法律监管，部分从业人员违反行业规则和触碰法律底线，侵犯他人和社会的利益。因此，不断产生的新兴行业及部门的服务管理与思想政治工作要求之间产生新的矛盾，需要这些行业增加具有思想政治工作功能的机构部门，加强对研发人员、管理人员尤其是一线从业人员的思想政治工作。此外，精神文化产品生产部门与受教育者之间的矛盾也将逐渐显现，能否生产、传递蕴含社会主义核心价值观的精神文化产品，并为消费者喜爱与接受，成为新的矛盾因素。在国际领域，由西方主导的全球化国际格局随着中国的崛起发生变化，中国提出的人类命运共同体不仅向世界提供了中国智慧和中国方案，还宣示着马克思主义与科学社会主义具有强大的生机活力，资本主义资本逻辑主导下的意识形态与社会主义共享逻辑主导下的意识形态之间的矛盾更加凸显，由此泛起的社会思潮与主流价值之间的矛盾更加剧烈，新时代思想政治工作将面临更多具有不确定性的新矛盾新情况新挑战，迎战来自国际的不同缘由、不

---

① 毛泽东选集：第一卷 [M]. 北京：人民出版社，1991：307.

同介质、不同形式的意识形态纷争。

（二）社会主要矛盾转化影响新时代思想政治工作的深层根源

从根本上说，社会主要矛盾转化是我国社会生产力发展的必然结果，生产力的发展驱动生产关系、社会关系的变化，使人们在新的交往环境和关系中产生新的思想发展特点和态势，决定着思想政治工作思路、重点和策略的相应改变。

1. 内在根源

生产力的发展使人们对经济、政治、文化、社会、生态等方面的需求日益增长，人们有了更高的精神生活和政治生活需要。党的十八大以来，我国贯彻新发展理念，转变发展方式，实施供给侧结构性改革，产业结构不断调整，数字经济等高科技产业不断发展，极大地提升了人们的"四个自信"，人们的价值取向日趋一致，理想信念更加统一，精神面貌呈现出前所未有的局面，团结、进取、正向、和谐的社会风尚逐渐形成。"物质生活的生产方式制约着整个社会生活、政治生活和精神生活的过程。"① 物质生活需要的提高必然带来精神生活、政治生活和社会生活需要的提高，经过党的十八大以来全国各族人民的共同努力，生产的不断发展与社会的不断进步开始改变人们的生活方式、生活需要和精神需求，原来"落后的社会生产与人们日益增长的物质文化需求之间"的主要矛盾悄然发生改变。生产发展基本解决了"落后生产"的矛盾方面，"不平衡不充分"成为主要的矛盾表征。人们生活方式与需求的改变基本解决了"物质文化需求"，使该矛盾方面表现为"日益增长的美好生活需要"。在思想政治工作领域，社会提供的精神文化产品和服务不断增长，初步构建了与生产力发展相匹配的精神文化成果。生产的发展又促进人们文化质量需求提升、创新意识增强、价值选择自由、行为范式多样。但同时，在新时代的发展初期，社会生产力的发展使经济建设走在前列，社会精神文明建设的发展速度暂且落后于经济建设的发展速度，文化产品的数量及质量暂时赶不上物质产品的数量及质量。目前，部分思想文化建设方面的成就集中于载体、方式、手段等形式的技术创新，而对产品的思想内涵、文化阐释、价值引导不够，从品质上造成精神文化产品内涵诠释的"不充分"，这与人们对于政治、文化领域"日益增长的美好生活需要"相矛盾。此外，物质和精神生活的发展也促使人们对民主、法治、公平、正义的关注越来越多，原有社会主要矛盾仅限于人们对物质文化需要的判断已显得不太准确，人们需要的内容范围更广，民主政治领域的需求

---

① 马克思恩格斯文集：第 1 卷［M］. 北京：人民出版社，2009：524.

成为新时代思想政治工作发挥作用的重要场域。

2. 社会根源

生产力的发展改变人们的生产方式及交往形式，人们的思想发展和价值判断随着交往关系的变化而变化。马克思主义认为，人的实践活动主要包括两类：生产与交往。人们在生产中形成的交往形式是人们社会生活的基本关系，一切历史冲突和重要事情的发生都应从生产和交往这对矛盾中去寻找原因。"因此，按照我们的观点，一切历史冲突都根源于生产力和交往形式之间的矛盾。"[1] 生产力的发展决定生产方式的发展，生产方式的发展尤其是分工的进一步扩展又决定了人们的交往形式。

随着生产力的发展和经济关系的转变，人们的交往关系发生变化，在交往关系基础上形成的思想、意识、观念、价值等也随着交往关系的复杂而变得更为复杂。尤其是新兴行业产生了新的行业规则和交往规则，新涌现的不同利益群体之间思想交锋和价值碰撞频繁，在这些交往关系基础上建立的思想、意识、观念、价值基本上与新时代全面建设社会主义现代化强国的目标相一致，但个别群体也因利益驱动，他们的生产理念和价值追求与我国发展的总目标相背离，在行为表现及实践结果上，表现为市场行为与新发展理念不一致，妨碍甚至危害社会的整体发展。"正因为各个人所追求的仅仅是自己的特殊的、对他们来说是同他们的共同利益不相符合的利益，所以他们认为，这种共同利益是'异己的'和'不依赖'于他们的，即仍旧是一种特殊的独特的'普遍'利益，或者说，他们本身必须在这种不一致的状况下活动，就像在民主制中一样。"[2] 部分人追求个人片面的"美好生活需要"，认为共同利益是"异己的"力量存在，代表社会发展方向的共同理想与他们的个人利益毫不相干甚至制约了他们的个人利益发展，因此，他们的个人目标、个人理想与公共利益、共同理想相背离。在新时代，当社会整体的个人理想追求与中华民族伟大复兴的共同理想追求相吻合，人们不再认为这种共同利益是一种异己力量的存在，交往形式将不再成为人们发展的"桎梏"，人们的交往才真正受到"个人的支配"。在新时代生产关系基础上产生的这些共同的思想意识反过来又促进交往形式的和谐融洽，使社会主义现代化强国建设获得更为科学正确的方向指引与更为强劲持久的精神力量。

3. 动力根源

人的需要是人们活动的内在动力，新时代为"物质文化需要"向"美好生

---

① 马克思恩格斯文集：第 1 卷 [M]. 北京：人民出版社，2009：567-568.
② 马克思恩格斯文集：第 1 卷 [M]. 北京：人民出版社，2009：542.

活需要"的飞跃创设了必要的历史条件。人们在追求自身需要的过程中产生交往关系，并在交往关系中产生新的需要，这些新需要是社会发展的动力，又驱动产生更新的需要。人们需要的满足依赖必要的现实条件，这种现实条件主要是特定的历史阶段提供的生产工具和生产条件等。在新时代，满足旧的"物质文化需要"的现实条件不断发展，为人们产生新的"日益增长的美好生活需要"创造了新的历史条件。在新时代，人们在生产关系和社会交往中形成了"日益增长的物质文化需要"目标，便产生了"美好生活需要"，不仅有获得物质文化生活的需要，而且生成了更广泛、更高要求的政治、社会、生态等领域的需要。"我国稳定解决了十几亿人的温饱问题，总体上实现小康，不久将全面建成小康社会，人民美好生活需要日益广泛，不仅对物质文化生活提出了更高要求，而且在民主、法治、公平、正义、安全、环境等方面的要求日益增长。"① 新时代的历史条件为人们生成新的美好生活需要创造了必要的客观条件，其中首要的前提是坚持中国共产党的领导，坚持中国特色社会主义发展道路。只有坚持这一首要条件，在习近平新时代中国特色社会主义思想指导下，在解决新时代社会主要矛盾的互动中，才能最终满足人民的"美好生活需要"。

（三）社会主要矛盾转化对中国共产党使命任务的作用与影响

现阶段，我国社会主要矛盾已经转化为人民日益增长的美好生活需要和不平衡不充分的发展之间的矛盾。这种矛盾的转变给党和国家的工作提出了新的更高的要求。一方面，它要求党和政府抓好高质量物质供给等刚性需求层面的工作；另一方面，它要求党和政府从意识形态领域出发做好多元主体的思想政治工作。党和国家站在中国发展的新时代历史方位，面临国内社会主要矛盾的转化，需要充分发挥思想政治工作的主体性与实效性作用，做好新时代社会主要矛盾的理论阐发与政策解读，不断增强新时代思想政治工作的针对性。唯有如此，才是新时代凝聚人心和力量的重要举措和基础保障。

1. 社会主要矛盾转化背景下党的认识转变

中国共产党对于具体国情的科学判断及大政方针政策之制定，均需要对我国社会主要矛盾进行科学研究和准确把握，这有利于党领导全国各族人民进行新时代中国特色社会主义建设。当前，中国特色社会主义进入新时代，中国正前所未有地走近世界舞台的中心，正前所未有地接近强国复兴伟大梦想之实现，并且也具备了更多的信心与更强的能力，实现中华民族的伟大复兴。进入新时

---

① 习近平. 决胜全面建成小康社会　夺取新时代中国特色社会主义伟大胜利——在中国共产党第十九次全国代表大会上的报告 [M]. 北京：人民出版社，2017：4.

代以来，中国共产党对社会主要矛盾的认识再次与时俱进，实现了两个方面的重大转变。

其一，从落后的社会生产到不平衡不充分的发展的转变。这一点是从供给侧维度表明对中国发展客观实际的认知转变。一方面，从生产到发展，表明我国的生产力水平不断提高，"从过去缺衣少食艰难条件到物质文化需求基本得到满足，多元化多样性多方面的新需求在新时代充分释放"①，我国社会也正在由生存型社会向发展型社会转变；另一方面，当前的发展呈现出不平衡性和不充分性，即我国社会生产呈现出结构性矛盾与总量性矛盾并存的局面，主要表现为城乡之间、地区之间、行业之间的发展差距依然比较明显，比如说，不同地区在同一领域的发展程度上存在不平衡现象，同一地区在不同领域的发展水平上存在不协调现象。

其二，从物质文化需要到美好生活需要的转变。这一点是从需求侧维度对我国人民发展需求的认知转变。这一转变，体现了在中国共产党的领导下，中国人民物质条件得到充分改善，对美好生活方方面面的需求日益清晰和明确，人民的发展需求也在不断变化升级，"既在物质文明的层面上产生更高需求，又在精神文明的层面上有了更大关注"②，包括政治方面的民主和法治的要求、社会方面的公平和正义的要求、对于国家总体安全的要求、对于生态环境改善的要求等。党对于人民需求的深刻洞悉和准确把握，有利于国家宏观发展政策的科学制定，有利于回应人民关切，有利于增强广大人民积极投身社会主义建设的热情。

2. 社会主要矛盾转化背景下思想政治工作面临的要求

"社会主要矛盾的转化是时代矛盾的转化，是我国迈向新时代的基本体现，也是新时代的显著特征"③，其不仅概括了我国目前的发展情况，也是对社会发展成就和变革的高度肯定，表明中国特色社会主义的经济基础不断夯实，为国家治理体系和治理能力现代化、思想政治工作等的持续推进奠定了坚实的基础。面对新时代我国社会主要矛盾的变化，我们迫切需要对思想政治工作做出调整。

其一，对于增强思想政治工作的实效性提出了迫切要求。我国社会主要矛盾的转化从根本上看，是对以人民为中心的发展思想的全面贯彻，其出发点和

---

① 欧阳奇. 新时代社会主要矛盾转化与中国式现代化拓展 [J]. 教学与研究，2023（06）.

② 欧阳奇. 新时代社会主要矛盾转化与中国式现代化拓展 [J]. 教学与研究，2023（06）.

③ 郭建. 关于新时代社会主要矛盾转化的再思考 [J]. 思想理论教育导刊，2020（07）.

落脚点始终是围绕人如何实现自由全面的发展而展开。基于这一出发点和落脚点，我们要不断地增强思想政治工作的实效性，以促进人民群众对社会发展实际的科学认知，并在这一过程中逐渐树立起建设社会主义事业的使命感和责任心。

其二，对于增强思想政治工作的针对性提出了更高要求。思想政治工作的开展要提高对主体和内容的针对性，以适应新时代我国社会发展的新形势。从主体层面看，思想政治工作要注重对公职人员以及相关工作人员的意识形态教育，使其更好地坚持贯彻习近平新时代中国特色社会主义思想，从而提高各领域的供给质量，满足人民群众日益增长的美好生活需要。与此同时，对广大人民群众进行思想政治工作也是重中之重，包括农民、知识分子、青年学生、待业人员、下岗职工等在内的一切推动社会发展的群众性力量，都是建设社会主义事业的生力军和后备军，对其进行思想政治工作可以使他们更加明确自身的责任，从而为更好更快实现强国建设和民族复兴奋斗目标做出贡献。从内容层面看，思想政治工作需要紧密围绕党的十八大以来的历史性发展成就展示、党的十九大报告做出的发展工作部署、党的二十大报告做出的发展战略规划等进行，从而能够更有针对性地开展各自的工作，促进其个人价值和社会价值的实现，服务于新时代中国特色社会主义建设的伟大实践。

其三，对于增强思想政治工作的实际效用提出了基本要求。就思想政治工作开展的实际效果而言，目前一些地区仍存在重理论轻社会实践、重理论研究轻社会应用等问题，这些客观问题的背后所反映的是思想政治工作的应用性缺陷。因此，我们要充分调动人民群众参与社会主义现代化建设实践的积极性，拓宽思想政治工作在社会生活中的应用范围。具体而言，我们要透过对社会现象的精准分析，完善思想政治工作的效果综合考核机制，推进思想政治工作的因事而化、因时而进和因势而新，更好地发挥思想政治工作的育人功能。

3. 新时代社会主要矛盾变化对思想政治工作的影响

习近平指出："思想政治工作要因事而化，因时而进，因势而新。"[1] 正确把握新时代社会主要矛盾，是制定我党大政方针、政策的重要风向标，更是关系到我党和国家未来发展的重要理论依据。我们要以思想政治工作为党的宣传阵地，认真研究社会主要矛盾变化带给我们的深远影响。

首先，随着社会主要矛盾发生了质的改变，思想政治工作领域主要矛盾也

---

[1] 习近平在全国高校思想政治工作会议上强调：把思想政治工作贯穿教育教学全过程 开创我国高等教育事业发展新局面 [N]. 人民日报，2016-12-09（001）.

必然会随之发生相应的改变。这是相辅相成，不容置疑的。这就要求我们必须与时俱进，结合新时代的社会发展规律，对新时代思想政治工作的对象、内容、方式方法都做出新的重大调整。我们应该更加高擎以人民为中心的发展思想、关注人的心理情感需求，强调"人文关怀"，注重向渗透性转化，等等。

其次，新时代社会主要矛盾变化必然引起思想政治工作侧重点的改变。在社会主要矛盾中，我们发现由初期的物质生活需要转变为新时代对精神生活的需要。既然社会主要矛盾发生了转变，显而易见，我们思想政治工作的侧重点也要发生倾斜。我们要充分发挥思想政治工作的导向性作用，引领多元化的丰富多彩的精神层次需求。在落后的初级社会生产阶段，人们首要的物质需要是填饱肚子，解决最基本的温饱问题，那个时候，人们的关注点就是生存，根本无暇顾及精神层面，所以，精神需求并没有更高的要求。而随着经济水平的不断进步与发展，人们步入了小康的阶段，在物质生活相对富裕的同时，人们开始追求精神层面的需求。比如说，在住房方面，过去人们只要满足"刚性需求"——有房可住的居住性需求，到现在开始追求更加豪华的"三居室"和"独栋别墅"等改善型、享受型居住需求。人们的休闲时光，也不仅仅是聚会聊天，而是开始选择约上三五好友，利用周末、小长假等跨越区域，甚至走出国门开展旅游度假的休闲生活模式。这些无疑都证明了人们的精神需求正在逐步提升。所以，思想政治工作不能够墨守成规，拘泥于旧有的模式，要顺应时代的发展与变化，看到目前瞬息万变的形势，转换新思路与新办法，有的放矢，有针对性地解决新问题。为此，我们要将思想政治工作与坚持党的领导紧密结合起来，最大限度地发挥思想政治工作的作用。

4. 社会主要矛盾转化背景下对思想政治工作发展的思考

我国社会主要矛盾的转化集中体现了人民群众对于新时代各个领域的新需求和新期待，这构成了新时代我国经济社会发展的根本出发点，而落脚点则是使最广大人民群众获得幸福感、满足感。这构成了新时代思想政治工作的重要价值取向。

第一，始终高擎新时代思想政治工作的理论大旗。这个理论大旗就是要始终坚持习近平新时代中国特色社会主义思想的指导地位，从而不断增强、丰富和完善新时代思想政治工作的内容体系。党的十九大会议明确提出了习近平新时代中国特色社会主义思想，这是新的历史发展阶段将马克思主义的基本原理同中国具体国情与中华优秀传统相结合的重大理论创新与时代理论成果，是指导新时代我国强国建设与民族复兴的重要指导思想，其宏阔的时代视野、丰富的理论内涵和重大的价值意蕴成为新时代思想政治工作的重要组成部分，也是新时代开展思想政治工作的必然要求。

第二，要不断增强新时代思想政治工作的感染力。"思想政治工作要因事而化、因时而进、因势而新，不断增强时代感和吸引力。"①为此，一方面，要在实践中不断促进思想政治工作的人格化载体的更新，以最新的时代楷模、道德模范、英雄人物等作为重要素材，发挥新时代优秀榜样的思想和行为的感染力，于无形中促成受教育者对核心价值观和重要理论的内化；另一方面，要推动思想政治工作的物化载体更新，即实现现代技术与教育载体的更好结合，例如，充分发挥互联网技术在思想政治工作过程中的重要作用，切实增强思想政治工作的针对性和感染力。

第三，要进一步推动思想政治工作方式的生活化和实践化。通过新时代思想政治工作方式的生活化与实践化，从而提高思想政治工作双主体的参与度。为此，一是要求思想政治工作者主体尽可能地将思想政治工作寓于思想政治工作对象的生活以及其他社会实践过程中，使思想政治工作对象能够在日常生活世界与社会实践中对思想政治工作内容有更切身的体会和感知；二是要求思想政治工作者主体要将理论内涵的讲解与相关社会实践活动的开展相结合，充分利用各类生产与生活活动、社会实践平台等，推动思想政治工作对象积极参与社会实践，进而促使其在社会实践中内化思想政治工作内容，并以其指导自己的行动；三是利用重要传统节日、重大历史节点、重大活动等，"适时组织'送文化年货''乡村春晚'等群众性文化活动，广泛开展'我们的节日''强国复兴，奋斗有我'等导向鲜明、形式多样的群众性主题教育活动，上好生动深刻的新中国历史课、爱国主义教育课、新时代思政课"②。

---

① 虞爱华. 加强思想政治工作　凝聚共同奋斗力量［J］. 思想政治工作研究，2020（04）.

② 虞爱华. 加强思想政治工作　凝聚共同奋斗力量［J］. 思想政治工作研究，2020（04）.

第二章

新时代社会主要矛盾转化对思想政治工作主体的影响

社会主要矛盾发生转化是中国特色社会主义进入新时代的重要标识。"要真正理解好'新时代',就必须有自信、昂扬、奋进、豪迈的精神状态。"① 此处涉及的自信、昂扬、奋进、豪迈的精神状态,是特指"作为主体的人"的精神状态,既包括思想政治工作者主体本身应积极适应新时代对思想政治工作提出的目标任务与工作要求,也包括给基于新时代思想政治工作实践所带来的思想政治工作对象主体"自信、昂扬、奋进、豪迈"精神状态的"实然性变现"。毫无疑义的是,这里所关涉到的是,新时代我国社会主要矛盾转化背景下思想政治工作主体所遭遇的深刻而广泛的冲击与变化,也是加强和改进思想政治工作进而推进新时代思想政治工作高质量发展需要重点应对的首要问题。

一、思想政治工作主体的内涵、类型及主体能力建设

主体一词,源于哲学,是指"某一关系行为中的行为者",而"作为实践和认识活动者、行为者的人是主体"②。与主体相对应的哲学范畴,则是客体,是指某种特定关系行为中的"行为对象,即作为实践和认识对象的世界、事物和人是客体"③。延伸到思想政治工作领域,则有思想政治工作主体与客体之范畴,究竟应该如何认识作为思想政治工作核心地位的思想政治工作主体、主体能力及其能力建设,也就成为一个十分重要的理论命题与研究课题。

(一) 思想政治工作主体的内涵解读

思想政治工作主体和客体作为思想政治工作学科或领域的一对基本范畴而存在,它们也是思想政治工作中的两个最基本、最重要的构成要素。因此,科学界定主体在思想政治工作中的角色地位,全面而理性地构建新时代思想政治

---

① 刘建军. 试论新时代思想政治工作的精神气质 [J]. 文化软实力, 2017 (04).

② 李德顺. 价值论 [M]. 北京:中国人民大学出版社, 1987:57.

③ 李德顺. 价值论 [M]. 北京:中国人民大学出版社, 1987:60.

工作主体组织结构，充分发挥其在思想政治工作过程中的效能与作用，从而提高思想政治工作的实效性，是新时代思想政治工作理论研究的一个重要课题。纵观当前理论界与实务界关于思想政治工作主体的理解与看法，多少有点"人言人殊，聚讼纷纭"的意思，大致而论，有以下几种代表性的观点。

1. 单主体说。思想政治工作"单主体说"这种观点，主要来源于教育学上的教育单主体说，又可以分为两种对立的观点，即"教育者主体说"和"受教育者主体说"。教育者主体说认为思想政治工作的工作者或教育者或从事思想政治工作的组织机构是主体，思想政治工作的工作对象或受教育者则是客体。受教育者主体说是基于"教育者是为受教育者主体性的发展、思想品德素质的提高服务的，受教育者体现思想政治教育的目的，故始终处于主体（内因）的地位"①，故而思想政治工作的工作对象或受教育者是主体，思想政治工作的工作者或教育者在思想政治工作系统或活动中的角色功能主要是为工作对象或受教育者的工作、学习、生活及成长、发展服务的。不难看出，"受教育者主体说"强调的是思想政治工作者的工具性价值，而"教育者主体说"强调的则是思想政治工作者的目的性价值，两种说法各执一端，片面性认识是"单主体说"的共同点。

2. 双主体说。思想政治工作"双主体说"这种观点，同样援引了教育学领域的双主体理论，认为思想政治工作关系中的工作者或教育者与工作对象或受教育者互为主客体。"双主体说"也有两种提法：一种是宏观思路的提法，认为思想政治工作主体是"从事思想政治教育工作的人和机构组成的系统"②，从广义上来说，不仅包括"专门从事思想政治教育工作的人和组织"，也包括"有自我教育能力的思想政治教育工作对象"③；另一种是微观思路的提法，是从过程视角来考察的观点主张，从思想政治工作实施过程来看，思想政治工作者或教育者是主体，思想政治工作对象或受教育者是客体，从思想政治工作接受过程来看，思想政治工作对象是主体，思想政治工作者则是客体。也正是基于"思想政治教育工作过程中，教育者和教育对象是以教育资料为共同客体的一种双主体协同发展的关系"④。所以说，思想政治工作者和工作对象都具有主动教育的共同功能，因而都是思想政治教育工作的主体。

---

① 付耀霞. 高校思想政治教育主体工作研究综述［J］. 河北理工大学学报（社会科学版），2009（03）.
② 邹学荣. 思想政治教育学［M］. 重庆：西南师范大学出版社，1992：108-153.
③ 邹学荣. 思想政治教育学［M］. 重庆：西南师范大学出版社，1992：108-153.
④ 苏斌. 思想政治教育主体论纲［J］. 学校党建与思想教育，2003（07）.

3. 多主体说。思想政治工作"多主体说"这种观点，认为思想政治工作主体不拘泥于工作主体和工作对象两种类型，主张要"以多要素为主体来构建思想政治工作诸要素的相互关系"①，提出思想政治工作者、机构、思想政治工作客体可以充当主体，思想政治工作系统中"环体、介体也可以成为主体"②，认为"只要在思想政治教育工作活动中，切实发挥了履行、承担或组织思想政治教育的工作职能，在一定意义上或一定程度上均可称之为思想政治教育工作主体"③，因此提出在思想政治工作过程中，是有多个主体参与其中并实际地开展思想政治工作实践活动的。

4. 相对主体说。思想政治工作"相对主体说"这种观点，认为在思想政治工作系统和活动中，主体与客体是相对存在的东西，二者的区分也是不确定的，只有在一定的思想政治工作教育实践活动及其关系中，才可能划分出主体、客体。同时，随着主客观条件的变化，思想政治教育工作的主体与客体是可以相互转化的。思想政治工作"主体的内涵是丰富的，应该以马克思主义的科学主体论为指导，在'人是主体'的大前提下，根据具体情况具体把握，因为对主体的判断既是具体的，又是有条件的，不应拘泥于'主体是谁'的问题"④。"当教育者必须把受教育者作为认识和实践对象时，教育者是主体，受教育者是客体；当受教育者需要把教育者作为认识和实践对象时，受教育者是主体，教育者是客体；当二者在认识和实践其他教育客体时，他们则分别在不同主客体关系中充当主体。"⑤

目前看来，多数学者还是更倾向于单主体说中的教育者主体理论。本研究认同相对主体说。因为，主体和客体首先是作为哲学的基本范畴出现的，从哲学的基本意义上讲，主体是有头脑、能思维并积极进行社会实践活动和认识活动的社会的人或人的集团，同时又应当是某项社会活动的主动的、能动的发起者、组织者和引导者。因此，如从哲学的一般意义上来理解的话，我们认为思想政治工作主体，不但指的"是根据一定社会、阶级的要求，有目的、有计划、

---

① 骆郁廷. 思想政治教育引论［M］. 北京：中国人民大学出版社，2018：80.
② 骆郁廷. 思想政治教育引论［M］. 北京：中国人民大学出版社，2018：80.
③ 付耀霞. 高校思想政治教育主体工作研究综述［J］. 河北理工大学学报（社会科学版），2009（03）.
④ 付耀霞. 高校思想政治教育主体工作研究综述［J］. 河北理工大学学报（社会科学版），2009（03）.
⑤ 熊洁，尕峰盘山. 论思想政治教育主体的含义和特点［J］. 重庆邮电学院学报（社会科学版），2005（04）.

有组织、自觉地对教育对象的思想品德施加可控性影响的组织者、实施者和教育者"①，而且也指向思想政治工作的接受对象。现实来看，其一，人民群众的自我教育也是有领导、有组织的。如果否认这个过程中思想政治工作主体性的存在，就等于把思想政治工作视为自发、盲目的群众活动，这就从根本上否认了中国共产党在长期革命斗争中形成和发展起来的思想政治工作实践。其二，党的各级组织和思想政治工作者同样也要接受工作对象的教育，这本身也是属于主体贯彻党的群众路线、接受客体反作用的过程，但这并不是要否认他们在思想政治工作中的主体地位和作用。

（二）思想政治工作主体的结构功能理论分析

结构和功能是客观事物普遍存在的属性。所谓结构，是指事物内部诸要素的组织形式、系统内要素和元素的结合方式。所谓功能，是指若干要素、元素组合成的统一体在与特定环境和事物相互作用时所能发挥的作用或效能。结构与功能是相互联系、不可分割的两个方面，它们既相互联结，又相互制约。一方面，结构规定、影响着功能的性质、水平和作用的大小，有什么样的结构就会产生什么样的功能。另一方面，功能也会反作用于结构，当功能的发挥不能适应外界条件时，也会引起结构的改变。根据这一原理，思想政治工作主体要发挥自己的功能，必须建立起合理的组织结构。结构如果不合理，功能的发挥就会受到限制。同理，要想结构稳定，也必须保证功能的有效发挥。

所谓思想政治工作主体的结构，是指思想政治工作各个工作机构及其工作人员之间的关系与相互联系的方式。当前我国思想政治工作主体的组织结构主要包括以下几个构成部分：第一，领导决策机构，这里主要指党委职能管理机构，它们是常设的思想政治工作的职能管理部门，是各级党委的参谋和助手，如各级党的宣传部门和其他专职思想政治工作部门，学校的学生科，军队的政治部等群团组织，如共青团、工会、妇联等群众组织，它们是党委和职能管理部门进行思想政治工作的得力助手。第二，研究咨询机构，这里主要是指专门从事思想政治工作理论和实践研究与咨询的部门。如各省、市、军队和单位设置的思想政治工作研究室、教研室，以及全国各部、委和省、市的思想政治工作研究会等，它们的主要任务是调研、总结经验、组织学术研究和交流，提供思想政治工作理论和实践的咨询意见，探索建立和完善思想政治工作的领导、决策和指挥机构。在这个组织形式里，其他机构均隶属于党委领导，各司其职，同时紧密配合，组成目前相对完整的思想政治工作的主体结构。2021 年中共中

---

① 骆郁廷．思想政治教育引论［M］．北京：中国人民大学出版社，2018：75.

央、国务院出台的《关于新时代加强和改进思想政治工作的意见》明确指出："完善党委统一领导、党政齐抓共管、宣传部门组织协调、有关部门和人民团体分工负责、全党全社会共同参与的思想政治工作大格局。"①

结构是功能的前提。特定的结构产生特定的功能，结构是否合理决定功能的大小。而功能是结构的依据，特定的功能要求特定的结构，结构与功能相互影响、互为因果。因此研究思想政治工作主体的结构，必然离不开对思想政治工作主体功能的探讨。思想政治工作主体功能是思想政治工作主体各要素有次序地相互作用而形成的总体效能。一般来说，思想政治工作主体作为一个系统，都应该有教育、决策、管理、协调、研究等基本功能，这些功能的有机结合和有序运行组成了整个思想政治工作功能系统。只有当每一项功能都得到充分发挥，并且各项功能之间能够协调，形成功能合力，才能算是整体功能的有效发挥。因此，功能问题同样不容忽视。

对研究思想政治工作主体的结构及功能进行结构功能主义视域的考察与分析，其重要前提就是新时代社会主要矛盾转化背景下现存的思想政治工作主体结构及功能有不相适应、不合时宜、不尽合理的客观问题之存在。本研究通过对思想政治工作主体结构之问题的探讨，主要是对主体结构构成缺位简称为结构缺位的认识。本研究认为，结构合理的一个首要的条件，就是构成结构的要件的完备和健全，对于一个要件缺失的不完整结构，其功能的缺失已是必然。而这种结构的不合理，不是从结构自身得出的，而是将该结构置于转型期的社会现实，经过实践检验发现的。而这里所指的功能创新，也不是具体某一项功能的完善或扩充，而是以宏观的整体概念上的功能为研究对象，以结构构成缺位为基点，探讨的思想政治工作主体在总体效能方面的问题。因此，有必要对新时代我国社会主要矛盾发生转化的条件背景下思想政治工作主体的结构构成以及由此产生的功能问题一并进行全方位的整体考察和详细分析。

（三）思想政治工作主体的类型划分

思想政治工作是涉及从少年儿童到老年的全体社会成员的重要事业，也是中国特色社会主义现代化建设和实现中华民族伟大复兴的重要保障，是关系到中华民族整体素质提升并立于世界优秀民族之林的千秋万代的事业。正是因为思想政治工作涉及的范围非常之广，影响面大，意义深远，所以要对"谁来做思想政治工作"的思想政治工作主体给予高度重视，要对思想政治工作主体的

---

① 中共中央 国务院印发《关于新时代加强和改进思想政治工作的意见》［N］.人民日报，2021-07-13（001）.

类型进行科学划分。由于思想政治工作者和思想政治工作对象都是人,基于马克思的"人是主体"的观点,将思想政治工作主体划分为思想政治工作者主体(或实施主体)和工作对象主体(接受主体、受众主体或自我主体)。

1. 思想政治工作者主体

(1)专职型的思想政治工作主体队伍。这支队伍是思想政治工作的核心,它的人数比较精简,规模也不是很庞大,但是相当重要的一支队伍,要使其组员不仅要有相当高的思想政治素养与工作水平,还要具有很高的理论功底、知识涵养、政策水平及较强的工作能力,更要有强烈的情感认同、广泛的兴趣爱好、善于人际交往。他们的任务是调查和分析所在单位和地区人们的思想信念,提供思想政治工作计划和方案,并进行前瞻性安排和可行性研究,组织和实施思想政治工作活动,同时还需要接受广大兼职队伍有关经验借鉴和内容供给方面的咨询、主持等。

(2)专业型的思想政治工作主体队伍。实际来看,这支队伍人数众多、规模宏大,它主要由以下人员组成:各级党组织、各级政府机关及民主党派组织、群团组织中领导成员、作家、新闻工作者和文艺工作者;各级各类学校的思想政治理论课教师及其他从事课程思政的教师;各基层单位的领导骨干,在群众中有一定声望的学者、专家、各类先进模范人物;等等。在我国,这支队伍至少有几千万人,他们是思想政治工作的主力军,人数众多,与全体社会成员有密切联系,也都有各自进行思想政治工作的有利条件,思想政治工作主要靠他们去执行。当然,对这支规模巨大的思想政治工作队伍而言,目前最欠缺的就是如何以最合适的方式有效地组织动员起来,如何使他们更自觉主动地发挥主体性的作用,如何及时地让新时代社会主要矛盾转化背景下思想政治工作的责任使命、任务方针等传达工作到位。思想政治工作应该建立信息传输和联系协调的工作网络,设立定期的或不定期的协商制度,落实相应的政策措施,把思想政治工作的实绩纳入工作考核评价中来。

(3)专家型的思想政治工作主体队伍。这支队伍主要指的是,专门从事党的思想政治工作的科学研究机构、专家咨询机构、决策智库机构,以及从事相关人才培养的人员。思想政治工作是一门专业性、科学性都很强的专门学科与学问领域,同任何学科领域一样,也需要有从事学科理论研究的专家队伍并实际从事深入的理论研究。所以说,需要有深厚理论功底和实践经验的专家教授来承担思想政治工作实务人才的培养与培训工作。如若不然,思想政治工作就只会停留在浅层次的经验水平阶段,实现思想政治工作学科化与科学化、现代化与信息化也只是一句空话。

2. 思想政治工作对象主体

思想政治工作对象主体，又称思想政治工作接受主体，指的是思想政治工作系统或思想政治工作实践活动中作为思想政治工作者主体或实施主体直接面对的对象性的人。思想政治工作是一种独特的社会实践活动，是一种涉及社会关系领域问题处理的以人的思想为主要活动对象的实践活动，因此活动的对象必须是人而不是物。思想政治工作对象主体由于在社会中所处的地位、所起的作用和所具有的特点不同，有重点和非重点之分，其中，思想政治工作对象主体的重点人群包括如下几个方面：一是党政领导干部，二是青少年，三是基层人民群众。

（1）党政领导干部群体。领导干部是指率领并引导人民群众朝一定方向前进的人。当今中国的领导干部一般是指担任县、团、处级及以上领导职务的人员。领导干部作为思想政治工作对象主体的重点人群，是由其在社会中所起的作用所决定的。正如习近平同志在讲到社会主义法治国家建设时所强调的："必须抓住领导干部这个'关键少数'，首先解决好思想观念问题。"①

第一，领导干部是党和国家形象的代表。中国共产党是中国工人阶级的先锋队，是中国人民和中华民族的先锋队，是中华人民共和国的领导党与执政党，也是全体中国人民的领导核心，中华人民共和国是人民民主专政的社会主义国家。党和国家的宗旨就是全心全意为人民服务，其任务就是带领全国各族人民实现国家富强、民族振兴和人民幸福伟大中国梦的奋斗目标。党和国家不是抽象的概念，而是由其成员组成的社会实体，党和国家的宗旨与任务也需要其成员去落实去完成。因此，全体党员和各级政府工作人员就是党和国家宗旨与任务的重要承担者，是党和国家形象的体现者。领导干部是中共党员和政府工作人员中的优秀者，是党和国家治国理政的最重要的实施主体，因而也是党和国家形象的最直接体现者。领导干部的思想与言行直接影响党和国家在人民群众中的形象与威望，也直接影响党执政的合法性地位，直接影响国家的声誉。为了保证党和国家在人民群众中享有崇高的威望，必须加强对领导干部的思想政治工作，因此领导干部在社会中所处的地位决定其思想政治工作对象的重点。

第二，领导干部是党和国家路线方针政策制定的决策者、落实的领导者与组织者。毛泽东说的"政治路线确定之后，干部就是决定的因素"②，其实正是在强调执行党的政策方针路线时干部所具有的决定性的作用。一方面，对领导

---

① 习近平. 加快建设社会主义法治国家 [J]. 求是，2015（01）.

② 毛泽东选集：第二卷 [M]. 北京：人民出版社，1991：526.

干部来说，他们不仅是政治路线的执行者和落实者，而且是党和国家公共政策制定的决策者，其地位和作用更加显得重要。为了保证党和国家事业不断向前推进，各级党政领导干部要根据国内外发展形势的变化，科学制定不同时期的路线方针政策，以明确发展的方向、目标与重点，从而统一广大党员和广大人民群众的思想，凝聚各方的力量。另一方面，对领导干部而言，他们又是保证党和国家公共决策落实的领导者和组织者，这是由其所处的工作岗位要求与职责使命所决定的，正是这种现实的规定性要求之使然，实际地要求他们带领广大人民群众将党和国家各项公共政策落实到具体工作当中去，变为党员和群众的实际行动，保证党和国家事业的持续健康发展。为此，党政领导干部能否科学准确地把握党和国家各项公共政策的精神实质，是否具备领导和组织落实的能力，直接关系到党和国家各项公共政策能否为广大党员和群众所理解、接受和践行。所以说，党政领导干部的思想政治素质是非常重要的，也是思想政治工作对象主体结构体系的重要构成。

第三，领导干部是党员和广大人民群众的先锋和榜样。俗语有云："领导领导，带领指导；干部干部，先干一步。"作为马克思主义政党的中国共产党是代表工人阶级和人民群众利益的政党，是"吸收了这个阶级的一切优秀代表，集中了经过顽强的革命斗争的教育和锻炼的、完全觉悟的和忠诚的共产主义者"①的政党，这决定了党政领导干部是党员和广大人民群众的先锋和榜样。习近平指出："领导干部处在党和人民事业的领导岗位上，这就决定了在保持党的纯洁性方面负有极为重要的责任，由此也决定了务必时时、处处用党的纯洁性要求对照自己、检点自己、修正自己、提高自己，要求别人做的自己带头做到，要求别人不做的自己带头不做，以自己率先垂范的实际行动充分体现党的纯洁性。"② 领导干部既是保持党的纯洁性建设工作的组织者和领导者，又是保持党的纯洁性建设工作的执行者和实践者。领导干部的职责决定了他们是广大党员和人民群众的引领者，决定了他们的言行举止会备受人民群众关注，决定了他们必须严于律己、以身作则，不断增强自我净化、自我完善、自我革新、自我提高的能力，切实做到品质优、品德好、品行正、品位高，以率先垂范的实际行动充分体现党的先锋模范作用。所以说，领导干部本身的先锋与榜样地位，决定了领导干部是思想政治工作对象主体的重要构成。

第四，当代中国领导干部中还存在着一些亟须重视并加以解决的问题。新

① 列宁全集：第 19 卷 [M]. 北京：人民出版社，1984：407.
② 习近平. 扎实做好保持党的纯洁性各项工作 [J]. 求是，2012（06）.

时代新征程，世情、国情、党情发生了深刻而复杂的变化，一方面是中国共产党自身面临着"四大考验"和"四大风险"。所谓"四大考验"，指的是党面临的长期执政考验、改革开放考验、市场经济考验、外部环境考验。所谓"四大危险"，指的是党面临的精神懈怠的危险、能力不足的危险、脱离群众的危险、消极腐败的危险。另一方面，在世界百年未有之大变局与中华民族伟大复兴战略全局这"两个大局"影响下，当今中国既面临着前所未有的发展机遇，也面临着巨大的风险挑战，特别是"三期叠加"风险对党和国家事业持续健康发展带来十分复杂的发展环境与条件。可以说，正是在"两个大局"相互交织激荡，"三期叠加"影响持续深化的情况下，"社会热点问题层出不穷，不可避免传导到人们头脑之中，引发思想波动"①。面对党和国家深刻复杂的考验、风险、挑战等，一大批忠诚于党、热爱人民、牢记宗旨、心系群众、爱岗敬业、无私奉献的优秀领导干部涌现出来，树立了党政领导干部的光辉形象。然而，一些领导干部存在政治不强、能力不足、动力不足、定力不稳等问题，出现了一些失德失范、脱离群众、形式主义、官僚主义、享乐主义和奢靡之风等问题，甚至还有些领导干部挡不住诱惑、耐不住寂寞，因而失去操守，跌倒在权力、金钱、美色等关隘上。这些情况引起了广大党员和群众的强烈反应，带来了十分恶劣的社会影响，严重影响了党和政府在人民群众中的形象与威望，动摇了党的执政地位，因此必须提高党政领导干部的思想政治素质。另外，当代党政领导干部中所存在的问题也决定了他们是思想政治工作的重点对象与群体。

（2）青少年群体。"青少年是青年和少年的统称，少年一般是指十岁到十五六岁阶段的人，青年则一般是指十五六岁到三十岁左右的人。合而言之，青少年是指十岁至三十岁左右的人。"② 中国共产党自成立以来就高度重视青少年的成长及其作用的发挥，毛泽东、邓小平、江泽民、胡锦涛等党的领导人都曾就青少年思想政治工作有过重要论述。党的十八大以来，以习近平同志为核心的党中央在中国特色社会主义建设的新时代，为了中华民族伟大复兴中国梦的实现，更加重视青少年的健康成长。具言之，青少年成为思想政治工作的重点对象，其缘由在于：

第一，青少年是国家的未来和民族的希望。在历史发展的长河中，青少年具有重要战略地位，他们代表着国家的未来与民族的希望。毛泽东曾把青少年

---

① 虞爱华. 加强思想政治工作　凝聚共同奋斗力量［J］. 思想政治工作研究，2020（04）.

② 《思想政治教育学原理》编写组. 思想政治教育学原理［M］. 2 版. 北京：高等教育出版社，2018：191.

比喻成"早晨八九点钟的太阳"。"青年兴则国家兴，青年强则国家强。青年一代有理想、有本领、有担当，国家就有前途、民族就有希望。中国梦是历史的、现实的，也是未来的；是我们这一代的，更是青年一代的。"① 一个社会的发展和一个民族的延续是通过一代代人的"接力"实现的，青少年代表并决定社会、国家和民族的明天与未来。有了健康成长的青少年，社会就会发展，国家就会兴旺，民族就有希望。反之，缺少青少年，社会、国家和民族就会面对后继乏人之忧。可以说，赢得青少年就赢得未来已经成为当今世界有识之士的共识。因此，青少年在社会、国家和民族的重要地位，决定其成为思想政治工作的重要对象和接受主体。

第二，青少年是党和国家事业发展的推动力量。青少年特别是青年是党和国家事业发展的生力军。"中国共产党从来都把青年看作是祖国的未来、民族的希望，从来都把青年作为党和人民事业发展的生力军，从来都支持青年在人民的伟大奋斗中实现自己的人生理想。"② 在中国革命与建设的各个历史时期，青年都站在前列，发挥了生力军的作用。在推翻帝国主义、封建主义、官僚资本主义"三座大山"的革命运动中，广大爱国青年在中国共产党的领导下，和全国各族人民一道，前仆后继、英勇奋斗。新中国成立后，广大青年积极投身到社会主义建设的洪流中，为新中国的建设与发展做出了巨大贡献。进入改革开放与现代化建设历史新时期后，青年又为中国特色社会主义建设事业贡献力量。可以说，没有青年一代的浴血奋战，就不会有新中国的诞生；没有一代有理想、有道德、有文化、有纪律的青年人的奋发努力，建设中国特色社会主义的目标就难以实现。青年兴则国家兴，青年强则国家强，已被历史所证明。习近平指出："当代青年是同新时代共同前进的一代，我们面临的新时代既是近代以来中华民族发展的最好时代，也是实现中华民族伟大复兴的最关键时代，广大青年既拥有广阔发展空间，也承载着伟大时代使命。"③ 无疑，青少年在党和人民事业中的重要作用决定了他们是思想政治工作对象主体的重点。

第三，青少年具有较大的可塑性与广阔的成长发展空间。青少年正处于生理、心理和思想由不成熟转向成熟的过渡阶段，处在从儿童向成人发展的阶段。他们虽然生活在社会中，但还没有完全完成政治社会化，涉世不深、处世经验少，思想比较单纯，是非判断能力不强，容易受到外界影响和不良因素的干扰，

① 习近平. 决胜全面建成小康社会　夺取新时代中国特色社会主义伟大胜利——在中国共产党第十九次全国代表大会上的报告［M］. 北京：人民出版社，2017：70.
② 习近平. 习近平谈治国理政：第一卷［M］. 北京：外文出版社，2014：50.
③ 习近平. 在北京大学师生座谈会上的讲话［N］. 人民日报，2018-05-03（001）.

因而可塑性是比较强的。也正是由于青少年这一独特特点，以及其在社会发展中的地位，各个阶级、各种势力都力图用自己的政治观点、思想观念和道德规范来对青少年施加影响，争夺青少年，都试图将青少年培养成他们的拥护者和接班人。因此，青少年可塑性强及成长发展空间巨大的特点，决定他们是思想政治工作的重点对象主体。

第四，当代青少年成长发展中存在着不容忽视的问题。当代中国正处在世界多极化、经济全球化、社会信息化、文化多样化迅猛发展的时代，再加上我国社会主要矛盾发生转化、意识形态领域斗争尖锐复杂的时期，这一客观环境，与青少年处于人生发展的关键阶段，世界观、人生观和价值观正在形成和坚定的状况交织在一起，从而形成了当代青少年既有接受正面教育、迅速成长的可喜局面，也有需要引起重视、亟待解决的问题。当代青少年具有思想开放、思维活跃、自信进取、求新求变，掌握现代工具，主体意识、独立意识较强等优势，但也有部分青少年理想信念不够明确、坚定，价值取向偏差、社会责任感缺乏，艰苦奋斗精神淡化、心理素质欠佳等诸多问题，这些问题的存在会极大地影响青少年的健康成长，会极大地影响他们"人生第一粒扣子"的扣好问题。所以说，当代中国青少年成长发展中问题，也决定了他们是思想政治工作的重点对象主体。

（3）基层人民群众。"群众事情无小事"，思想政治工作落到实处就是为人民办实事，解决人民群众的实际困难。思想政治工作要把服务群众与党性教育相结合，把人民群众所需所求放在心中，时时处处以人民群众利益为工作的出发点和落脚点，服务基层群众，狠抓落实，杜绝官僚主义、形象工程，才能实现思想政治工作的目的。

第一，人民群众的幸福线就是党和国家事业的生命线。中国共产党的百年奋斗史，就是同人民群众生死相依、血肉相连、休戚与共的历史，就是一部更好为人民谋幸福、依靠人民创造历史伟业的历史。可以说，党来自人民、植根人民、服务人民，从根本上说，党的理论就是一切为了人民的理论，党的路线就是一切为了人民的路线，党的事业就是一切为了人民的事业。党的最大政治优势是密切联系群众，党执政后的最大危险是脱离群众。党代表中国最广大人民根本利益，没有任何自己特殊的利益，从来不代表任何利益集团、任何权势团体、任何特权阶层的利益，这是党立于不败之地的根本所在。正如十九届六中全会审议通过的《中共中央关于党的百年奋斗重大成就和历史经验的决议》强调的："只要我们始终坚持全心全意为人民服务的根本宗旨，坚持党的群众路线，始终牢记江山就是人民、人民就是江山，坚持一切为了人民、一切依靠人民，坚持为人民执政、靠人民执政，坚持发展为了人民、发展依靠人民、发展成果由人民共享，坚定不移走全体人民共同富裕道路，就一定能够领导人民夺取中国特色社会主义新的更大胜利。"① 所以说，作为党和国家事业生命线的思想政治工作，其实也就是广大人民群众的幸福线。

第二，人民至上理念是思想政治工作的根本理念。把人民性贯穿于思想政治建设全过程，是思想政治工作理论的核心特征。作为党和国家事业生命线的思想政治工作，首先必须践行党性原则、贯彻党的指示，体现党的意志，反映党的主张，以党的旗帜为旗帜、以党的方向为方向、以党的使命为使命，始终为实现党的目标而努力。而党性与人民性从来都是一致的、统一的。坚持人民性，就是要把实现好、维护好、发展好最广大人民根本利益作为出发点和落脚点，坚持以民为本、以人为本。我们党是全心全意为人民服务、代表中国最广大人民的根本利益、来自人民为了人民的马克思主义政党。从本质上说，坚持党性就是坚持人民性，坚持人民性就是坚持党性，党性寓于人民性之中，没有脱离人民性的党性，也没有脱离党性的人民性。离开了党性，思想政治工作就失去了方向；离开了人民性，思想政治工作就失去了动力和基础。一方面，思想政治工作坚持党性与人民性的统一，就是要坚持讲政治，始终坚守人民至上的根本立场和价值追求，把体现党的主张和反映人民群众心声统一起来，把服务群众同教育引导群众结合起来。只有这样，思想政治工作才能站在党的立场上，才能更好、更全面反映人民愿望，消除人们产生思想问题的根源，把思想政治工作真正落到实处。另一方面，思想政治工作的人民性，是党的群众路线在思想政治工作中的贯彻和体现。思想政治工作的基础在基层，思想政治工作面向的主要对象是广大人民群众，积极引导和激励基层群众参与到思想政治工作中来，思想上尊重群众，感情上贴近群众，工作上依靠群众。

第三，人民群众的美好生活需要离不开思想政治工作。在整体层面上，"美好生活"的主体是广大的人民群众。这是历史唯物主义哲学观在我国社会主要矛盾中的深刻体现，也反映了人民群众在我国社会中的主体地位，体现了我国社会主义国家的根本性质。与此同时，人民群众又可以分为不同的社会群体和社会阶层。每一个社会群体或阶层由于职业类别、收入水平、社会地位等方面的差别，他们基于现实的生活状态对"美好生活"内涵的理解以及诉求，必然表现出某种群体性差异。这种差异内在地反映出我国在经济社会发展过程中所

① 中共中央关于党的百年奋斗重大成就和历史经验的决议 ［M］. 北京：人民出版社，2021：66.

表现出来的"不平衡不充分"的矛盾性特征。但归根结底，这些差异都会回归至每一个具体的、现实的个人，他们是构成社会整体的最基本的要素。事实上，"整个社会历史的运动和发展，也是在无数'现实的个人'的生产和生活实践中实现的"①。相比较不同的社会群体，个体化意义上的人在个性发展、主体能力、人生目标、价值观念、资源占有等方面的差异更加多样化。即使在同一个社会群体或阶层内部，这种差异也非常明显。结果便是，每个社会个体对"美好生活"的理解和追求在内容上更加丰富，在表现形式上更加多元，在"需要"层次上也是千差万别。由此，"美好生活"所蕴含的主体意义就越发凸显。"生活好不好，是不是'美好'的，归根到底是社会中的每一个个体对自我生命意义的体验和感知，'美好生活'从根本上说也是人们自由自主的实践创造活动。"② 概而言之，人民群众更多是指基层人民群众，他们经由"自由自觉的活动"，不断创造自己的现实生活，不断创造着思想政治工作的价值指向与内容要求。

（四）思想政治工作主体能力及其建设

任何时候，有效性是思想政治工作的出发点和落脚点。如何加强和改进思想政治工作，增强其有效性，始终是思想政治工作理论研究与实践展开所必须关注的重大课题。由于思想政治工作是一个由多种要素构成的"复杂开放系统"，能否顺利展开并取得明显成效，是由诸多要素的特有性能及其组成状况决定的，在这其中，思想政治工作主体性因素是至为重要的关键要素，思想政治工作主体性因素又直接取决于其主体能力的大小，可以这么说，思想政治工作主体能力及其建设在思想政治工作系统及思想政治工作实践活动中占据着主导性地位、发挥着主导性作用，这也意味着思想政治工作主体能力建设在思想政治工作主体性与有效性问题研究中扮演着十分重要的角色，发挥着十分重要的功能，占有十分重要的地位。

1. 思想政治工作主体的有效性取决于思想政治工作主体的主体性

思想政治工作主体是思想政治工作有机系统的重要组成要素之一，对其有效性的分析，有必要将其与相应的思想政治工作或实践活动紧密联系起来，将其置于思想政治系统或活动过程中，分析其对思想政治工作系统、对思想政治工作实践活动所具有的理论价值与应用价值，从而认识其主体有效性和主体能

---

① 黄英燕，陈宗章. "美好生活"的四个维度及其对思想政治教育的新要求 [J]. 河海大学学报（哲学社会科学版），2019（04）.

② 宋芳明，余玉花. 人民美好生活视域下思想政治教育发展的新任务 [J]. 思想理论教育，2018（02）.

力。换言之，要想认识思想政治工作主体的有效性，就必须联系相应的思想政治工作系统或实践活动来认识其在整个系统或活动中所承载的功能和所发挥的作用，从而进一步认识其所具有的有利于实现自身在整个系统或活动中所承载功能的积极属性。由此可见，对思想政治工作有效性的分析，离不开思想政治工作主体的主体性建设。在整个思想政治工作系统或活动当中，思想政治工作主体占据着主导性地位，发挥着主导性作用，这种主导性作用具体则体现在其所具有的组织功能、教育功能、调控功能上。这就意味着，组织、教育、调控功能是思想政治工作主体所具有的主体功能，这些主体功能能否有效发挥决定着主体能否成为有效主体，即决定着思想政治工作主体的有效性，而思想政治工作主体功能的有效发挥有赖于主体的主体性作用发挥和主体能力的大小，所以思想政治工作有效性在很大程度上取决于思想政治工作主体有效性和主体能力。

2. 思想政治工作主体的主体性是思想政治工作主体能力的综合体现

所谓主体性，从一般性层面来说，指在主体对于客体的对象化实践活动中来理解自身作为对象性活动发动者、承担者的主体之本质特征。换言之，主体性体现为主体在一定的对象化实践活动中对客体所具有的主动态势、能动作用及支配地位。作为主体内在的质的规定性，主体性是有层次性的，它包括主体由发展需要所期望和激发的目的性、对工作实践与活动过程进行控制与调节的自主性，以及追求更高价值目标的创造性。思想政治工作主体的主体性，是指思想政治工作主体在组织、实施、调控思想政治工作实践活动过程中所表现出来的目的性、创造性和自主性，它是思想政治工作得以有效开展的基本条件，具体表现为：一是思想政治工作者主体通过宣传灌输、教育引导、理论说服、情感渲染等多种方式方法，对广大干部群众和思想政治工作对象进行有效影响的过程。二是思想政治工作对象通过自我教育、自我转化、自我改造等方式方法，以自由自主自觉接受思想政治工作改造的实践活动过程。三是思想政治工作主体认识相应的思想政治工作内容、方法、环境及规律以及思想政治工作对象的思想政治品德现状与特点的过程。四是思想政治工作主体根据时代中心工作、环境条件、技术支撑等现实情况的变化发展，不断做出调整和适应，从而取得明显思想政治工作实践效果的过程。

主体的主体性是主体内在质的规定性，实质上是人的各种素质素养或本质力量的综合体现，即所谓主体能力，包括各种智力因素和非智力因素的素质与能力。换言之，思想政治工作主体能力，指的就是作为思想政治工作主体的人，具有怎么样的素质素养或本质力量。思想政治工作主体的素质素养状况或主体能力的大小，直接决定着思想政治工作主体将怎样的事物在怎样的程度和范围作为自己的认识或作用对象，也直接决定着思想政治工作活动过程中基本的主体—客体关系背景下，思想政治工作主体能否以及在何种程度上令思想政治工作内容作为自己活动的真正客体予以认识和引导；能否将整个思想政治工作实践活动作为自己的认识和作用的对象予以定向、调控和推进。因为，思想政治工作主体能力不仅直接决定着思想政治工作实际效果的大小与好坏。显然，思想政治工作主体只有具备较高的马克思主义理论素养与较强的思想政治工作能力，才能做到对思想政治工作本质的科学理解，才能做到对思想政治工作地位作用的理性把握，才能产生强烈的思想政治工作责任感、事业心以及正确的价值取向，才能产生强烈的思想政治工作认同感、获得感以及自由自觉自主实现从"现有"向"应有"的转化。

概括而言，思想政治工作主体能力的有无、大小及优劣等，决定着思想政治工作主体的主体性的有效发挥，即决定着主体的有效性，所以探讨思想政治工作主体有效性的核心内容，在于揭示思想政治工作主体能力。可以说，思想政治工作能力是思想政治工作者有效开展思想政治工作实践活动并成为真正的思想政治工作主体所必须具备的特定素质和本质能力。

3. 思想政治工作主体能力结构及主体能力建设

思想政治工作的主体能力，主要侧重于探讨思想政治工作主体所具备的推动思想政治工作实践产生、发展的基本的和始发的素质与能力。由于理论上的应然与实践中的实然还存在着一定差距，再加上"思想政治工作主体能力的涵摄面十分广泛，而且处在不断的变化和发展之中"①。思想政治工作主体能力，不但包括丰富的主体能力内涵与能力构成要素，也提出了思想政治工作主体能力建设的目标要求与着力点。具体言之，思想政治工作主体能力结构的主要构成要素和主体能力建设的着力点，在政治战斗能力、守正创新能力、感召说服能力、识变应变求变能力等诸多方面。

第一，政治战斗能力。所谓思想政治工作主体的政治战斗能力，又称政治能力，指思想政治工作主体能够展开理论斗争、思想交锋与政治亮剑的能力，鲜明地体现了思想政治工作主体"政治强"的特有属性要求。政治战斗能力是思想政治工作主体必备的首要素质与能力要求，是思想政治工作主体素质与能力结构的统帅与灵魂，是衡量思想政治工作主体革命化与主体性的重要尺度。在推动思想政治工作得以发生和进行的主体素质与能力结构中，"政治能力是思

---

① 杨威. 论思想政治教育主体的历史生成 [J]. 学校党建与思想教育，2010 (04).

想政治工作主体的主体性生成过程中的核心要素……政治能力是最为关键的能力"①。无论是基于"人是天生的政治动物"② 之属性定位，还是思想政治工作直接产生和作用于人类政治实践活动。思想政治工作的本质，其实就是一种系统地传播和灌输一定阶级政治意识形态的政治实践活动，其实施的核心主体必然是一定的政治主体——阶级，再具体一点说，思想政治工作的核心主体就是处于统治地位的统治阶级。阶级是人类政治生活发展到一定历史阶段的产物，阶级和国家的诞生也是思想政治工作发生的重要标志。如果说，在资本主义及其以前的各种私有制的社会形态与社会制度下，占统治地位的统治阶级需要借助思想政治工作传播和灌输其政治意识形态，从而维护一定的阶级统治与政治秩序之目标，那么，在公有制占主体地位的社会主义社会中，阶级和国家在未来很长一段时期里长期存在的事实，决定思想政治工作长期存在的正当性与合法性，再加上社会主义和共产主义必然代替的资本主义制度的垂而不死、腐而不朽，让社会主义社会里的制度竞争、意识形态安全和文化领导权争夺等现实情况更是凸显出思想政治工作的生命线地位与极端重要性。现实来看，面对"亡我之心不死"的西方敌对势力所长期施行的"和平演变图谋"，面对社会上一定时期和一定范围内存在治理失序、贪污腐化等不良现象，面对来自网上与网下的形形色色的各种诱惑，我们的思想政治工作主体只有具备高度的政治鉴别能力和抵御腐蚀能力，才能在复杂的形势面前坚定自己的政治立场和政治方向，才能坚持维护党中央权威、遵守党的纪律，才能以身作则地在思想政治工作对象或受教育者面前加大宣传、教育工作的力度。一句话，思想政治工作主体的政治战斗能力及其建设既具有重要历史地位与巨大功能作用，也具有紧迫性与刻不容缓性。

第二，守正创新能力。所谓思想政治工作主体的守正创新能力，主要指的是思想政治工作主体针对现实思想政治工作实践活动中的信仰信念问题、热点难点问题不轻视不回避，既能始终站稳自我思想政治工作立场，又能创造性地开展思想政治工作并就问题加以解决。思想政治工作主体的守正创新能力，要求思想政治工作主体不能"以其昏昏，使人昭昭"；也不能等待观望、视而不见、听而不闻、避而不谈；也不能照本宣科、空洞议论、避重就轻、泛泛而谈；也不能"假""大""套""空"，说者昏昏然，听者不知所以然。所以说，高度重视思想政治工作主体的创新能力，首先要做到守正，即不能忽略思想政治工

---

① 杨威. 论思想政治教育主体的历史生成 [J]. 学校党建与思想教育，2010 (04).
② 亚里士多德. 政治学 [M]. 吴彭寿，译. 北京：商务印书馆，1965：7.

作者本身应具备的基础性的思想道德素质与相应能力，然后才是强调基于守正前提的创新能力，这体现在思想政治工作主体既需要具有强大的精神内驱力，即所谓坚定的马克思主义、共产主义理想信仰，也需要具备敏锐的问题鉴别洞察能力、方式方法创新能力，还需要具备上下沟通的能力，即吃透上情、了解下情，发挥好上下沟通交流的桥梁与纽带作用，唯有如此方能说出"新论"、做出"新意"、唱好"新戏"，从而让思想政治工作对象心悦诚服、自觉接受、自主转化。

第三，感召说服能力。所谓思想政治工作主体的感召说服能力，指的是感召能力与说服能力的统一。就思想政治工作主体的感召能力而言，一方面，思想政治工作主体的感召力指的是一种不依靠物质刺激或强力胁迫，全凭主体的人格魅力、道德感染和信仰驱动的力量去领导、协调和鼓舞的能力，感召力来源于主体自身的"人格正"，这是根本基础与首要前提，正所谓"其身正，不令而行，其身不正，虽令不从"；另一方面，感召力来源于主体自身的"少说多做"，既做"知"的典型，更做"行"的楷模，这是"好品行"的道德感染力，也是道德示范与身先士卒的具体体现，自然能够赢得思想政治工作对象和人民群众的敬重与尊重。就思想政治工作主体的说服能力而言，思想政治工作要想说服人民群众，就需要解决"如何能让人服"的问题，正所谓"以理服人""以情动人"，讲的就是说服人的方式方法。为此，一是要认真学习党的理论知识，用最新的理论成果武装头脑、指导实践，二要认真学习科学文化知识，做到"又红又专"，既能说"专业术语"和"内行话语"，也能广泛涉猎方方面面的知识、做到"到什么山唱什么歌"，能随时做到"晓之以理、动之以情"，耐心说服、诚心工作。

第四，识变应变求变能力。所谓思想政治工作主体的识变应变求变能力，指的是思想政治工作主体能够识别判断"变"的形势、顺应适应"变"的客体与内容，主动开辟"变"的新局。识变，在于能够保持全面、辩证、长远的眼光，把握时与势、危与机，对形势发展准确预判、了然于胸；应变，在于能够掌握科学的思想方法和工作方法，考虑各种不稳定因素，遇有突发情况能够精准施策、措置裕如；求变，在于能够主动打破路径依赖，联系实际拿出解决问题的实招新招，创造性开展工作、塑造态势。识变应变求变，要求思想政治工作主体要做到，既能以不变的原则与立场来应对变化的时代形势与环境条件，又能以变革与创新的精神与行动来有效应对变化的对象与内容。正所谓"明者因时而变，知者随事而制"，谋发展、抓改革、促创新，必须主动适应"时"与"势"的变化。习近平在党的二十大报告中指出："全党必须坚定信心、锐意进取，主动识变应变求变，主动防范化解风险。"① 这要求思想政治工作主体，特别是思想政治工作者主体，要紧抓抢抓发展机遇、积极应对风险挑战、勇毅前行，以"拼"的精神、"闯"的劲头、"实"的作风，奋进强国复兴伟业新征程、建功伟大历史新时代。事实上，人们的思想观念领域也随着时代历史变迁、生活实践变化、外界环境条件而发生着动态发展变化，这就更迫切地要求思想政治工作主体不能因循守旧、墨守成规、抱残守缺、人云亦云，而应准确识变、积极应变，进而主动求变，不断提高识变应变求变能力。

二、我国社会主要矛盾转化对新时代思想政治工作者主体的影响

新时代我国社会主要矛盾的转化不是颠覆性的、完全替代式的变化，而是在旧矛盾基础上渐变式的变化。新的主要矛盾依然是非对抗性的，但转化成对抗性矛盾的风险仍然存在。新时代我国社会主要矛盾的转化是关系全局的重大历史性变化，不但是中国特色社会主义进入新时代的重要标志，而且对新时代党和国家的思想政治工作提出了新的时代要求与目标任务。"社会主要矛盾的转化反映了我国社会已经发生和正在发生的诸多'变化'，主要表现在人民需要、人民生活、经济发展、分配机制、社会建设和生活方式等六个方面。"② 新时代思想政治工作主体，只有深入分析这些已然发生的"变化"和即将发生的"变化"，并对其进行理性思考，追溯其哲学根源，体悟其理论力量，才能真正做好新时代思想政治工作，提高新时代思想政治工作的主体性和有效性。

（一）新时代思想政治工作者主体需要认识到人民需要的变化

在新时代我国社会矛盾发生转化的情况下，"人民需要呈现出从两维到多维、从平面到立体、从突出重点到平衡充分的变化"③，这个变化必须首先需要被思想政治工作者主体予以确认。新中国成立以来，作为领导党与执政党的中国共产党，先后对我国社会主要矛盾进行了三次科学判断，分别是党的八大报告、党的十一届六中全会公报和党的十九大报告。系统梳理中国共产党对我国社会主要矛盾三次科学定位与明确判断，无一不是以"人民的需要"作为最根

① 习近平. 高举中国特色社会主义伟大旗帜 为全面建设社会主义现代化国家而团结奋斗——在中国共产党第二十次全国代表大会上的报告 [M]. 北京：人民出版社，2022：28.

② 赵书昭，杜杨，宋新宇. 对新时代社会主要矛盾转化中诸多"变化"的分析与思考 [J]. 新视野，2018（2）.

③ 赵书昭，杜杨，宋新宇. 对新时代社会主要矛盾转化中诸多"变化"的分析与思考 [J]. 新视野，2018（2）.

本、最首要的考虑因素。我国社会主要矛盾所要体现的就是"人民的需要"和"社会的供给"之间的矛盾。首先，从新旧两种社会主要矛盾的表述来看，"人民的需求"经历了一个从"物质文化"到"美好生活"的变化，这是一个从二维到多维、从平面到立体的变化。改革开放之初，人民面对的最大问题就是温饱问题，当然也有精神产品的匮乏问题，因此物质和文化就构成了人民需求的两个基本维度。物质文化产品的供给越匮乏，人民对其需求就越迫切，一旦获得满足，人民就会有强烈的获得感和幸福感。然而，当社会生产水平切实提高、物质文化供给相对充足时，它给人民带来的幸福感就会呈现边际效益递减的态势。这时，人民对民主法治、社会和谐、公平正义、美丽环境、国家治理的现代化和人的全面发展等内在需要就会日益强烈。只有上述这些问题获得较好的解决，人民群众的获得感和幸福感才能长久地持续下去。其次，人民需要的变化必然联动社会供给的变化，因此社会供给也经历了一个从突出"社会生产"这个重点到平衡充分发展的变化。"落后的社会生产"既包括落后的生产力水平，也包括落后的经营管理方式。所以，我们要把解放和发展生产力作为根本任务，以经济建设为中心。但在经济发展的同时，不应过分强调发展速度，大搞 GDP 崇拜，从而牺牲了生态环境和资源。粗放型的经济发展方式形成了一定的惰性，延缓了经济结构的调整进度，过度的投资也压缩了民生建设的投入，造成了发展上的不平衡不充分问题。因此，社会主要矛盾转化之后，党的任务就是要解决不平衡不充分的发展问题。

（二）新时代思想政治工作者主体需要认识到人民生活的变化

"新时代社会矛盾发生转化的情况下，人民生活呈现出从量到质、从多到好、从基本满足型到注重品质型的变化。"[1] 这个变化也需要被思想政治工作者主体予以确认。改革开放之初，我们主要解决的就是物质文化相对匮乏的问题，从匮乏到充裕，就是要解决一个从少到多的量的问题。所谓"仓廪实而知礼节，衣食足而知荣辱"。当量的增长已然不能满足人民需要时，那么质的要求就会成为必然。人民对美好生活的需要包括了从量到质、从多到好、从基本满足型到注重品质型的转变。换言之，人民不但要吃得饱，还要吃得丰富、吃得营养、吃得健康；不仅要穿得暖，还要穿得有品位、穿得较时尚、穿得很品牌；不仅要有陋室蜗居，更要有广厦栖身；不仅要有丰富的精神生活，还要有健康高尚的精神追求；不仅要有更高的收入，还要有更加稳定的就业；不仅要有高水平

---

① 赵书昭，杜杨，宋新宇. 对新时代社会主要矛盾转化中诸多"变化"的分析与思考[J]. 新视野，2018（2）.

的社会保障和医疗保障服务，还要有安居乐业的安全环境以及诚信友爱的社会环境；不仅要有金山银山，还要有绿水青山。概言之，在中国特色社会主义新时代，不仅要让人民群众学有所教、劳有所得、病有所医、老有所养、住有所居，而且要实现从量的满足到质的满足的跨越，实现从多到好的跨越，让人民享受品质生活。

（三）新时代思想政治工作者主体需要认识到经济发展的变化

"新时代社会矛盾发生转化的情况下，我国经济发展呈现从快到好、从多到省、从追求高速增长到追求高质量发展的深刻变化。"① 这个变化必须首先需要被思想政治工作者主体予以确认。社会生产力的落后，是一种绝对性的、触及底线的落后。近代中国之所以受尽欺凌、积贫积弱，其根本原因就是科学技术和生产力水平的落后。因此，我们党一直将解放和发展社会生产力作为根本任务，始终牵住改变我国落后的社会生产这个"牛鼻子"。经过新中国成立70多年特别是改革开放40多年的伟大奋斗，我国已经基本上解决了社会生产落后的问题，经济与社会发展成果巨大，已经稳居世界第二大经济体，已经成为制造业大国并向制造业强国迈进，并瞄准全球价值链中高端，正在以高昂的姿态进入创新型国家行列。但是，在这个实现赶超发展的过程中，我们也产生了片面追求高速度、片面追求经济体量的问题，特别是讲求"快"而忽略了"好"，讲求"多"而忽略了"省"，因此导致了经济发展方式长期处于粗放型发展阶段，不能够实现转变的局面。这种片面发展模式造成了不平衡不充分的问题。所以，在新时代我国社会主要矛盾发生转化的情况下，就要突出解决不平衡不充分发展问题，向科技创新要效益要质量，向先进的管理要效益要质量，向高素质人才要效益要质量。

（四）新时代思想政治工作者主体需要认识到分配机制的变化

"新时代社会矛盾发生转化的情况下，分配机制从集中到均匀，从选择性到普惠性，从强调效率到提倡公平的变化。"② 这个变化也需要被思想政治工作者主体予以确认。改革开放之后，我们鼓励一部分人先富起来，以先富带动后富，最终走向共同富裕，这是我们走向共同富裕的必经之路。因为任何一个国家也不可能做到同时、同等的富裕起来，必须经历一个富有先后的过程，必须经历

---

① 赵书昭，杜杨，宋新宇. 对新时代社会主要矛盾转化中诸多"变化"的分析与思考
［J］. 新视野，2018（2）.

② 赵书昭，杜杨，宋新宇. 对新时代社会主要矛盾转化中诸多"变化"的分析与思考
［J］. 新视野，2018（2）.

一个在资源、政策和服务等各项分配从集中到均匀，从有选择性到普惠性的一个过程，同时也要实现从强调生产效率到提出分配公平的转变。实际上，我们的发展出现不平衡和不充分的现象，虽然有先天因素，但更主要的是在政策、资源和服务的分配机制上。比如，农村是改革的发祥地，但是改革的主战场却在城市，改革的红利也更多地向城市倾斜。沿海地区本身就具有天然的地理区位优势，自然成为我国改革开放的前沿，也必然最先最充分地享受改革的红利，而中西部地区则发展相对滞后。城乡、区域、行业、人群等诸领域发展的不平衡，造成了各项资源分配的不平衡，不平衡发展自然带来不充分发展。面对这种分配上的不平衡和不充分，唯有以国家政策为导向，采取"扶贫扶弱"的战略，努力实现各项资源分配的均匀化、普惠化和基本服务的均等化，真正让改革开放的红利惠及十几亿人民。

（五）新时代思想政治工作者主体需要认识到社会建设的变化

在新时代社会矛盾发生转化的情况下，社会建设从外到内，从粗到细，从硬件建设到内涵建设的变化，也需要被思想政治工作者主体予以确认。经过新中国成立70多年特别是改革开放40多年的发展，极大地提高了社会生产力水平、劳动者素质水平以及国家基础设施建设水平。我国在科技发展方面已经从以前的追跑者变成了现在的并跑者，在部分领域甚至已经是领跑者。我国在高铁、高速、桥梁、机场、重大军工项目等方面均有突出成就，说明当前我国已经具备了强大的硬件实力。但是，我国社会主要矛盾转化之后，我们就必须实现从外到内、从粗到细、从硬件建设到内涵建设的转变。因为科技水平和制造能力只是实现人民对美好生活需要的手段，而不是目的。要实现人民享受美好生活这个目的，就需要着眼于内在，着眼于细节，着眼于未来。比如，国家对弱势群体的人性关怀，对生活细节的周到设计和维护，对未来的非对称投入均亟待加强。总之，这些问题的解决需要制度建设的及时跟进和社会文化环境的持续培育，只有把强大的科技实力转化为人民的现实福利，把国家发展的成果落到实处、落到细处、落到未来，才能有助于我们解决好新的社会主要矛盾，最终实现第二个百年宏伟目标与中华民族伟大复兴中国梦的美好图景。

（六）新时代思想政治工作者主体需要认识到生活方式的变化

"新时代社会矛盾发生转化的情况下，生活方式从低端到高端，从感官娱乐到精神快乐，从奢侈导向到健康节约导向的变化"①，这个变化也需要被思想政

---

① 赵书昭，杜杨，宋新宇．对新时代社会主要矛盾转化中诸多"变化"的分析与思考[J]．新视野，2018（2）．

治工作者主体予以确认。我国社会的主要矛盾依然需要通过提高社会生产力来实现根本解决，但单单依靠生产力发展又不足以解决这一矛盾。我们还需要合理调节分配政策，还要在现有生产力水平下，在现有分配条件下，建立积极向上、健康节约的生活方式。我国社会主要矛盾的转化，确实意味着我国进入了新发展时代和新发展阶段，确实说明了我国已经整体上摘掉了贫穷落后的帽子，确实体现了我国已经拥有了相当规模的经济体量和物质财富的创造能力，也确实证明了我国人民生活水平不断提高的客观事实。但值得注意的是，在我们尚未完全富裕起来的时候，一种超越当前我国经济水平的奢侈型消费观念和生活方式却在悄然流行，并严重影响了青年一代。这种消费观念和生活方式受到了西方消费主义的影响，部分群众片面地、过度地追求高端的物质享受和低级的精神享受。习近平总书记指出"单纯感官娱乐不等于精神快乐"[1]。因此，我们一定要在生活上做减法，在品质生活上做加法，培育健康节约的消费方式，追求高尚的精神生活。实际上，我们应该从中华优秀传统文化当中汲取有益思想，把儒家所提倡的"一箪食、一瓢饮"的极简生活方式进行转化和创新，创造出适合我国国情的、契合新时代要求的简约化生活方式。也就是说，我们在建设富强民主文明和谐美丽的社会主义现代化强国的同时，也必须在世界上建立起与西方消费主义不同的更积极、更健康、更节约的消费观念和生活方式。

三、我国社会主要矛盾转化对新时代思想政治工作对象主体的影响

新时代我国社会主要矛盾转化背景下思想政治工作对象受到的影响，主要包括但又不限于这三个方面的工作对象及其受到的影响：一是领导干部维度，他们在追求美好生活需要过程中的党性、人民性及先进性作用的发挥；二是青少年学生维度，作为时代新人的他们，在理想信念坚定性、价值观念正确性、时代新风促进者等方面需要大力培养与提升；三是基层人民群众维度，他们多元差异的需求观、生活观、审美观及心态等的影响。

（一）社会主要矛盾转化对领导干部思想政治工作带来的影响与要求

对领导干部而言，充分平衡地供给与分配思想政治工作产品和服务、坚守保障公平分配产品和服务的政治体制和政策环境，是其工作职责所在、使命要求使然。

"生产由需要来决定，但问题的关键是社会生产和提供的消费产品的服务对象是谁，即满足哪些群体的消费需要，这是反映社会性质和社会进步的重要标

---

[1] 习近平. 在文艺工作座谈会上的讲话 [N]. 人民日报，2015-10-15 (2).

志，是能否真正为人民生产出'充分'的产品服务及能否'平衡'分配这些产品服务的前提。"① 对这个问题所做的应答和实践，是判断一个国家是否真正属于人民的重要标准。"在过去的种种冒充的共同体中，如在国家中，个人自由只是对那些在统治阶级范围内发展的个人来说是存在的，他们之所以有个人自由，只是因为他们是这一阶级的个人。"② 在过去的阶级社会及资本主义社会，生产是为了满足统治阶级范围内个人的需要，实现的是统治阶级范围内个人的自由发展，其前提是建立在资产阶级等统治阶级对人民进行统治和控制的政治基础上，以广大人民创造的劳动财富换取少数统治者自身的最大利益。而在社会主义社会及未来共产主义社会，社会劳动生产的最终目的是满足全体人民的共同需要，社会通过有计划、有目的、有远见的产品生产，有意识地调节物质产品、精神产品和政治产品的分配与再分配，保证发展成果分配的公平性与平衡性。由此可见，国家性质、政党属性、发展理念、战略步骤等是解决社会主要矛盾的政治保障和环境条件，只有社会主义社会和共产主义社会才能真正解决社会的主要矛盾，平衡调节劳动产品的分配与再分配，最大限度地满足人们各方面的合理需要。

中国共产党的宗旨使命及新时代中国特色社会主义的目标任务决定了我国能平衡充分地分配各类产品和服务，因为党和国家以广大人民的美好需要为奋斗目标，建立了能保障各类产品服务公平合理分配的政治体制、理论体系和政策制度。"中国共产党的初心和使命，就是为中国人民谋幸福，为中华民族谋复兴。"在实现中华民族由站起来、富起来到强起来的伟大飞跃中，中国共产党带领人民开辟了中国特色社会主义道路，形成了中国特色社会主义理论体系，确立了中国特色社会主义制度，发展了中国特色社会主义文化，真正将每个人的发展与国家的进步统一起来，为平衡充分的发展创建了全面而强大的政治基础，成为真正实现人的全面发展与社会进步的条件保障。新时代思想政治工作必须坚定不移地坚持中国共产党的领导，遵循党的基本理论、基本路线、基本方略，保证我国思想政治工作的本质属性、发展方向和服务对象，既向全社会提供充足的思想政治工作产品和服务，又确保思想政治工作产品和服务分配的公平性与平衡性。

"新时代带来了新矛盾，新矛盾提出了新问题。"③ 马克思指出："问题就是

---

① 张毅翔. 社会主要矛盾转化影响新时代思想政治教育的机理、根源与应对 [J]. 思想理论教育，2019（4）.

② 马克思恩格斯文集：第 1 卷 [M]. 北京：人民出版社，2009：571.

③ 陈华洲，赵耀. 社会主要矛盾转化视域下思想政治教育的现代转型 [J]. 思想理论教育，2019（2）.

时代的口号,是它表现自己精神状态的最实际的呼声。"① 作为时代的先行者、思想的先导者,思想政治工作同样要在新时代背景下发现时代问题,紧随时代潮流,重视时代任务,完成时代要求。思想政治工作必须回应时代之问、满足现实之需,才能够彰显出自身强大的生命力和感召力。新时代思想政治工作面临的时代问题可以分为三个方面:首先,要回应新时代提出的时代课题。新时代提出了坚持和发展什么样的中国特色社会主义、怎样坚持和发展中国特色社会主义这个重大的时代课题。思想政治工作必须回应这样的时代课题,在当前社会思想观念多样、价值选择多元境遇下牢牢巩固马克思主义在意识形态领域的指导地位,培育和践行社会主义核心价值观。其次,要解决好思想政治工作领域存在的发展不平衡不充分问题。新时代思想政治工作存在着教育场域、区域发展、关注对象不平衡等发展不平衡问题和实践投入、资源开发、方法运用不充分等发展不充分问题。此外,思想政治工作学科也存在着学科体系建设水平总体不高、基础理论研究较为薄弱、原创能力略显不足、教育资源分配不均等不平衡不充分问题。有效解决这些发展不平衡不充分问题,进一步实现思想政治工作理论的"彻底性",满足人民精神世界的"美好生活"需要是推动思想政治工作实现高质量发展的重要举措。最后,要推动构建人类命运共同体。思想政治工作如何在新时代人们利益诉求高度分化和思想认识日益多元的时代境遇下,找寻到人们共同的价值追求和统一的文化认同要素,打破"普世价值"的"幻境",赋予人类命运共同体强大的生命力量和建构动力,从而推动人类社会的和平发展与合作共赢,成为思想政治工作面临的重大时代难题。这三大问题的存在无不需要思想政治工作高度重视、时刻关注。"坚持以马克思主义为指导,必须落到研究我国发展和我们党执政面临的重大理论和实践问题上来,落到提出解决问题的正确思路和有效办法上来。"②"思想政治工作只有及时应对和科学回答这些时代之问,才能够为新时代中国特色社会主义建设提供可靠理论支撑和强大精神动力。"③

但我们必须注意到,思想政治工作的问题域随着中国社会转型的时空急剧压缩不断延伸至社会生活的方方面面,对接着新时代中国特色社会主义实践发展的现实问题。然而,思想政治工作面临的时代问题往往被"乱花渐欲迷人眼"的舆论假象以及人们集体无意识的话语沉默所淡化,形成了虚假的繁荣之景。

---

① 马克思恩格斯全集:第 40 卷 [M]. 北京:人民出版社,1982:289-290.
② 毛泽东选集:第一卷 [M]. 北京:人民出版社,1991:307.
③ 陈华洲,赵耀. 社会主要矛盾转化视域下思想政治教育的现代转型 [J]. 思想理论教育,2019 (2).

而思想政治工作则在理想化状态下"闭门造车"，从而衍生出一大堆"不是问题的问题"。因此，思想政治工作现代转型必须直面社会难题，关注百姓民生，解答思想困惑，精准回应人民的真实诉求。通过关注大问题、对准真问题、发现新问题，弥合理论与实践之沟，架构思想与现实之桥，填充理想与生活之域，进一步增强思想政治工作的现实解题能力，更好发挥思想引领作用。

（二）社会主要矛盾转化对青少年思想政治工作带来的影响与要求

新时代是中国发展新的历史方位，也是思想政治工作发展新的历史方位。要有效应对和切实解决社会主要矛盾，人民必须围绕新时代这一历史方位进行伟大斗争、推进伟大事业、建设伟大工程、实现伟大梦想。"四个伟大"不仅是解决社会主要矛盾的有效对策，也是新时代思想政治工作必须承担的历史使命。思想政治工作要在全面认清我国发展所处的新的历史方位的基础上，切实把握发展目标，从而更好完成历史使命。新时代思想政治工作的历史使命包括以下三个方面：首先，要承担好新时代的育人使命。思想政治工作要以培育时代新人为目标。青年一代不仅是中国梦的受益者和见证者，也是中国梦的推动者和实现者。思想政治工作要以培养有理想、有本领、有担当的时代新人为己任，通过教育引导、理想树立与实践养成等方式培育和增强青年一代的责任意识和担当意识，使他们能够成为新时代的开拓者、新发展的推动者和中国梦的实现者。其次，要承担好新时代的学科使命。思想政治工作要承担好宣传贯彻习近平新时代中国特色社会主义思想、培育践行社会主义核心价值观、聚焦落实立德树人根本任务、提高人们思想道德素质的学科使命，进一步消解人们的思想困惑，使人们树立正确的价值观念，丰富精神世界，从而使人民的美好精神生活需要能够得到更好满足。最后，要承担好新时代的实践使命。社会主要矛盾的解决并非举手之劳的轻易之举，而是需要持续发力的久久之功。党的十九大将建设社会主义现代化国家分成两个发展阶段的战略部署，党的二十大进一步明确了新时代我国社会主义现代化强国建设新征程"两步走"① 发展战略。新时代新征程思想政治工作应围绕"两步走"发展阶段的发展要求和目标导向对人们进行思想指引和动员激励，既要让人们认识到中国梦实现的长期性和艰巨性，又要认识到中国梦实现的必然性和切实可行性。要加强"四个自信"教育，增强人们完成历史使命的决心和信心，同时引导人们将个人的美好愿望融进国家的发展进程中，使个人梦、家庭梦与民族梦、国家梦紧密相融，让人们能够在新时代中国特色社会主义现代化建设的

---

① 习近平. 高举中国特色社会主义伟大旗帜　为全面建设社会主义现代化国家而团结奋斗——在中国共产党第二十次全国代表大会上的报告［M］. 北京：人民出版社，2022：24.

奋斗拼搏中感受到强烈的获得感、满足感与幸福感。

（三）社会主要矛盾转化对基层人民群众思想政治工作带来的影响与要求

对基层人民群众而言，作为一项重要的社会实践活动的思想政治工作，应积极观照"美好生活"所彰显的主体意义，这可以说是重要的任务要求。在追求美好生活的过程中，无论是国家层面上的顶层设计和目标达成，还是思想政治工作的具体展开，都要坚持以人民为主体的历史唯物主义世界观和方法论，认真贯彻和落实以人民为中心的发展思想。事实上，尽管人民群众对美好生活的诉求是一种历史性活动，但千百年来人们对"美好生活"诉求的真正实现，是在中国共产党的领导下实现的。因为，只有在中国共产党的领导下，在马克思主义理论的指导下，人民群众才真正获得了历史主体的地位，才真正拥有了追求和实现"美好生活"的社会条件。从"站起来""富起来"到"强起来"的过程，正是在中国共产党的领导下，人民群众充分发挥历史主体作用创造"美好生活"的奋斗历程。而在这一过程中，思想政治工作一直发挥着重要的宣传、动员和组织等功能，成为人民群众追求和实现更高水平的"美好生活"的重要精神动力。因而，在思想政治工作意义上充分认知和理解人民群众的历史主体地位和作用，必须始终坚持"以人民为中心"的发展理念和实践要求。陈华洲等人直接指出，"以人民为中心"就是新时代思想政治工作的基本内核，"它将人作为思想政治工作的价值主体、实践主体和创造主体，以人的主观能动性为重要动力，以人的需要满足和向往实现为最终落脚点，以人的实践活动为现实基础，以实现人的自由全面发展为终极旨归"①。一言以蔽之，思想政治工作要充分尊重人民群众在追求美好生活的过程中所体现出来的主体性，并通过激发和培育这种主体性来推进美好生活的最终实现。具体而言，这里的主体性主要表现为人民群众在追求和实现美好生活过程中所具有的能动性、自主性和创造性。"能动性"主要指向人们在现实的生活状态中所具有的主观能动性，他们热爱生活并能够从现有的生活条件、社会条件出发，愿意通过努力奋斗实现更加美好的生活；"自主性"强调作为主体的人对生活方式、生活状态、生活理想等的自我认知、自我判断和自我选择能力，能够借助主体力量的发挥，追求和实现美好生活；"创造性"则强调人们不仅能够适应现实条件，还能够积极利用和创造有利条件，不断改变和优化生活方式，提升生活质量，让生活充满无穷的活力。在新时代背景下，不断发展的社会为人民群众主体性的发挥创造了更加开放、宽松的环境以

① 陈华洲，赵耀．社会主要矛盾转化视域下思想政治教育的现代转型［J］．思想理论教育，2019（2）．

及更加多样、优越的条件。中国共产党也把满足人民群众日益增长的美好生活需要作为新的奋斗目标。思想政治工作切实需要乘势而上，绝对不能停留于空泛的、抽象的理论说教，而是要深入人民群众的实际生活之中，充分了解和把握不同的社会群体乃至个人在现实生产与生活实践中的所思所想所需，真正做到面向社会、贴近群众，走进生活，进一步发挥好自身的动员、组织和激励功能，去调动、培育和引导人民群众主体性的充分发挥。总之，美好生活是全体人民的美好生活，思想政治工作一旦全面进入人民群众的生活实践，充分发挥出引导人们追求和实现美好生活的群众组织力、社会号召力和思想引领力，思想政治工作就真正实现了对社会成员的全覆盖，从而有力地推进社会化的思想政治工作建设。这不仅扩大了思想政治工作的主体范围和作用场域，而且进一步夯实了思想政治工作的社会群众基础，有利于思想政治工作有效性的提高。

新时代社会主要矛盾的转化直接宣示着，满足人民的美好生活需要成为新时代新征程我国社会发展的重要任务。"'美好生活'内含着对现实社会价值秩序所依据的价值准则进行反思、追问，寻求一种更加积极合理、公平正义的价值秩序。"① 人民的美好生活需要，较之"日益增长的物质文化需要"而言，内容更广、范围更宽、层次更高、要求更多，不仅包含着对以衣食住行等为代表的"物质文化需要"的"显需求"，同时也体现出人民对民主、法治、公平、正义、安全、环境等方面"隐需求"更高的追求和向往。伴随着社会发展水平的提高和物质财富的丰富，人们的需要不仅重视量的积累，更加重视质的提高，美好生活需要代表着一种更高的生活品质与生命体验。从本质上来说，美好生活表现于人们对融入自身生命存在感的"身心一体"，形成于人们感性实践的"物我相忘"。它既是一种理想化的状态，也是一种参与式的体验，更是一种超越性的思量。美好生活的感性特质与理性追求相互交织，构成了人作为存在者的存在。

新时代思想政治工作要满足人民的美好生活需要，需要在以下三个方面下功夫：首先，要引导人们追寻精神幸福。改革开放以来经济社会的飞速发展和物质财富的极大丰富，使温饱问题基本解决，丰衣足食的传统理想基本实现。但物质生活的富足并没有给人们带来如期的幸福感与满足感。市场经济中财富利益的执着、网络世界中虚拟生活的迷恋、信息科技下现实压力的重叠等使得人们的精神世界越发空虚，人们对与物质丰裕相伴而来的精神荒芜感到忧虑与彷徨。而这需要思想政治工作增强人们的现实体认力、精神洞察力和自我实现

---

① 宋芳明，余玉花. 人民美好生活视域下思想政治教育发展的新任务 [J]. 思想教育研究，2018（2）.

力，通过对人们的思想引导和道德教化使人们将繁重的工作压力转化为向上的拼搏乐趣，将现实的失败困境看作成长的营养补给，从而打开自我的心灵之结，消除自身的精神困顿，真正跳出对物质财富的迷恋，超越现实压力的束缚，寻求到一片精神的栖居地，并将实在的物质满足感转化为精神幸福感，增强对"美好生活"的体认与感知，使人们能够始终保持对生活的善意和热爱、对美好的向往与坚信。其次，要激励人们创造美好生活。美好生活不仅需要人们去感受体悟，更需要人们去奋斗创造。思想政治工作在促进人民为美好生活而奋斗创造的社会动员中发挥着重要作用。需要是促使人们进行社会活动的内驱力，需求决定动机，而动机触发行为。马克思主义强调："历史不过是追求着自己目的的人的活动而已。"① 因此，要实现人民美好生活向往，就要将美好生活期望转化为人民的内在需要，将其作为社会动员的目标，提升人们对于未来美好生活的期望值。同时，思想政治工作要加强对于人民期望值的引导，引导人们将对美好生活的向往转化成为社会发展贡献力量的现实事业和实践活动，从而促进价值取向与实践行为相一致、主体愿望与社会发展相统一。此外，要加强对于社会动员过程的协调。在应对个体差异在美好生活需要的实现过程中可能出现的矛盾与冲突上，思想政治工作要及时对人们之间产生的思想冲突和价值对立进行疏导、协商与调解，沟通人际关系，加强人际交往，增强相互理解，从而积极化解矛盾。最后，要引领人们分享美好生活。个人的幸福与美好无法单独实现，个人美好生活的实现需要集体美好愿望的达成，这就要求分享我们的美好生活，让美好生活追求成为社会的共同价值目标，并通过社会公认的发展要求来规范与雕琢个人的美好愿望。一般说来，个人价值与社会价值的相似度越高，两者的统一性就越强。因此，思想政治工作要加强对主流意识形态的灌输和引导，将社会主义核心价值观作为个人价值与社会价值共同的道德准则，在德育目标中关怀教育对象的个人价值诉求。通过权衡和调试个人价值与社会价值，使两者的相似度得以提升，引导人们将对美好生活向往的个人需要与国家发展目标的公共需求有机统一起来，从而实现社会价值规范的个体契合，推动个人价值与群体利益的整合互融。

新时代美好生活需要的丰富内涵和现实要求呼吁着思想政治工作要丰富和调整自身内容，重视人民需求和时代需要，从而进行内容转型。同时，新时代人民美好生活需要的个体化差异和多样化特征要求思想政治工作方法运用要精准施治、对症下药，并且要生动鲜活，为人民大众所喜闻乐见，这对新时代社会主要矛盾转化背景下思想政治工作方法转型提出了殷切呼唤与转型要求。

---

① 马克思恩格斯全集：第 2 卷［M］. 北京：人民出版社，1957：118-119.

第三章

新时代社会主要矛盾转化对思想政治工作内容的影响

"思想政治工作是一项转变人的思想认识、强化人的精神动力、塑造人的美好心灵、提升人的思想境界的重要工作。"① 思想政治工作能否提高人的思想政治素质，能否满足人的素质提升和社会全面发展的需要、促进社会的全面进步，都与思想政治工作的内容结构有着十分密切的联系。中国特色社会主义进入新时代，社会主要矛盾已经发生了明显的时代转换，作为党和国家事业"生命线"的思想政治工作，也应紧紧围绕当今时代特点与目标任务确定新的内容结构体系。2021 年中共中央、国务院印发了《关于新时代加强和改进思想政治工作的意见》，不但围绕新时代思想政治工作的内容确立提供了答案，而且回答了新时代思想政治工作要干什么，用什么样的理论和思想体系来教育党员、干部、群众和学生的问题。具体则包括系统的中国化时代化的马克思主义基本理论和政治观点的宣传教育、日常性的思想道德素质与法治素养提升工作、心理素质与思维品质教育等方面的内容。

一、思想政治工作内容概述

思想教育工作、政治教育工作、道德教育工作同为思想政治工作内容体系的重要组成部分，构成了思想政治工作内容结构体系的要素。当然，这三者之间既存在着相互联系、相互影响和制约的关系，但又彼此相对独立、各具自身特质。无论世事如何变迁，不管时代如何变化，思想政治工作的内容都应该由这三个要素构成，世事变迁与时代变化所引起的思想政治工作内容的调整与变化，只是具体时代性的思想政治工作内容的变迁与变化。由此观之，社会主要矛盾转化背景下的新时代思想政治工作内容的调整与变化，也应从思想维度、政治维度和道德维度三个角度来展开。

---

① 饶武元. 社会稳定与思想政治工作研究 [M]. 北京：人民出版社，2018：58.

（一）认知性内容：思想维度的思想政治工作内容

与政治维度的思想政治工作和道德维度的思想政治工作相比，思想维度的思想政治工作有着自身特有的质的规定性。思想维度的思想政治工作，侧重于有意识地、系统地进行世界观和方法论的教育工作，培养和发展思想政治工作对象反映客观世界的思想观念与认识能力。思想政治工作主要解决的是主观和客观相符合的问题，他不仅要解决主观是否符合客观，还要解决主观如何符合客观的问题。马克思指出："观念的东西不外是移入人的头脑并在人的头脑中改造过的物质性的东西而已。"① 按照马克思主义的观点，主观认识是客观世界在人脑中的映射与反映。主观认识要正确地反映客观世界，就不但要形成反映客观世界的思想观念，而且要提高人的主观认识能力与水平，因此，就其性质而言，思想维度的思想政治工作，是提高人们主观反映客观的认识能力与水平的教育工作，是认知性的教育工作。

第一，提高人们的思想认识能力与水平，最根本的是要加强世界观和方法论的教育工作。大致而论，人们的世界观和方法论的形成，往往有两种基本途径，即自发的途径与自觉的途径。所谓自发的途径，就是经验的途径，是指建立在个人直接生活体验与生产实践工作基础之上的，以各种社会思潮的自发影响为中介，进而形成个人对世界的总体观感和根本看法以及认识世界的方法。显然，这种通过自发途径形成的世界观和方法论，具有朴素直观性和具象易变性的特点。所谓自觉的途径，就是教育影响的途径，是指在社会实践基础上的有选择、有目的地进行系统的理论教育，从而使个人逐步形成一定的世界观和方法论。显然，相对前者而言，通过理论教育引导与思想宣传工作的自觉的途径所形成的世界观和方法论，更具有理论系统性和稳定持久性的特质，它对于人们思想与行为发挥着更为深刻、更为广泛、更为持久的影响。

第二，加强世界观和方法论的教育工作，最关键的是要坚持用科学的理论武装人们的头脑。"马克思主义理论是人类认识世界和改造世界的思想武器，是科学的世界观和方法论。"② 就我国的思想政治理论教育及实际情况而言，对人们进行世界观和方法论的教育工作，就是要坚持用马克思主义特别是中国化时代化的马克思主义武装人们的头脑、指导人们的行动。作为科学的世界观与方法论，马克思主义对于提高人们认识世界、改造世界的能力与水平具有重要的理论武装作用。通过思想维度的思想政治工作内容，引导人们了解掌握并自觉

---

① 马克思恩格斯选集：第 2 卷 [M]. 北京：人民出版社，2012：112.

② 龙凯. 思想政治工作原理 [M]. 北京：中央编译出版社，2011：96.

运用马克思主义立场、观点和方法来分析和解决各种思想问题与实际问题，牢固树立科学的世界观、人生观和价值观，掌握科学的认识世界的方法论。当然，在对人们进行科学的世界观与方法论教育时，一是要有科学的态度与方法，二是要与时俱进地发展马克思主义，三是要始终立足中国具体国情与中华优秀传统文化，着力学习中国化时代化的马克思主义理论。只有这样，才能真正掌握科学的世界观与方法论，从根本上提高人们的思想认识能力与程度水平。

（二）方向性内容：政治维度的思想政治工作内容

政治在上层建筑中居于核心地位。在阶级社会中，政治所要处理的是国家生活中的各种关系，包括阶级间关系、阶级内关系、民族间关系、国际关系等，并表现为代表一定阶级利益的正当社会集团在国家生活和国际关系方面的政策与活动。"政治的根本问题是政治权力，也就是国家政权问题"①，政治既是经济的集中体现，又是实现经济利益的重要手段与前提保证。各个阶级为了维护和实现本阶级的经济利益，必然要奋力争取或维护自身政治统治，必然也就需要进行相应的思想政治工作。所谓思想政治工作，是指一定利益基础上的政党或政治集团有意识地向民众传播政治理想、政治信念、政治观点、政治情感，使之获得适应其政治目的和政治统治的政治倾向及行为模式的发展过程。政治教育工作的重点，是为了确立对国家、阶级、社会制度等重大政治问题的态度与立场，并发展反映一定社会、阶级或集团利益与要求的政治共识，选择和确定一定政治方向，具有明显的表达和实现一定阶级经济利益的政治倾向性，故又称之为事关发展道路的方向性教育工作。

第一，任何类型的思想政治工作都集中体现和反映特定阶级的政治纲领、战略、策略。在阶级社会中，任何阶级在其政治纲领、政治战略和政治策略中所提出的目标，都是直接反映和根本体现了本阶级的利益与意图，反映了由物质生活所决定的本阶级意志以及政治教育工作的内容、目标与方法。"思想政治工作服务于一定阶级的意识形态，通过有目的、有计划、有组织的教育活动，运用有效的教育方式和手段，使人们形成符合一定社会所要求的思想品德和道德要求，具有明确的方向性。"② 因此，从根本上说，思想政治工作就是为了让本阶级及其社会成员，知晓、了解、认同和掌握一定阶级的政治纲领、战略或策略的过程，亦即俗称之"政治社会化"的过程。在王沪宁看来，"政治社会化

---

① 王沪宁. 政治的逻辑——马克思主义政治学原理 [M]. 上海：上海人民出版社，1994：518.

② 刘小文，冀学锋. 社会主要矛盾转变与新时代思想政治工作的着力点 [J]. 社会科学家，2018（3）.

的核心内容是政治教育，即将占统治地位的思想观念，通过教育与传媒，分配给社会的每一个成员，从而使他们成为'合格'的社会公民。"① 在美国政治心理学家威廉·斯通（William Stone）看来，政治教育工作就是"直接地、有计划地教导政治观念的努力"② 的政治社会化过程。

第二，我国社会主义国家的政治教育工作具有明确的方向性。"我们讲的政治，是马克思主义的政治，是建设有中国特色社会主义的政治……讲政治包括政治方向、政治立场、政治观点、政治纪律、政治鉴别力、政治敏锐性……只有讲政治，才能把党的基本理论、基本路线、基本方针和各项政策，把国家的法律法规贯彻到经济建设和各项工作中去，防止和排除各种错误思想和错误倾向的干扰，保持正确的发展方向。"③ 从中不难发现，在新时代社会主要矛盾转化背景下思想政治工作的内容指向及其作用，十分鲜明地体现出新时代思想政治工作要突出阶级性和方向性等大是大非的政治观点和政治立场问题。比如说，我们今天讲的爱国主义，爱的就是中国共产党领导的社会主义中国，是爱国、爱党与爱社会主义的统一。所以，我们在任何时候，都要讲政治正确（Political correct），这里讲的政治正确，就是要坚持四项基本原则不动摇，就是坚持改革开放不动摇，就是要坚持抓理念信念教育不动摇。

（三）规范性内容：道德维度的思想政治工作内容

道德教育工作，是指一定社会或阶级为使人们接受或遵循其道德规范体系的要求，并按其价值标准处世做人而有计划有组织地对受教育者施以道德影响的活动，包括提高道德认识陶冶道德情操，确立道德信念，养成道德行为习惯等，是一定社会和阶级的道德意识转化为个人的道德品质的重要环节。由于它以传输道德信条及道德规范为主，故称之为规范性教育。道德教育所导致的结果表现为受教育者严格遵守社会的道德规范，并内化和认同社会的道德规范，形成道德良心。一种良好的道德教育，在于使每个人都能自觉按照社会发展对人们的品性要求来实施道德行为。一定社会的道德教育，旨在使人们的行为合乎道德原则和规范，并使人们的行为从不自觉到自觉，以实现行为社会价值的升华。所以，道德教育的目的在于促成人们去做善的或有道德的行为。道德教育能使人们自觉地践行某种道德义务，是培育理想人格、造就人们内在道德品质、调节社会行为、形成良好社会舆论和社会风气的重要手段。因此，在进行

---

① 王沪宁. 政治的逻辑——马克思主义政治学原理［M］. 上海：上海人民出版社，1994：518.

② 威廉·F. 斯通. 政治心理学［M］. 胡杰，译. 哈尔滨：黑龙江人民出版社，1987：97.

③ 江泽民文选：第一卷［M］. 北京：人民出版社，2006：516.

道德教育时，不仅要了解和掌握社会的道德规范，更重要的是要内化道德规范、践履道德规范、用道德规范来指导和约束自身的行为，提高道德自律能力，形成良好的、稳定的道德品行，建立良好的人与人之间的道德关系，促进整个社会道德风尚的发展与进步。这后者正是道德教育的重点。

第一，道德教育伴随着中华文明诞生演进之始终。《尚书》云："德自舜明。"《史记》载："天下明德，皆自虞帝（虞舜）始。"早在尧舜时代，舜即使契为司徒布五教，即以父义、母慈、兄友、弟恭、子孝为内容施教于民。我国的伦理文化传统素以重德教而著称。建立良好的社会伦常秩序不能仅仅诉诸严刑酷法，仍需依赖实现普遍的德教。在新民主主义革命时期，中国共产党积极倡导和不断践行革命道德，引领中国取得了新民主主义革命的伟大成就。新中国成立后，中国共产党积极倡导和不断践行共产主义道德，引领中国取得了社会主义革命与建设的伟大成就。改革开放以来，社会主义新道德为我国现代化事业发展提出了新的道德教育要求，取得了改革开放与社会主义现代化建设的伟大成就。中国特色社会主义进入新时代，"加强公民道德建设、提高全社会道德水平，是全面建成小康社会、全面建设社会主义现代化强国的战略任务，是适应社会主要矛盾变化、满足人民对美好生活向往的迫切需要，是促进社会全面进步、人的全面发展的必然要求"①，已经引领并将继续引领中国不断从胜利走向新的胜利。

第二，道德教育要适应中华民族伟大复兴的目标逻辑。在中国日益走近世界舞台中央、中华民族即将迎来伟大复兴光明前景的关键时刻。开展新时代公民道德教育，就要加强以为人民服务为核心、以集体主义为原则的社会主义道德规范教育，使人们树立与社会主义基本经济制度相适应的道德观念与道德行为；加强社会主义公德教育，掌握和实行社会生活公共准则、遵守公共秩序、爱护公共环境、参与公益事宜；加强职业道德教育树立爱岗敬业、诚实守信、服务群众、奉献社会的职业道德；加强家庭美德教育，形成尊老爱幼、男女平等、夫妻和睦、邻里团结的家庭关系和邻里关系。要通过社会主义道德的教育，促进人与人之间的相互理解、相互尊重、相互帮助，形成平等、友爱、团结、互助的社会主义新型人际关系。

二、新时代新矛盾下思想政治工作内容建设的特点

所谓特点，即表征为事物独有的本质规定性特质。新时代思想政治工作内

---

① 新时代公民道德建设实施纲要［M］. 北京：人民出版社，2019：1.

容建设，就其独有特点而言，具有系统整体性和现实针对性两大本质规定特质。

（一）系统整体性

新时代思想政治工作内容是一个要素全面、体系完整的结构体系，是多类型、多向度、多层面的统一体与综合凝结体，它们相互关联、协同发力，发挥整体效应，共育时代新人。

1. 要素全面，体系完整。新时代思想政治工作内容立足新时代历史方位和人民精神生活需要，实现了内容要素的更新、内容体系的完善和内容结构的升级。新时代新征程，社会实践的宏阔性和教育对象精神需要的丰富性决定了思想政治工作内容要素的多样性和整体性。新时代思想政治工作内容体系，既包括政治理论教育、理想信念教育、社会主义核心价值观教育，又包括"四史"和形势政策教育、社会主义法治教育、防范化解重大风险宣传教育；既包括系统性的教育内容，又包括日常性的教育内容；既包括"方向性内容、认知性内容"①，又包括规范性内容、实践性内容；既包括政治性内容，又包括社会性和人文性内容；不仅注重政治方向和价值引领，还注重现实生活和实践需要；不仅注重当下的社会生活，还注重深厚的历史底蕴；不仅着眼国内发展大局，还观照国际发展大势。可以说，新时代思想政治工作内容体系，是一个具有系统性、完备性、时代性的内容结构体系。

2. 互动有序，整体协同。新时代思想政治工作内容体系的各个方面，是按一定的逻辑秩序协同构建起来的，形成各构成要素重点内容突出、各自地位明确、主次关系清晰的系统样态。在新时代思想政治工作内容体系中，习近平新时代中国特色社会主义思想教育是主导，理想信念教育是核心，社会主义核心价值观教育是根本，"四史"和形势政策教育是基础，社会主义法治教育是关键，防范化解重大风险宣传教育是保障。这六个方面的教育内容既各有侧重，又相互关联，它们彼此渗透、功能互补，形成一个逻辑严密的整体。因此，在思想政治工作实践中，我们既要注意各项内容的相应地位和主次关系，又要把握教育内容之间的关联性、贯通性和协调性，提高思想政治工作的整体效能。

3. 立足时代，培育新人。新时代思想政治工作内容的构建和创新，始终围绕铸魂育人的使命任务而展开。新时代历史方位中，时代新人的培养蕴含着丰富的内涵和要求，从责任和使命来看，时代新人肩负着实现强国建设和民族复

---

① 骆郁廷. 思想政治教育引论［M］. 北京：中国人民大学出版社，2018：105-110.

兴的历史重任；从素质要求来看，时代新人要"有理想、敢担当、能吃苦、肯奋斗"①；从精神状态来看，时代新人是"走在时代前列的奋进者、开拓者、奉献者"；从目标路径来看，时代新人要"立大志、明大德、成大才、担大任"；从价值旨归来看，时代新人要成为"德智体美劳全面发展的社会主义建设者和接班人"。因此，新时代思想政治工作遵循铸魂育人的要求，把坚定政治信仰、追求崇高理想、塑造价值观念、担当历史使命、发扬斗争精神、增强风险意识作为基本内容贯穿思想政治工作过程中。

（二）现实针对性

"一切划时代的体系的真正的内容，都是由于产生这些体系的那个时期的需要而形成起来的。"② 新的历史时代背景和思想政治工作对象的新的思想行为特点，要求新时代思想政治工作内容增强现实针对性。

1. 思想政治工作内容展现鲜明的时代感

思想政治工作内容总是随着时代的变迁而不断增添新要素、形成新品质，在不同历史时期和不同发展阶段呈现出不同的表现形态和重点指向，是其永葆生命力的关键所在。新时代条件下，思想政治工作不仅强化习近平新时代中国特色社会主义思想教育的统领地位，强调理想信念教育、社会主义核心价值观教育、形势政策教育、社会主义法治教育等内容，增加"四史"教育、使命教育，以及担当精神、奋斗精神、斗争精神等教育内容的分量，而且有效地融入风险防范教育、国家安全教育等时代性内容，以顺应时代要求、体现时代特征、回答时代课题，体现了新形势对人的思想政治素质的新要求。

2. 思想政治工作内容呈现突出的适应性

教育内容的适应性是指适应社会发展需要和受教育者的精神需要。进入新时代，我国社会环境和人的思想观念都发生了深刻变化。随着社会主要矛盾的转变，人们的精神文化需求日益呈现出多方面、多层次、多样化的特点；随着经济社会的发展和物质生活的改善，人们对政治生活和社会生活提出了更高的要求；随着社会主义现代化建设的全面推进，人们的思想观念、精神面貌、综合素质需要实现了从传统向现代的转变；随着我国经济实力的增长和国际地位的提高，新形势下面临的风险更加复杂，意识形态领域日趋多元多变，影响人

---

① 习近平. 高举中国特色社会主义伟大旗帜　为全面建设社会主义现代化国家而团结奋斗——在中国共产党第二十次全国代表大会上的讲话［M］. 北京：人民出版社，2022：71.

② 马克思恩格斯全集：第 3 卷［M］. 北京：人民出版社，1960：544.

们价值观念的因素空前增多。面对新情况新问题，思想政治工作要及时吸纳新的教育因子，更新教育内容要素，面向社会需求和人的精神追求，完善思想政治工作内容体系。

3. 思想政治工作内容体现显著的超越性

思想政治工作内容是现实性和超越性的统一。现实性是指教育内容紧密结合现实社会生活，反映人们的现实利益诉求，回答人们关心的现实问题；超越性是指教育内容在立足社会现实的同时科学合理地提出关于未来发展的美好设想，体现思想理论的前瞻性和先导性。新时代思想政治工作内容之所以能够引领人、说服人、激励人，是因为其不仅贴近教育对象的思想实际，还提出了超越教育对象现有水平的可行性目标，既注重先进性又体现广泛性，既注重应然设计又注重实然考量，从而使教育者能够有计划、有目的、有实效地系统实施，使受教育者能够获得实实在在的精神利益。

三、新时代新矛盾下思想政治工作内容建设的新要求

新时代我国社会主要矛盾的变化，一方面反映了需求侧的人的需求提升，即逐渐由物质层面上升到精神层面；另一方面指出了供给侧的发展的不平衡不充分。这就要求新时代思想政治工作要更加关注社会思想和价值观层面不平衡不充分的发展的社会现实，把新时代提出的思想、政治、道德、法律、心理等方面的新要求和人民精神上的新需要结合起来。

（一）用习近平新时代中国特色社会主义思想铸魂育人

党的十八大以来，以习近平同志为主要代表的中国共产党人，高举中国特色社会主义伟大旗帜，坚持"两个结合"，深刻总结并充分运用中国共产党成立百余年来的历史经验，从新的实际出发进行实践和理论的双重探索，提出了一系列原创性的治国理政新理念新思想新战略，创立了习近平新时代中国特色社会主义思想。2017 年 10 月，党的十九大首次提出和使用"习近平新时代中国特色社会主义思想"① 科学概念，科学概括和系统阐述了习近平新时代中国特色社会主义思想的丰富内涵，同时也给出了明确的定位，并将其载入党章确立为党必须长期坚持的指导思想。2021 年 11 月，党的十九届六中全会讨论通过的《中共中央关于党的百年奋斗重大成就和历史经验的决议》，将习近平新时代中国特色社会主义思想明确定位于"当代中国马克思主义、二十一世纪马克思主

---

① 习近平．决胜全面建成小康社会　夺取新时代中国特色社会主义伟大胜利——在中国共产党第十九次全国代表大会上的报告［M］．北京：人民出版社，2017：19.

义，是中华文化和中国精神的时代精华，实现了马克思主义中国化新的飞跃"①。2022 年 10 月，党的二十大又从"六个必须坚持"建构了习近平新时代中国特色社会主义思想的世界观与方法论。可以说，习近平新时代中国特色社会主义思想教育是当今时代占主导性地位的时代精神精华和创新理论内容。"思想政治工作具有鲜明的政治导向性"②，思想政治工作首要而根本的任务就是进行马克思主义及中国化时代化马克思主义理论教育，最终实现理论掌握群众的大众化思想政治工作目标。可以说，以马克思主义为理论源头的党的创新理论教育，在整个思想政治工作内容体系中居于主导地位、起着统领作用。因此，新时代深入开展思想政治工作，最根本的就是要用习近平新时代中国特色社会主义思想武装头脑、铸魂育人，引导思想政治工作对象和受教育者深刻领会其中所内蕴的马克思主义立场、观点、方法，真切感悟其中所内蕴的真理伟力和思想魅力，不断在情感上、思想上、理论上、政治上自觉强化理论武装和增进认同内化。

1. 意义澄清：习近平新时代中国特色社会主义思想铸魂育人的立足点

历史因其成就和变革而不断向前推进，并凝结为历史意识的持续革新。习近平新时代中国特色社会主义思想形成和发展于新时代，并引领着新时代社会意识的前进方向。"学习贯彻习近平新时代中国特色社会主义思想，是全党全国的根本政治任务。"③ 可以这么说，用习近平新时代中国特色社会主义思想教育人，是时代之势、理论之需和实践之切。

（1）习近平新时代中国特色社会主义思想的时代育人意义

党的十八大以来，中国特色社会主义进入新时代，这是百年党史乃至整个中华民族进程中具有重大时代意义的阶段性标识。中国特色社会主义新时代不是随意定位或自我定义的新时代，而是具有中国特色、符合中国国情的新时代，蕴藏着丰富的理论内涵和内容。时代是思想之母，新时代的历史定位急切需要能够立足时代之基、回答时代之问和引领时代之变的先进思想。立足世界百年未有之大变局和中华民族伟大复兴战略全局，以习近平同志为核心的党中央科学把握新时代社会主要矛盾、实践主题、历史脉络等要素的变化情况，紧紧围绕中国特色社会主义、社会主义现代化强国和马克思主义政党建设三大议题，提出了一系列符合时代诉求的新理念新思想新战略，创立了习近平新时代中国

---

① 中共中央关于党的百年奋斗重大成就和历史经验的决议 [M]. 北京：人民出版社，2021：26.

② 龙凯. 思想政治工作原理 [M]. 北京：中央编译出版社，2011：9.

③ 本书编写组. 习近平新时代中国特色社会主义思想概论 [M]. 北京：高等教育出版社，人民出版社，2023：12.

特色社会主义思想。从这一思想体系所处的历史方位来看，它不仅是能够深刻把握时代的当代马克思主义，亦是能够引领时代的 21 世纪马克思主义。从党以高度的历史自觉担负起民族复兴的历史重任开始，中华民族伟大复兴便有了光明的前景。今天，深入挖掘和科学审视习近平新时代中国特色社会主义思想所蕴含的时代育人价值，用习近平新时代中国特色社会主义思想教育人、武装人，是培养国家未来栋梁、民族未来希望和世界未来力量的内在体认，也是引导优秀党员干部和青年人才胸怀"两个大局"、担当时代使命、接力时代事业的必然要求。

（2）习近平新时代中国特色社会主义思想的理论育人意义

"一个民族要走在时代前列就不能没有理论思维，一个国家要实现繁荣富强、人民幸福就不能没有科学理论指引。"[1] 每个时代都有自己特定的社会意识样态和表达形式，理论思维是时代的产物。中国共产党是一个依靠科学理论武装并善于进行理论创造的工人阶级政党，马克思主义是中国共产党人理想和信念的灵魂。但理论并不是教条，中国共产党人一直非常注重马克思主义能否同中国革命实际有效结合起来的问题，并不断在实践创新、制度创新中推进理论创新，开展马克思主义及其中国化时代化理论成果的宣传和教育工作。在党的不同历史时期，毛泽东思想、邓小平理论、"三个代表"重要思想、科学发展观等，都有效发挥了理论育人的价值。在中国化时代化马克思主义理论成果中，习近平新时代中国特色社会主义思想实现了马克思主义在新时代的理论创新，充分彰显了马克思主义理论的强大生命力和中国共产党人的理论创造力。习近平新时代中国特色社会主义思想之所以蕴含巨大的理论育人意义，源于其理论的科学性、发展性和真理性，深刻体现了马克思主义的立场、观点和方法。无论是对马克思主义矛盾论、人民观、发展观的理论丰富，还是对马克思主义政党学说、国家学说、世界历史的理论贡献，习近平新时代中国特色社会主义思想所提出的一系列新的重大理论观点充分展现了新时代中国共产党人的理论自觉和自信。而理论只有进入人的头脑，转化为引导行动的意识、思想，才能够发挥出理论教育的动力支持功能，这也是习近平新时代中国特色社会主义思想的理论价值所在。

（3）习近平新时代中国特色社会主义思想的实践育人意义

实践是理论之源、育人之匙，中国共产党百年奋斗的一切重大成就和伟大

---

① 本书编写组．习近平新时代中国特色社会主义思想概论［M］．北京：高等教育出版社，人民出版社，2023：1．

变革皆是在实践中取得的。从新民主主义革命时期，到中国特色社会主义进入新时代，党逐渐兑现了带领广大人民为实现中华民族谋复兴的实践诺言，中华民族迎来了从站起来、富起来到强起来的伟大飞跃。特别是党的十八大以来，以习近平同志为核心的党中央直面前进道路上的各类风险困难，坚持问题导向，坚持全面深化改革，在实践探索中取得了诸多历史性伟大成就，赋予习近平新时代中国特色社会主义思想以鲜明的实践性特征。党的根基和血脉在人民，民之所期所盼就是政之所为所向，人民的获得感、幸福感、安全感是以习近平同志为核心的党中央长期关注的重大实践课题，也是习近平新时代中国特色社会主义思想的人民性特征的集中体现。基于新时代我国社会主要矛盾的转化状况，党坚持实现好、维护好、发展好最广大人民的根本利益，以满足人民对美好生活的发展需要。无论是经济快速发展的奇迹，还是社会长期稳定的奇迹，人民获得感、幸福感、安全感的提升是实实在在的。在习近平新时代中国特色社会主义思想的引领下，我们在"四个全面"的实践中积累了丰富的育人素材，从经济建设、政治建设、文化建设、社会建设、生态文明建设的经验中涵养了充足的育人营养，能够帮助优秀党员干部和青年增强投身实现中华民族伟大复兴梦想的志气、骨气与底气。

2. 内涵析出：习近平新时代中国特色社会主义思想铸魂育人的关键点

作为中国特色社会主义进入新时代的理论创造和实践锻造的重要成果，习近平新时代中国特色社会主义思想，"从理论和实践的结合上科学回答了新时代坚持和发展什么样的中国特色社会主义、怎样坚持和发展中国特色社会主义，建设什么样的社会主义现代化强国、怎样建设社会主义现代化强国，建设什么样的长期执政的马克思主义政党、怎样建设长期执政的马克思主义政党等重大时代课题，以崭新的思想内容丰富和发展了马克思主义，形成了完整的科学体系"[①]，蕴含着中国共产党人关于理想信念、人民立场、自我革命等丰富的育人价值内容。

（1）习近平新时代中国特色社会主义思想的理想信念意蕴

理想信念是一个人安身立命的精神灵魂，也是一个政党创业兴业的精神旗帜。习近平总书记强调："理想信念就是共产党人精神上的'钙'，没有理想信念，理想信念不坚定，精神上就会'缺钙'，就会得'软骨病'。"[②] 由建党时的

---

① 本书编写组 . 习近平新时代中国特色社会主义思想概论［M］. 北京：高等教育出版社，人民出版社，2023：6.

② 习近平 . 坚定理想信念　补足精神之钙［J］. 求是，2021（21）.

50 多人发展壮大到今天拥有 9800 多万名党员的世界第一大政党，中国共产党的百年奋斗展现出了无产阶级政党强大的建设能力、发展能力和领导能力，同时也展示了理想信念所蕴含的巨大能量。党的十八大以来，以习近平同志为核心的党中央依靠坚定的理想信念，团结带领中国人民克服了重重困难，战胜了一系列重大风险挑战，创造了新时代中国特色社会主义的伟大实践和理论成就。马克思主义信仰、共产主义理想和社会主义信念，是习近平新时代中国特色社会主义思想的精神动力之源。理想的魅力在于领航，信念的力量在于执着。理想信念的形成，不是一蹴而就的，也不是一劳永逸的，而是要在各类斗争考验中常修常炼，内化于心，外践于行。新时代青年和年轻党员干部都要树立与时代同向同行的理想信念，担当起时代赋予的历史责任。两者在新时代的交汇点和价值旨归是中华民族伟大复兴，而习近平新时代中国特色社会主义思想是新征程上继续推进中华民族伟大复兴的行动指南。这就要求广大党员干部和青年要自觉用习近平新时代中国特色社会主义思想铸牢精神之"钙"，坚持理论自信、信念坚定，才能够保持对理想信念的持久激情和执着，进而在新征程上用理想信念继续书写新的胜利与成就。

（2）习近平新时代中国特色社会主义思想的人民立场

历史是由人民书写的，人民是历史的创造者，是党的根基所在、血脉所依和力量之源，人民性是中国共产党区别于其他政党的显著特征。习近平总书记在庆祝中国共产党成立 100 周年大会上强调："江山就是人民、人民就是江山，打江山、守江山，守的是人民的心。"① 党的二十大将"以人民为中心"提升为一项基本方略，贯穿治国理政的各个领域。在同人民的密切联系和互动中，习近平新时代中国特色社会主义思想始终坚持人民立场不动摇，将为人民谋幸福作为使命追求，以人民对美好生活的向往作为行动动力，科学认识并依靠人民的主体能动性持续创造强国复兴功业，深刻诠释了党全心全意为人民服务的根本宗旨。习近平新时代中国特色社会主义思想所秉承的人民立场既要求广大共产党人践行好立党为公、执政为民的执政理念，也要求广大党员干部和青年秉承人民至上、人民利益至上的价值理念，在奉献和服务于人民的实际行动中绽放光彩。人民立场不是一个抽象的概念或标签，而是习近平新时代中国特色社会主义思想经过实践内化和真理检验的根本性价值守则。据此，坚持用习近平新时代中国特色社会主义思想教育人，就是要自觉将人民立场、人民中心导向

---

① 习近平. 在庆祝中国共产党成立 100 周年大会上的讲话［M］. 北京：人民出版社，2021：11.

的基本价值取向转化为广大党员干部和青年人才在现实生活中的实践法则，以接续担负起为人民谋幸福的时代使命。

（3）习近平新时代中国特色社会主义思想的自我革命意蕴

"勇于自我革命是中国共产党区别于其他政党的显著标志，也是习近平新时代中国特色社会主义思想的重要价值原则和方法遵循。"① 党历经百年风雨而更加朝气蓬勃，不是天生的、自然而然生成的，也不是说党不曾犯过错误、没有走过弯路，而是在于党始终坚持全面从严治党，勇于自我革命，确保党在革命性锻造与淬炼中永葆先进性和纯洁性。党的十八大以来，习近平总书记着力解答全面从严治党的重要命题，并将其纳入"四个全面"战略布局。为推动这场党的自我革命不断走向深入，习近平总书记多次强调要发扬自我革命精神，这不仅是马克思主义政党执政固本的本色，更是党践行初心使命不可或缺的精神引力。"自我革命精神作为一种彻底的革命精神，是党自我净化、自我完善、自我革新、自我提高能力的集中体现，也是开展自我教育活动的重要前提和目标。"② 按照以伟大自我革命引领伟大社会革命的战略思想要求，党始终坚持把习近平新时代中国特色社会主义思想作为引领党的自我革命和推动社会革命的行动纲领，坚持思想建党、理论强党，使全体党员在思想上政治上行动上始终与党中央保持高度一致，凝聚起全党强大的战斗合力，确保党的自我革命及其领导的社会革命工作始终走在正轨。因此，用党的自我革命精神感染人，用党的自我革命能力教育人，将自我革命的意识熔铸到每个人的实践行动中去，是习近平新时代中国特色社会主义思想的现实意蕴和实践导向，也是新时代中国好公民必须具备的素养和必须掌握的能力。

3. 展开探讨：习近平新时代中国特色社会主义思想铸魂育人的着力点

用习近平新时代中国特色社会主义思想铸魂育人，不仅要有自觉的思想意识，更要有科学的育人路径。按照培养造就堪当时代重任接班人的育人目标要求，要重点做好知识育人、价值育人和使命育人等三个方面的工作。

（1）坚持知识先导，用习近平新时代中国特色社会主义思想提升才干

《庭训格言》道："凡人进德修业，事事从读书起。"从读书过程中汲取知识营养，是开启民智、开化文明的基本手段和必然环节。"青年处于人生积累阶

---

① 汪勇，王敏. 推进党的自我革命的四个向度［J］. 理论探索，2020（03）.

② 本书编写组. 习近平新时代中国特色社会主义思想概论［M］. 北京：高等教育出版社，人民出版社，2023：358.

段，需要像海绵汲水一样汲取知识。"① 习近平新时代中国特色社会主义思想作为中华文化和中国精神的时代精华，蕴含着丰富的知识内容，是青年提升才干不可或缺的源源能量。所谓知识先导，就是首先要做好习近平新时代中国特色社会主义思想的知识性理论解析和阐释工作。一方面，要弄懂习近平新时代中国特色社会主义思想蕴含的传承性、创新性和原创性知识内容，既要学好当代马克思主义理论知识、中华优秀传统文化知识及两者相结合的知识成果，也要掌握理论联系实际、问思结合的知识学习方法，还需定位好习近平新时代中国特色社会主义思想的知识学习目标，即科学地认识世界和观察时代。另一方面，要做好习近平新时代中国特色社会主义思想的知识转化工作，知识作为实践活动上升到意识的产物，最终还是要朝着影响和指导实践的方向转化。要科学认识习近平新时代中国特色社会主义思想所富含的规律性、实践性和科学性知识，将其有效转化为指导实践活动的战略思维、历史思维、辩证思维、创新思维、底线思维等科学思想方法，从而激发知识之于现实世界的改造张力。

（2）坚持价值塑造，用习近平新时代中国特色社会主义思想厚植修养

核心价值观是衡量一个民族或国家文化软实力水平的最深层次、最持久的力量要素，关系文化教育、社会发展和国家稳定全局。社会主义核心价值观的24字内容充分继承了中华优秀传统文化的价值精华，凝结了马克思主义的核心价值内容，是习近平新时代中国特色社会主义思想于价值目标维度的集中话语概述。习近平总书记强调，要积极"发挥社会主义核心价值观对国民教育、精神文明创建、精神文化产品创作生产传播的引领作用，把社会主义核心价值观融入社会发展各方面，转化为人们的情感认同和行为习惯"②。用习近平新时代中国特色社会主义思想厚植价值修养，需坚持全面融入，即坚持将社会主义核心价值观贯穿习近平新时代中国特色社会主义思想育人的全过程，融入人们社会生活的方方面面，全方位提升时代新人的政治价值修养、道德价值修养、作风价值修养、法治价值修养等。还需坚持全员行动，基于时代新人在不同成长时期的不同价值修养需求，重点抓好家庭教育和学校教育环节，让社会主义核心价值观进入每一个家庭，渗透到学校教育教学的每一个细节，进而成为全社会的共同价值追求。

---

① 习近平在中国政法大学考察时强调：立德树人德法兼修抓好法治人才培养　励志勤学刻苦磨炼促进青年成长进步 [N]. 人民日报，2017-05-04（001）.

② 习近平. 决胜全面建成小康社会　夺取新时代中国特色社会主义伟大胜利——在中国共产党第十九次全国代表大会上的报告 [M]. 北京：人民出版社，2017：42.

（3）坚持使命担当，用习近平新时代中国特色社会主义思想成就梦想

使命承载梦想，担当铸就辉煌。在人民幸福梦想和民族复兴梦想的引领下，党向人民和历史交出了一份从胜利走向新的胜利的优异答卷。站在新时代我国社会主要矛盾发生转化的时空坐标与历史起点上，在习近平新时代中国特色社会主义思想领航奋斗方向的基础上，中华民族伟大复兴必将在中国式现代化的拓展与推进中彻底实现。因此，用习近平新时代中国特色社会主义思想武装头脑、指导实践，就必须加强广大党员干部和青年人才的使命教育，引导其自觉树立使命担当意识，担负起实现中华民族伟大复兴的重要使命，成为接续党和人民事业的先锋力量。习近平总书记指出："青年是标志时代的最灵敏的晴雨表，时代的责任赋予青年，时代的光荣属于青年。"① 个人梦想与民族梦想始终是紧密相连的命运共同体，只有将个人梦想充分熔铸于民族梦想之中，强化担当意识，增强实干本领，才能够在梦想的积极碰撞与互动中成就青春梦想。使命担当只有见诸行动、知行合一，才有说服力。因此，思想政治工作不断强化广大党员干部和青年人才的新时代使命担当的自觉和自强意识，协调好使命意识和担当实践的关系，拒绝空谈与躺平，在点滴实干中铸就辉煌梦想。通过思想政治工作，教育和引导人们树立群众观，坚持同人民一起奋斗，与人民一起劳动，弘扬实干精神，在实干行动中全面提高实干本领。

（二）用新时代理想信念立德树人

党的十八大报告提出要"把立德树人作为教育的根本任务"，党的十九大报告也强调"要全面贯彻党的教育方针，落实立德树人根本任务"②，党的二十大报告又进一步着力强调"育人的根本在于立德……落实立德树人根本任务，培养德智体美劳全面发展的社会主义建设者和接班人"③。可以说，立德树人作为党的教育方针和教育根本任务，其根本目标就是为社会主义现代化建设培养建设者和接班人，而培养建设者和接班人的核心举措便是不断加强理想信念教育。"理想信念教育是人们世界观、人生观和价值观的根本反映，是人们政治方向的集中体现，是人们思想政治素质和综合素质的核心内容。"④ 理想信念教育是党

---

① 习近平．习近平谈治国理政：第一卷［M］．北京：人民出版社，2014：167.

② 习近平．决胜全面建成小康社会 夺取新时代中国特色社会主义伟大胜利——在中国共产党第十九次全国代表大会上的报告［M］．北京：人民出版社，2017：45.

③ 习近平．高举中国特色社会主义伟大旗帜 为全面建设社会主义现代化国家而团结奋斗——在中国共产党第二十次全国代表大会上的报告［M］．北京：人民出版社，2022：34.

④ 骆郁廷．思想政治教育引论［M］．北京：中国人民大学出版社，2018：124.

的思想政治工作的根本性内容，"加强和改进思想政治工作，关键要坚持以理想信念教育为核心"①。崇高的科学信仰、坚定的理想信念是人的思想政治素质的根本内容。习近平总书记强调："理想信念是我们不断战胜困难、从胜利走向胜利的强大精神支柱。没有理想信念，就会迷失前进方向，就会失去奋斗动力。"②"中国共产党的理想信念，就是马克思主义真理信仰，共产主义远大理想，中国特色社会主义共同理想。"③

虽然新时代社会主要矛盾已经发生转变，但是全面建设社会主义现代化强国和中华民族伟大复兴中国梦的早日实现，仍然离不开社会主义合格建设者和可靠接班人的人才保障与重要支撑。由此可见，加强新时代理想信念教育，不仅是落实新时代我国教育立德树人根本任务的内在要求，更是不断推进新时代中国特色社会主义事业继续前进的精神引擎与力量保障。所以说，新时代思想政治工作改革创新，关键是要继续坚持和加强理想信念教育，积极引导受教育者与思想政治工作对象能够深切体认马克思主义理论的科学性、社会主义制度的优越性，坚定对马克思主义的信仰、对社会主义和共产主义的信念。

从思想层面回顾中国共产党近百年的奋斗历程与基本经验，可以看到，理想信念教育是贯穿中国共产党革命、建设与改革的百余年奋斗历程始终的一根红线。正是持续有效的理想信念教育，中国共产党才得以实现角色的成功转换与自身的发展壮大，同时也为社会主义现代化建设提供了强大的精神动力。特别是在社会主要矛盾发生转化的情况下，人们对民主、法治、公平、正义的需要不断增长，人民对美好生活需要的追求也日益凸显，更使得新时代理想信念教育极端重要。可以这么说，新时代思想政治工作继续强化理想信念教育的内容供给，是中国共产党提升治国理政效能的重要精神保障，也是中华民族走向伟大复兴的题中应有之义。

1. 理论宣传工作与理想信念教育相结合

在我国社会主要矛盾发生转化的新时代，加强人们的理想信念教育，要坚持理论宣传工作与理想信念教育相统一，具体则要做到：

第一，理论宣传工作是理想信念教育的基础。"社会主义、共产主义的理想信念正是在马克思主义科学理论的基础上形成发展起来的。"④ 因此，只有在全社会深入开展马克思主义理论宣传教育工作，不断促使人们深入理解和准确把

---

① 骆郁廷. 思想政治教育引论［M］. 北京：中国人民大学出版社，2018：124.

② 习近平关于青少年和共青团工作论述摘编［M］. 北京：中央文献出版社，2017：62.

③ 习近平. 习近平谈治国理政：第三卷［M］. 北京：外文出版社，2020：505.

④ 骆郁廷. 思想政治教育引论［M］. 北京：中国人民大学出版社，2018：126.

握社会发展规律和客观趋势，才能够让人们深刻体会社会主义、共产主义理想的科学性、真理性，进而自觉追求和牢固树立社会主义、共产主义远大理想，坚定社会主义、共产主义信念；也只有深入学习毛泽东思想、邓小平理论、"三个代表"重要思想、科学发展观、习近平新时代中国特色社会主义思想，深刻把握当代中国特色社会主义发展规律和趋势，才能够让人们深刻认识我国社会主义初级阶段中国特色社会主义共同理想的科学性、真理性，自觉树立建设中国特色社会主义、实现社会主义现代化和中华民族伟大复兴的共同理想，坚定走中国特色社会主义政治发展道路的信心和决心。

第二，理想信念教育是理论宣传工作的深化。理想信念教育是真理尺度与价值尺度的统一，新时代思想政治工作不仅要从真理尺度引导人们选择、建构马克思主义信仰的必要性与可能性，也要帮助人们知晓和认识社会主义、共产主义理想的科学性与合规律性及历史发展的必然性，还要从价值尺度引导人们知晓和认识社会主义、共产主义理想的价值性与合目的性，并进一步证实马克思主义理论的科学性与马克思主义信仰的确信性，最终"增强理论学习与信仰建构的自为自觉性"①。所以说，理想信念教育不仅帮助人们准确认识、理解把握、牢固树立社会主义、共产主义远大理想，还积极引导人们为实现中国特色社会主义共同理想和共产主义远大理想而努力奋斗，并且要纳入正确的社会理想在不同社会历史发展阶段的具体目标及其实现情况的相关内容。通过确证理想的正确、科学，进而确证作为理想的依据和基础的理论的正确、科学，在进一步坚定人们马克思主义信仰的基础上，坚定人们坚持和实现科学理想的必胜信念，为我国社会主义现代化建设事业提供强大的精神动力。因此，一定要把新时代理论宣传教育与理想信念教育紧密结合起来，通过理想信念教育来持续深化理论宣传教育，不断夯实理想信念教育的理论基石。

2. 社会理想教育与个人理想教育相统一

在我国社会主要矛盾发生转化的新时代，加强人们的理想信念教育，要坚持社会理想教育与个人理想教育相统一，具体则要做到：

第一，加强新时代理想信念教育，最重要的是把社会理想同个人理想结合统一起来进行教育，引导人们自觉地把个人理想融入全国各族人民建设中国特色社会主义共同理想之中，把个人奋斗融入为实现我国社会主义现代化建设与中华民族伟大复兴中国梦的奋斗之中。"如果片面强调社会理想而不谈个人理想，甚至用社会理想来全面排挤和否定个人理想，就会使理想信念教育流于形

---

① 王敏. 坚定中国特色社会主义制度自信 [N]. 贵州日报, 2019-12-04（14）.

式；如果片面强调个人理想而不谈社会理想，甚至用个人理想来全面排挤或代替社会理想，就会使理想信念教育偏离正确方向。"①

第二，新时代理想信念教育，既要重视社会理想，又要重视个人理想。个人理想表明了个人积极的生活态度与人生追求，它是理想信念教育的起点。社会理想表明了社会成员的共同奋斗目标与共同梦想追求，它是理想信念教育的落脚点。理想信念教育的最终目的是树立融合个人理想与社会理想的社会共同的、远大的理想，从而推动整个社会、整个国家和整个民族的发展。在新时代理想信念教育中，只有把社会理想与个人理想有机结合和相互统一起来，用社会理想来引导、整合和统率个人理想，把个人理想融入党和国家事业发展大局的社会理想之中，才能在实现社会理想的过程中实现个人理想，在实现个人理想的过程中推动整个国家、民族和社会理想的实现。

3. 爱国主义教育与社会主义教育相协同

在我国社会主要矛盾发生转化的新时代，加强人们的理想信念教育，要坚持爱国主义教育与社会主义教育相统一，具体则要做到：

第一，以爱国主义教育坚定人们的社会主义信念。在新时代爱国主义教育中，要加强中国近现代历史发展和爱国主义优良传统的教育，使人们认清社会主义是近现代中国历史发展的必然选择。是我国现代爱国主义者的必然选择，要加强爱国主义时代特征的教育，使人们认清当代爱国主义同社会主义的有机统一，增强对社会主义祖国的深厚感情和坚持社会主义道路的政治信念。要加强爱国主义实践教育，引导人们积极投身建设中国特色社会主义的伟大实践，把深厚的爱国主义情感化作建设中国特色社会主义现代化国家的强大动力和实际行动，为新时代中国特色社会主义祖国的繁荣富强贡献心力和智慧。

第二，以社会主义教育深化人们的爱国主义情感。在社会主义教育中，要加强科学社会主义理论的认知与普及教育，认清社会主义产生、发展的历史必然性和客观规律，使得人们对社会主义祖国的真挚情感建立在扎实、科学的理论基础之上。一方面，要"加强社会主义的发展历史及其同资本主义发展历史的比较教育，引导人们认识社会主义对于资本主义的历史替代规律与制度比较优势，充分了解和掌握中国特色社会主义制度的强大生机活力，认识社会主义者的爱国本质，培养和发展当代爱国主义者的自尊、自信、自强的民族精神，增强其民族自豪感、荣誉感和责任感"②。要加强社会主义发展前途特别是我国

---

① 骆郁廷．思想政治教育引论［M］．北京：中国人民大学出版社，2018：125.
② 骆郁廷．思想政治教育引论［M］．北京：中国人民大学出版社，2018：126.

社会主义现代化建设美好图景的教育，增强社会主义祖国对广大人民群众及海内外爱国者的吸引力、凝聚力、感召力，建立最广泛的爱国统一战线，让广大人民群众及海内外爱国者关心、支持和促进祖国的统一和现代化建设事业。

4. 政治信仰建构与价值观念引导相共进

在我国社会主要矛盾发生转化的新时代，作为新时代思想政治工作重要内容的理想信念教育，要注重政治信仰建构与价值观念引导相统一、相共进。

第一，政治信仰建构能够为价值观念提供前提。所谓政治信仰建构，是指将体现一定阶级或集团的最根本价值取向的政治理想信念或组织目标逻辑作为信仰教育或信念教育的重要内容及其教育活动过程。"在社会主义中国，我们的政治信仰建构，是指建构和坚定马克思主义信仰的活动及其过程。"① 马克思主义信仰，在某种意义上，可视为共产主义信仰的同等概念。"共产主义信仰作为无产阶级政党的根本政治信仰，包含终极理想、社会价值、社会运动三重意蕴，实质构成共产主义信仰内在统一的三层结构。"② 所谓价值观念引导，亦称价值观教育，在新时代中国，主要是指社会主义核心价值观的培育与弘扬。马克思主义、共产主义信仰决定我们国家和社会的价值观念的性质与方向，为社会主义核心价值观的培育与弘扬创造了政治前提，只有加强政治信仰建构，才能为人们树立和弘扬社会主义核心价值观创造前提条件，提供政治动力。

第二，价值观念引导为政治信仰建构提供基础保障。一定的价值观念构成了一定的政治信念形成和发展的思想基础。科学、正确、先进的价值观会促成人们树立和坚定正确政治方向、政治信仰、政治信念。反之，错误、腐朽、落后的价值观念会侵蚀健全的政治肌体，误导人们的政治选择，动摇人们的政治信仰。所以说，新时代理想信念教育必须深入进行价值观教育，通过社会主义核心价值观教育进一步建构和坚定人们正确的政治信仰信念。只有不断加强社会主义核心价值观教育，使人们不断反对和克服拜金主义、享乐主义和极端个人主义的资本主义价值观的消极影响，才能更好地巩固和坚定人们的马克思主义、共产主义的价值基础与思想基础，推动新时代中国特色社会主义事业的不断发展。

5. 思想误区澄清与理论斗争准备两手抓

在我国社会主要矛盾发生转化的新时代，作为新时代思想政治工作重要内容的理想信念教育，要注重思想误区澄清与理论斗争准备两手抓。

---

① 骆郁廷. 思想政治教育引论 [M]. 北京：中国人民大学出版社，2018：126.
② 骆郁廷. 思想政治教育引论 [M]. 北京：中国人民大学出版社，2018：126.

第一，理想信念教育要取得实效需要加强思想误区澄清。显而易见的是，新中国成立以来特别是改革开放40多年来，中国特色社会主义所取得的历史性成就，客观为新时代理想信念教育奠定了坚实的效能基础与事实证明。虽然，已有的成绩能够在某种程度上印证理想信念的正确性及其彰显出的精神力量，但它本身还不能代替理想信念本身的理论阐释与建构。只有理论的清醒无误，才有相应行动行为上的自为自觉，因而有针对性地进行必要的思想误区澄清与理论斗争准备，是新时代加强理想信念教育的关键环节。由此来看，要从思想理论层面下大力气根治讳言共产主义的现象与问题。用习近平的话说："要深刻认识共产主义远大理想和中国特色社会主义共同理想的辩证关系，既不能离开发展中国特色社会主义事业、实现民族复兴的现实工作而空谈远大理想，也不能因为实现共产主义是一个漫长的历史过程就讳言甚至丢掉远大理想。"① 观照我们的现实生活，经常会有"一些人谈到共产主义，往往含糊其词，往往语焉不详"② 的现象存在，"各种错误思潮和西方价值观念不断涌入并在一些群体中占有一定市场，给人们思想和价值观选择造成了混乱局面"③，与此同时，我们的思想政治工作者在开展理想信念教育活动时，也存在一些或故意回避，或表述不明，或内容删减等行为和做派。可以这么说，除了极少数别有用心之人外，任何对共产主义的揶揄轻视、避而不谈，甚至是歪曲丑化的行为，其本质上都是关于共产主义的思想理解与理论掌握不彻底之所致，因而新时代背景下继续强化共产主义理论教育仍然是相当重要、刻不容缓的一件大事要事。

第二，理想信念教育要取得实效需要加强理论斗争准备。当今世界与中国社会同当初马克思和恩格斯所论述和设想的共产主义运动与图景已明显有很大的差异，这表现在：一方面是诸多资本主义国家为了应对自身社会危机和延续制度生命力，进行了极大的制度修补与调整，不断增强其资本主义制度中的某些社会主义成分来混淆人们的视听。比如说，当今时代人工智能技术的不断发展与现实运用，竟然出现了无产阶级是"没有任何经济、政治或艺术价值，对社会的繁荣、力量和荣耀也没有任何贡献"④ 的无用阶级之"奇谈怪调"。又比如说，随着当今发达资本主义国家因"中产阶级"不断壮大而引发的关于阶级

---

① 习近平. 全面贯彻落实党的十九大精神 以永远在路上的执着把从严治党引向深入 [J]. 人民日报，2018-01-12（001）.

② 祁霄. 讳言"共产主义"的现象不容忽视 [J]. 前线，2018（08）.

③ 谢晓娟，柳杨. 新时代我国社会主要矛盾变化背景下思想政治教育新使命 [J]. 辽宁师范大学学报（社会科学版），2020（05）.

④ 赫拉利. 未来简史：从智人到智神 [M]. 林俊宏，译. 北京：中信出版社，2017：293.

概念已经不合时宜的谬论说法，特别是弗朗西斯·福山（Francis Fukuyama）的"历史终结论"仍然发挥着重要作用。对此，通过及时有效的理论批判和针锋相对的理论斗争，及时回应当今社会一定范围内存在的有关"马克思主义过时论""共产主义渺茫论"等诸多错误论调，旗帜鲜明地与各种错误思潮做坚决的思想与理论斗争，从而不断提升新时代理想信念教育的工作效果。

第三，理想信念教育要取得实效需要加强理论建构准备。理论斗争在很多时候也是理论建构的孪生兄弟。理论斗争需要理论建构为基础，理论建构同时也能极大地增强理论斗争的力量。所以说，理想信念教育要取得实效，就必须努力深化拓展我们对于马克思主义理论的理论发展、理论阐释与理论建构工作，从而能够从容应对国外国内、线上线下所存在的对于"理想信念"的污名化认知。众所周知的是，共产主义理论学说自其产生以来，就始终面临着各种各样的刁难与攻讦。改革开放以来中国特色社会主义之"特色"也经常被拿来说事，这无疑为我们的理想信念教育带来了严重的思想干扰和极大的阻抗因素。所以，我们要不断坚持和发展中国化时代化马克思主义，时刻关注和紧盯世界社会主义运动的最新进展，正本清源地开展我们的理论建构与传播工作。

（三）用社会主义核心价值观聚力定向

社会主义核心价值观教育引导思想政治工作对象树立正确的价值观念，提高价值理解力、价值判断力和价值选择力，坚定社会主义核心价值观自信。

1. 新时代社会主义核心价值观教育的价值旨归

党的二十大报告提出要"以社会主义核心价值观为引领，发展社会主义先进文化，弘扬革命文化，传承中华优秀传统文化，满足人民日益增长的精神文化需求"[①]。可以说，新时代我国社会主要矛盾发生转化的现实国情及社会实践的发展趋向，不但让社会主义核心价值观教育内容成为新时代思想政治工作的一个重点内容，而且给新时代中国特色社会主义核心价值观教育提出新的要求。

（1）凝聚全面建设社会主义现代化国家的价值共识

党的十八大以来，以习近平同志为核心的党中央高度重视社会主义核心价值观的培育与践行工作，这为新时代思想政治工作创新发展提出了新的时代境遇与内容建构要求。培育和践行社会主义核心价值观，为新时代党和国家事业发展凝魂聚气、夯实文化根基和价值根脉。"社会主义核心价值观的逻辑结构

---

① 习近平. 高举中国特色社会主义伟大旗帜 为全面建设社会主义现代化国家而团结奋斗——在中国共产党第二十次全国代表大会上的报告 [M]. 北京：人民出版社，2022：43.

是：立足于马克思主义'每个人的自由发展是一切人的自由发展的条件'命题，每个人都享有平等的自由，由此达到公正的状态，法治就是对自由平等公正的保障（现阶段国家法律把自由的概念转换为法律权利的概念）。这是社会层面价值取向的逻辑。由此推衍出现代国家的使命（亦即富强、民主、文明、和谐是为了实现每个人的自由）和个体公民美德的支持（爱国、敬业、诚信、友善），从而建立起核心价值观的整个系统。"① 基于此，新时代社会主要矛盾转化背景下思想政治工作，要不断推进社会主义核心价值观教育，从根本上说，就是要充分发挥社会主义核心价值观在进行价值整合、凝聚社会共识等方面的巨大现实作用。新时代以来，面对实现"两个一百年"的发展使命任务与国家目标逻辑，不但构成了社会主义核心价值观教育的出场逻辑，而且构成了社会主义核心价值观在国家层面的价值追求。

国家是社会发展到一定阶段的产物，反过来又对社会产生巨大的反作用乃至决定性作用。国家的价值目标，直接决定着社会的价值取向，直接影响着公民个人的价值行为。因此，建设什么样的国家，确立什么样的国家价值，历来是人类社会发展中的首要问题。价值目标是国家发展的灵魂和精神支撑。国家有目标，社会才有遵循，人民才有希望，这是一条历史的规律。

在中华文明发展史上，国家价值占有十分重要的位置。强烈的国家意识、浓郁的家国情怀，可以说是贯穿几千年中华文明发展史的一条精神主线。国泰民安、国富民丰，寄托着中华儿女对国家状态的企望；精忠报国、以身许国，表达着中华儿女对国家利益的奉献；国而忘家、位卑未敢忘忧国，渗透着中华儿女对国家安危的忧思……如此具有深邃内涵和广袤张力的价值理念和价值追求，伴随着历史的步伐连绵不断，深深地融入中华儿女的血液中，成为凝聚中华民族的坚韧精神纽带、砥砺中华民族的强大精神力量。

沧海横流，神州崛起。今天，经过改革开放洗礼的新时代中国特色社会主义之中国，在传承优秀历史传统的基础上，正展示着前所未有的国家意志和国家力量。今天的中国，如果说有什么价值共识能够继续将亿万中华儿女凝聚在一起的话，那就是建设现代化强国、实现民族复兴。"富强、民主、文明、和谐"，作为国家层面的价值目标，正是全党全社会共同认同的美好价值共识，是激励全国各族人民共同奋斗的价值力量，是推进国家治理现代化的根本价值内涵。

---

① 高国希. 关于社会主义核心价值观逻辑结构的思考［J］. 复旦学报（社会科学版），2021, 63（6）.

"社会主义现代化国家，首先是富强的国家。"① 建设中国特色社会主义现代化，必须把摆脱贫穷、实现富强作为国家发展的首要任务。富强作为国家层面的核心价值，其重大现实意义在于，警醒全党全国各族人民时刻不忘历史教训，始终把注意力凝聚到聚精会神搞建设、一心一意谋发展、建设社会主义现代化强国的目标上来。

社会主义现代化国家，一定是民主的国家。人民民主是我们党高扬的光辉旗帜，是中国特色社会主义的生命。民主既是国家形态，又是国家形式。只有坚定不移发展国家民主，发展全过程人民民主，才能真正实现人民当家作主，确保国家一切权力属于人民。民主作为国家层面的核心价值，其重大现实意义在于，通过国家民主制度的逐步完善和国家民主意识的日益增强，不断启发人民的民主意识、培育人民的民主素质，为实现社会主义民主目标而自觉奋斗。

社会主义现代化国家，自然是文明的国家。国家的文明程度，直接体现着国家的性质与方向，直接决定着国家能否给国民带来安全与幸福。国家文明具有广义和狭义之分。广义文明，包括文明的国家制度、文明的国家形态、文明的国家行为；狭义文明，则是指文明的意识形态和思想道德。无疑，这两个方面，都是我们建设现代文明国家所必须达到的价值目标。"文明作为国家层面的核心价值，其重大现实意义在于，以制度文明推进国家治理文明，通过国家的文明力量引导和涵养全社会的文明行为。"②

社会主义现代化国家，当然是和谐的国家。政通人和，历来是国家发展的最佳状态。社会和谐更是中国特色社会主义的本质属性，是推进国家治理现代化的直接目标。和谐作为国家层面的核心价值，其重大现实意义在于，以国家的力量积极化解社会矛盾、修复社会裂痕、倡导和谐共处、促进社会和谐，形成万众一心、众志成城的国家力量。

此外，社会主义现代化国家，还应当是美丽的国家。国家层面的富强、民主、文明、和谐的价值导向，必然是引领中国走向一个政通人和、环境良好、社会善治的美丽国家。国家美丽，不仅包括山美水美的自然环境之美丽，也包括国美人美的社会环境之美丽，更是中国特色社会主义的特有图景和关键属性，是推进国家治理现代化的直接目标。美丽作为现代化强国的价值旨归，其重大现实意义在于，以国家的力量推进生态文明建设、绘就美好生活图景，倡导人

---

① 李伟，栾淳钰，赵冶. 凝心聚力：新时代思想政治教育研究 [M]. 重庆：重庆出版社，2019：2.

② 王多，李小佳. 核心价值观的国家立场 [N]. 解放日报，2014-03-21 (11).

与人的和谐共处、人与自然的和谐共生，形成生态优美、环境优良、人际和谐的美丽画卷。

作为国家层面的价值目标，富强、民主、文明、和谐在实践进程中相互渗透、融为一体，外化为"五位一体"总体布局和"四个全面"战略布局的美丽国家，彰显着中国特色社会主义的内在魅力和广阔前景。

（2）满足人民美好生活需要的社会价值指引

社会是人的社会，是"人们交互活动的产物"①。由一定生产关系和社会关系构成的社会，连接起国家与国民个人，既是国家治理的行为基础，又是社会成员的行为依托。因此社会的价值取向，既深刻影响着国家的价值目标，又深刻影响着个人的价值行为。社会充满活力、健康有序，人民才能幸福，国家才有希望，这是无数事实所昭示的真谛。

"创造环境，环境也创造人。"② 一个风清气正、公平公正的社会环境，自然会给个人带来愉悦的心境、积极的心态，激励人们爱国敬业、诚信友善，为营造和谐社会关系、创造自己的幸福生活而努力奋斗；一个是非不分、良莠不辨的社会环境，带来的一定是贪腐成风、盗贼猖獗、世风日下的社会，给人们心头蒙上一层阴影。在我们今天的社会，如果说有什么价值共识能够始终凝聚万众、催人奋进的话，那就是"自由、平等、公正、法治"。可以说，正是这 4个词语，深刻揭示了社会主义核心价值观在社会层面的价值取向，是推进社会治理创新、建设现代社会的根本价值遵循。

充满生机活力的现代社会，一定是自由的社会。自由，历来是人类向往和追求的一种美好价值形态。"生命诚可贵，爱情价更高。若为自由故，两者皆可抛"，可见自由具有多么大的魅力；"不自由，毋宁死"，可见自由是多么珍贵！人类精神导师马克思和恩格斯则赋予自由以更加深刻的社会意义，明确把未来新社会定位为"每个人的自由发展是一切人的自由发展的条件"③ 的"联合体"。自由作为社会层面的核心价值，其重大现实意义在于，确保公民自由权利，鼓励公民自由奋斗，营造又有集中又有民主、又有纪律又有自由、生动活泼、心情舒畅的社会环境，为每一个人健康成长和全面发展创造良好社会条件。

充满生机活力的现代社会，一定是平等的社会。平等是人的最基本权利，是处理一切社会关系的最基本准则，是人类社会的终极理想状态。古往今来、

---

① 马克思恩格斯列宁历史理论经典著作导读 [M]. 北京：人民出版社，2012：42.

② 马克思恩格斯文集：第 1 卷 [M]. 北京：人民出版社，2009：504.

③ 马克思恩格斯文集：第 2 卷 [M]. 北京：人民出版社，2009：53.

古今中外，平等在推动社会变革和社会发展中发挥着至关重要的价值取向作用。作为社会层面的价值取向，平等主要是指权利平等、机会平等和结果平等。平等作为社会层面的核心价值，其重大现实意义在于通过平等的社会机制和价值引导，保障公民个人既享有平等的权利，同时也保障每个人基于其社会贡献所要求得到的权利、利益和尊重。

充满生机活力的现代社会，一定是公正的社会。公平正义是社会良性发展的最佳状态。古往今来，企求有一个公平正义的社会，是千百万人梦寐以求的社会理想。"王侯将相，宁有种乎?"是古代人们面对不公平社会发出的朴素呐喊;"铲除特权""天下为公"，是近代仁人志士面向不公平社会发出的战斗纲领。只有以全体人民为主体的社会主义社会，公平正义才成为一种可能。今天，公平正义价值理念已经深深地融入我们的社会有机体，成为中国特色社会主义的本质特征和内在要求，成为全面深化改革促进全面发展的重要内容和强大推力。公平正义作为社会层面的核心价值，其重大现实意义在于，加快建立以权利公正、机会公正、规则公正为主要内容的社会公平正义保障体系，努力营造公平正义的社会环境，从而在更加公平正义的基点上造福全体人民。

充满生机活力的现代社会，一定是法治的社会。法律是公众的意志，法治是社会的规则。根源于物质生活关系和其他社会关系的法律，对公民个人行为起着巨大的保护作用，对一切违背公民利益和公众意志的行为起着巨大的制约作用。今天，坚持依法治国、依法执政、依法行政共同推进，坚持法治国家、法治政府、法治社会一体建设，加快法治中国建设步伐，已经成为社会的共同呼声和迫切要求。法治作为社会层面的核心价值，其重大现实意义在于，建立健全全社会忠于、遵守、维护、运用宪法法律的制度，切实坚持法律面前人人平等，让遵法守法成为一种良好的社会风气和自觉的行为习惯，让人民群众在法治社会中享受到公平正义。

作为社会层面的价值取向，自由、平等、公正、法治在实践进程中相互作用、相得益彰，外化为社会全面治理和全面进步，最大限度地增加社会和谐因素、增强社会发展活力，依靠全体人民力量营造安居乐业、幸福安全的共同家园。

(3) 确立时代新人培育的价值坐标

无论是国家还是社会，都离不开无数个体人的活动。轻视人的个体价值、剥夺人的个体自由、扼杀人的个体创造，是一切存在着阶级压迫和阶级剥削的国家与社会的共同特征。"以人民当家作主为本质的社会主义社会，为公民个人自由全面的发展提供了基本的制度条件和社会环境。在社会主义制度下，建设现代国家，发育现代社会，离不开公民个人的能动实践和自由创造，更离不开公民个人良好价值理念的养成和价值行为的校正。"①

无数事实表明，一个人具有什么样的价值理念，不仅直接决定着他自己的生活方式、处事行为以及社会效果，而且直接影响着一定范围乃至整个社会的风气状态，甚至有可能影响到国家行为；培育和践行社会主义核心价值观，不仅要注重国家层面价值目标的确立和社会层面价值取向的定位，而且要注重公民个人层面价值准则的养成。相对于国家层面价值目标和社会层面价值取向来说，公民个人层面的价值准则，更具有广泛性、渗透性和大众性；在广泛的社会领域深入开展涵养公民个人优良价值观的实践活动，不啻是培育和践行社会主义核心价值观的基础工程。

具有良好素质和行为规范的公民，应当是爱国的公民。"爱国主义是中华民族的民族心、民族魂，是中华民族最重要的精神财富，是中国人民和中华民族维护民族独立和民族尊严的强大精神动力。"② 爱国主义是凝结民族力量的核心纽带，热爱自己的祖国是每一个公民起码的价值遵循。千百年来，无数仁人志士、英雄儿女为着祖国的安危奔走呼号、抛洒热血，为着祖国的强大辛勤劳作、无私奉献，这是我们的祖国历尽苦难走向辉煌的最强大精神力量。爱国作为公民个人层面的核心价值，其重大现实意义在于，让爱国传统在新的历史条件下进一步发扬光大，使之成为全面建成小康社会、实现中华民族伟大复兴中国梦的最基础的力量。

具有良好素质和行为规范的公民，应当是敬业的公民。"功崇惟志，业广惟勤。"勤奋工作、爱岗敬业，是我们中华民族的优秀传统。人生的价值，只有在平凡岗位上踏踏实实地敬业奉献才能实现；远大的目标，只有在各自岗位上兢兢业业工作，一步一个脚印地前进才能达到。敬业作为公民个人层面的核心价值，其重大现实意义在于，引导和激励每一个公民把实现中国梦的远大理想融入自己的工作岗位中，辛勤劳动、扎实奉献，在辛勤劳动中创造幸福，在扎实奉献中实现梦想。

具有良好素质和行为规范的公民，应当是诚信的公民。"人无信不立。"诚实守信是我们中华民族最优秀的品德，是我们的先人留给我们的最珍贵的精神财富。一个人只有诚实，才能获得别人的信任；只有守信，才能获得别人的支

---

①　邹慧. 新媒体时代思想政治教育创新研究［M］. 北京：中国社会科学出版社，2022：169.

②　新时代爱国主义教育实施纲要［M］. 北京：人民出版社，2019：1.

持。公平正义的社会环境，需要每一个公民用诚实守信共同营造；积极向上的社会风气，需要每一个公民用诚实守信共同维护。诚信作为公民个人层面的核心价值，其重大现实意义在于，把诚实守信作为基本道德元素，通过每一个人对诚实守信的自觉坚守，共同建构起中华民族伟大复兴中国梦的道德支撑。

具有良好素质和行为规范的公民，应当是友善的公民。"和善之家，必有余庆"，友善是我们中华民族最优秀的遗传基因。一个人，只有心怀坦荡、友好善良、善待他人、善待社会，才能获得他人的理解和社会的信任，建立起良好的人际关系和社会关系，从而心情愉悦地生活和工作，实现自己的人生价值。友善作为公民个人层面的核心价值，其重大现实意义在于，在全社会褒扬友善之举、吹动友善之风，让友善成为净化社会风气、密切人际关系、建设和谐社会的强大道德力量。

作为公民个人层面的价值准则，爱国、敬业、诚信、友善在实践过程中相互影响、不可分割，外化为日常生活中的自觉行为和共同习惯，从而使每一个人在潜移默化中得以健康成长和全面发展，集聚成全面建成小康社会、实现中华民族伟大复兴中国梦的强大正能量。

2. 新时代社会主义核心价值观教育的斗争逻辑

在新时代我国社会主要矛盾发生转化的背景下，我们党要团结带领人民有效应对重大挑战、抵御重大风险、克服重大阻力、解决重大矛盾，社会主义核心价值观教育必须应对这些矛盾和问题，进行全方位的伟大斗争。在新时代进行伟大斗争具有许多新的历史特点，必须明确斗争的对象。斗争是具体的，而不是抽象的。党的二十大报告不仅分析了伟大斗争的必要性，而且指出应在五个方面进行伟大斗争，这就为社会主义核心价值观教育开展伟大斗争指明了方向。

（1）社会主义核心价值观教育能助力斗争意识之强化

通过社会主义核心价值观教育，引导人们更加自觉地坚持党的领导和社会主义制度，引导他们与一切削弱、歪曲、否定党的领导和我国社会主义制度的言行做坚决的斗争。坚持党的领导和社会主义制度是社会主义核心价值观的核心内容，国内外敌对势力攻击我们的要害就是歪曲、否定党的领导和社会主义制度。习近平指出："当代中国价值观念存在太多被扭曲的解释、被屏蔽的真相、被颠倒的事实。"① 有些党员"专门挑那些党已经明确规定的政治原则来说事，口无遮拦，毫无顾忌，以显示自己所谓的'能耐'受到敌对势力追捧，对

---

① 习近平关于社会主义文化建设论述摘编［M］. 北京：中央文献出版社，2017：199.

比他们不以为耻、反以为荣"①。"有的党员公开骂党，否定党的一些最基本的原则和立场，其中一些人不仅没有受到管教和批评，反而大行其道还受到热捧，有的还在讲坛上堂而皇之散布谬论。"② 此外，网络空间中也有一些言论"贬低中华文化，否定中华民族的历史贡献，否定近代以来中国人民的奋斗史，歪曲中国共产党的历史、中华人民共和国的历史，歪曲改革开放的历史。这些就是负能量，增加正能量就要对着负能量去有的放矢，正面交锋"③。

习近平指出："我说过，宣传思想战线的同志要当战士、不当绅士，不做'骑墙派'和'看风派'，不能搞爱惜羽毛那一套。宣传思想战线的同志要履行好自己的神圣职责和光荣使命，以战斗的姿态、战士的担当，积极投身宣传思想领域斗争一线。"④ "对那些恶意攻击党的领导、攻击社会主义制度、歪曲党史国史、造谣生事的言论，一切报刊图书、讲台论坛、会议会场、电影电视、广播电台、舞台剧场等都不能为之提供空间，一切数字报刊、移动电视、手机媒体、手机短信、微信、博客、播客、微博客、论坛等新兴媒体都不能为之提供方便。"⑤ 对这些言论，不仅要在网络上加强控制，而且要落地，做人的工作。要旗帜鲜明地坚持真理，立场坚定地批驳谬误。坚持正面宣传为主，绝不意味着放弃舆论斗争。如果不对坏人坏事和错误思潮进行斗争，听任错误言论大行其道、指鹿为马、三人成虎，势必搞乱党心民心，危及党的领导和社会主义国家政权安全。从这个意义上，习近平要求宣传思想战线的同志要当战士、不当绅士，不做"骑墙派"和"看风派"，不能搞爱惜羽毛那一套；要以战斗的姿态、战士的担当，积极投身宣传思想领域斗争一线。"党性原则不仅要讲，而且要大张旗鼓讲、理直气壮讲、坚持不懈讲。不要躲躲闪闪、含糊其辞。"⑥ 习近平告诫全党："我们的同志一定要增强阵地意识。宣传思想阵地，我们不去占领，人家就会去占领。"⑦

（2）社会主义核心价值观教育能助推人民立场之落地

社会主义核心价值观教育能助推人民立场之落地，就是要求将"以人民为中心"的发展思想落地落实，引导人们与一切损害人民利益、脱离群众的行为

---

① 习近平关于社会主义文化建设论述摘编［M］. 北京：中央文献出版社，2017：24.
② 习近平关于社会主义文化建设论述摘编［M］. 北京：中央文献出版社，2017：24.
③ 习近平关于社会主义文化建设论述摘编［M］. 北京：中央文献出版社，2017：34.
④ 习近平关于社会主义文化建设论述摘编［M］. 北京：中央文献出版社，2017：45.
⑤ 习近平关于社会主义文化建设论述摘编［M］. 北京：中央文献出版社，2017：28.
⑥ 习近平关于社会主义文化建设论述摘编［M］. 北京：中央文献出版社，2017：25.
⑦ 习近平关于社会主义文化建设论述摘编［M］. 北京：中央文献出版社，2017：30.

作坚决的斗争。以人民为中心的发展理念是中国特色社会主义的根本价值取向。我们所讲的为人民服务，不是一般的善待人民群众的道德原则，而是社会主义国家治理的最高道德原则、最高的价值诉求和评价标准。邓小平早就从国家制度层面论述了社会主义与资本主义的根本区别："社会主义的经济是以公有制为基础的，生产是为了最大限度地满足人民的物质、文化需要，而不是为了剥削。由于社会主义制度的这些特点，我国人民能有共同的政治经济社会理想，共同的道德标准。以上这些，资本主义社会永远不可能有。资本主义无论如何不能摆脱百万富翁的超级利润，不能摆脱剥削和掠夺，不能摆脱经济危机，不能形成共同的理想和道德，不能避免各种极端严重的犯罪、堕落、绝望。"① "我们为社会主义奋斗，不但是因为社会主义有条件比资本主义更快地发展生产力，而且因为只有社会主义才能消除资本主义和其他剥削制度所必然产生的种种贪婪、腐败和不公正现象。"② 我们之所以坚决反对腐败，就是因为腐败从根本上背离了人民群众的根本利益；我们坚决反对任何欺诈、弄虚作假的行为，同样是因为这些行为危害了人民群众的根本利益。一切危害人民利益的行为，都触及了社会主义制度的底线和国家治理的最根本的道德原则，都是必须坚决反对的。社会主义核心价值观教育旨在维护人民根本利益和国家道德原则，自然要与这些行为做坚决的斗争。值得注意的是，要将"以人民为中心"的核心价值理念贯彻到生活的方方面面，并非易事。

(3) 社会主义核心价值观教育能助益全面深改之推进

新时代，作为"四个全面"战略布局之重要内容，全面深化改革不断向纵深顺利推进，可以通过社会主义核心价值观教育，从而切实引导人们与一切阻碍改革的顽瘴痼疾做坚决的斗争。改革开放的伟大实践证明，改革开放是决定当代中国命运的关键选择，是党和人民的事业大踏步赶上时代的重要法宝。恩格斯曾言："我认为，所谓'社会主义社会'不是一种一成不变的东西，而应当和任何其他社会制度一样，把它看成是经常变化和改革的社会。"③ 改革开放已经取得了巨大的历史成就，但改革不能停步，全面深化改革的总目标是完善和发展中国特色社会主义制度，推进国家治理体系和治理能力现代化。但是有的人以"反思改革"为名否定改革开放，有的人将改革前和改革后的发展阶段割裂开来，有的人以改革中出现一些问题为由认为改革失败了，等等。社会主义

---

① 邓小平文选：第二卷 [M]. 北京：人民出版社，1994：167-168.

② 邓小平文选：第二卷 [M]. 北京：人民出版社，1994：143.

③ 马克思恩格斯文集：第10卷 [M]. 北京：人民出版社，2009：558.

核心价值观维护和推动改革开放，必须坚决反对阻碍改革的顽瘴痼疾，为进一步解放思想、解放和发展社会生产力、解放和增强社会活力、破除各方面的体制机制弊端而鼓与呼，为推进全面深化改革提供思想保证和精神动力。

（4）社会主义核心价值观教育赋能爱国主义之践行

通过社会主义核心价值观教育，能极大赋能爱国主义之践行。新时代爱国主义，就要求人们自觉地维护我国的主权、安全、发展利益，切实引导人们与一切分裂祖国、破坏民族团结和社会稳定的行为做坚决的斗争。正因为国家的主权、安全、发展利益是社会主义国家的核心利益，所以一切敌对势力的目的都在于分裂祖国、破坏民族团结和社会稳定。企图颠覆社会主义国家的政权是敌对势力的根本目的，所有手段都是为这一根本目的服务的。正如习近平所指出的："西方敌对势力一直把我国发展壮大视为对西方价值观和制度模式的威胁，一刻也没有停止对我国进行意识形态渗透，千方百计利用一些热点难点问题进行炒作，煽动基层群众对党委和政府的不满，挑动党群干群对立情绪，企图把人心搞乱。"① 针对西方宣扬的所谓"普世价值"，习近平说："这些人是真的要说什么'普世价值'吗？根本不是，他们是挂羊头卖狗肉，目的就是要同我们争夺阵地、争夺人心、争夺群众，最终推翻中国共产党领导和中国社会主义制度。"② 社会主义核心价值观教育必须揭露敌对势力的阴谋，用正确的价值观引导群众，增强道路自信、理论自信、制度自信、文化自信，努力把我们的事情做好，以实实在在的发展赢得竞争优势，建设社会主义现代化强国，实现中华民族伟大复兴，粉碎境内外敌对势力的不良图谋。

（四）用其他思想政治工作内容完善体系

1. "四史"和形势政策教育、社会主义法治教育是基础性内容

（1）"四史"教育与形势政策教育的内容构成。2021 年，中共中央和国务院印发了《关于新时代加强和改进思想政治工作的意见》一文。文件提出了要加强党史、新中国史、改革开放史、社会主义发展史和形势政策教育的思想政治工作内容。"四史"教育和形势政策教育，是使思想政治工作对象或受教育者，以党史为重点系统学习"四史"，在历史、现实和未来的比较中，赓续红色血脉、传承红色基因、强化红色记忆，在正确认识时代责任和历史使命中厚植爱国主义情怀，明确奋斗方向，知责、明责、担责，旗帜鲜明反对历史虚无主义，继往开来走好新时代长征路。

① 习近平关于社会主义文化建设论述摘编［M］．北京：中央文献出版社，2017：53.
② 习近平关于社会主义文化建设论述摘编［M］．北京：中央文献出版社，2017：27.

为此，一要注重人们的深学细悟。思想是行动的先导。只有思想认识到了，才能真正学懂弄通，学有所得、学有所获。若想让"四史"宣传教育深入人心，就一定要在把牢思想"总开关"上下功夫。而加强学习是引领思想的重要一环，对筑牢思想根基颇有益处。二要注重工作的丰富形式。宣传教育开展得好不好，很大程度上取决于受众的反响好不好。组织好"四史"宣传教育，要树立需求导向，针对不同群体的不同需求而不断丰富内容形式，切实提升吸引力、影响力、感召力。三要注重人们的实践。思想政治工作的成效要靠实践检验。注重理论与实践相结合，依托"四史"宣传教育的各项活动，引导广大干部群众认真学习"四史"，从中感悟"革命理想高于天"的道理，汲取"矢志不渝、拼搏奋斗"的力量，收获"坚守人民立场，牢记初心使命"的坚毅，选择"迎难而上、勇挑重担"的笃行。四要让人们了解国内外发展形势。通过思想政治工作，让党员干部群众对遇到的各种国内国际的热点趋势、时政焦点等新情况新问题，找答案、寻思路，在形势与政策教育中让群众掌握世界历史的"压舱石"，攻更难的关、走更远的路。

（2）社会主义法治教育的内容构成。《关于新时代加强和改进思想政治工作的意见》还提出了加强社会主义法治教育的思想政治工作内容要求。社会主义法治教育，是通过深入学习宣传习近平法治思想，贯彻落实习近平法治思想，开展宪法宣传教育，完善国家工作人员尊法学法守法用法制度，教育引导和培养思想政治工作对象和受教育者的法治思维和法治精神，增强全民法治观念。加大党章党规党纪宣传力度，夯实依法治国群众基础。

这些教育内容所培育的历史意识和法治思维，对提高新时代思想政治工作对象和受教育者的政治觉悟，坚定理想信念，起着重要的支撑作用。

2. 防范化解重大风险宣传教育是现实性内容

党的二十大报告指出："今天，我们比历史上任何时期都更接近、更有信心和能力实现中华民族伟大复兴的目标，同时必须准备付出更为艰巨、更为艰苦的努力……主动防范化解风险，不断夺取全面建设社会主义现代化国家新胜利！"① 历史经验表明，安不忘危，治不忘乱，兴不忘衰，存不忘亡。开展防范化解重大风险宣传教育、总体国家安全观教育，有利于维护国家安全和社会长治久安。加强防范化解重大风险宣传教育，要增强忧患意识，强化底线思维，发扬斗争精神，增强斗争本领，牢固树立总体国家安全观，提高风险防控能力，

---

① 习近平. 高举中国特色社会主义伟大旗帜　为全面建设社会主义现代化国家而团结奋斗：在中国共产党第二十次全国代表大会上的报告［M］. 北京：人民出版社，2022：28.

更好地维护国家和人民群众的根本利益。

第一，注重新安全理念的传播普及。党的十八大以来，在统筹发展和安全指导思想基础上形成的安全发展理念，是推动我国安全发展的强大精神力量，促使党和国家事业取得了一系列历史性成就、发生了一系列历史性变革。牢固树立安全发展理念是一个长期的过程，必须久久为功，持续发力。当前，在我国不断加强总体国家安全观教育的形势下，在人民至上和生命至上的价值观的影响下，我国安全发展理念得到了广泛传播并不断深入人心，但部分地区、部门和社会成员还缺乏安全发展意识、只追求发展而不重视安全、存在在没有筑牢安全堤坝的情况下盲目发展等问题，导致安全事故时有发生，因此要牢固树立安全发展理念，贯彻落实习近平总书记关于安全生产的重要论述，坚持人民利益至上，始终把安全生产放在首要位置，切实维护人民群众生命财产安全。

第二，做好重大风险挑战的心理应对。全面建成社会主义现代化强国，必然要面对更加复杂多样的重大挑战、重大风险、重大阻力、重大矛盾，特别是要解决好人民日益增长的美好生活需要和不平衡不充分的发展之间的社会主要矛盾。必须更加注重发挥制度优势，抓紧补短板、强弱项，不断提高防范化解重大风险的能力，有效应对各类突发事件，确保人民群众享有更多、更直接、更实在的获得感、幸福感、安全感。面对波谲云诡的国际形势、复杂敏感的周边环境、艰巨繁重的改革发展稳定任务，必须始终保持高度警惕，既要高度警惕"黑天鹅"事件，也要防范"灰犀牛"事件；既要有防范风险的先手，也要有应对和化解风险挑战的高招；既要打好防范和抵御风险的有准备之战，也要打好化险为夷、转危为机的战略主动战。着力防范化解政治、意识形态、经济、科技、社会、外部环境、党的建设等领域重大风险。

新的征程上，我们必须增强忧患意识、始终居安思危，贯彻总体国家安全观，统筹发展和安全，统筹中华民族伟大复兴战略全局和世界百年未有之大变局，深刻认识我国社会主要矛盾变化带来的新问题新挑战新要求，深刻认识错综复杂的国际环境带来的新矛盾新挑战，敢于斗争，善于斗争，逢山开道、遇水架桥，勇于战胜一切风险挑战！

3. 美好生活教育是重要内容

如果说，人的"美好生活"主要是指："人的生活在一定的发展阶段所能达到的最高境界和最佳状态。"① 那么说，这种状态显然是以一定的内容为依托

---

① 宋芳明，余玉花. 人民美好生活视域下思想政治教育发展的新任务［J］. 思想教育研究，2018（2）.

的。在一般意义上，人的需要及其满足过程是一个多层次的、不断递进发展的过程。马克思在《德意志意识形态》里边曾提到人的三种形式的生产，即为了满足生存的基本需要，"现实的人"所从事的第一个历史活动就是物质生活资料的生产活动，由此展开自己全部的生活。在物质需求得到基本满足的基础上，继续产生新的需要（包括精神资料的生产）。另外，为了实现人的生命形式的延续，还要展开人自身生命的再生产。正是在这种多重性的生产实践中，人类实现了一定的社会关系和社会结构的生产与再生产，并把自我的本质对象化为客体。这个过程实质上展示了"现实的人"的需要的多样性及其发展性。

在心理学意义上，这种实际需要又被具体描述为生理需求、安全需求、爱和归属感、尊重和自我实现五类，这就是著名的马斯洛需求层次理论。尽管人的需要的满足过程并非机械地体现这种递进关系，但它至少向我们表明了人的需要满足的发展性特征。在现实意义上，40多年来的改革开放，使得我国经济社会发生了翻天覆地的变化，综合国力不断增强，人民生活水平持续提高，中国特色社会主义事业大踏步地向前推进。这一切反映到人民群众的生活实践中，就是人们的实际需要远远超越了一般性的"物质文化需求"，并在物质文化需求进一步增量提质的基础上，对繁荣稳定的经济生活、民主法治的政治生活、丰富多彩的文化生活、公平正义的社会生活等，提出了更加多样化、多层次的现实需求。

尽管人民群众对美好生活的需求依然逃离不出宏观意义上的物质层面和精神层面，但在微观意义上需求的内容的确更丰富了、层次更高了。人民群众对"美好生活"的需要在内容上的扩充和提升，深刻影响着思想政治工作内容的发展与完善，要求积极促进思想政治工作的内容转型。面对我国社会主要矛盾的新变化，思想政治工作内容何以在敏感度和准确度上对之做出回应，直接反映思想政治工作自身的创新力和内在活力。在这个意义上，所谓"内容转型"即指向思想政治工作在社会主要矛盾新变化背景下的内容发展和内容结构的优化。具体而言，内容发展主要指向在整体意义上把"美好生活"本身作为新时代思想政治工作的重要内容，在思想政治工作社会化的运作过程之中，不断向人们阐释清楚"美好生活"的内涵、价值与意义、实现途径等，进而激发人民群众追求美好生活的奋斗精神，为美好生活的实现提供内在动力和发展路径。而内容结构的优化最能体现思想政治工作内容转型的本质。在一般意义上，"思想政治工作内容结构是由思想政治工作内容要素及其关系构成的，主要反映了内容系统各个要素之间质的逻辑关系"①。基于此，面对我国社会主要矛盾的新变化，思想政治工作要在思想教育、政治教育、道德教育、心理教育等既定内容之外，进一步加强生活教育，把人民群众在追求美好生活过程中所蕴含的对自由平等、民主法治、公平正义、文明和谐等的诉求，渗透到生活教育过程之中。马克思曾经指出："意识在任何时候都只能是被意识到了的存在，而人们的存在就是他们的实际生活过程。"事实上，生活世界才真正是人民群众展开生产与生活实践、展开和实现"美好生活"诉求的现实场域。同时，生活世界又是社会矛盾和社会问题的聚集地。基于此，陈华洲等指出，针对我国社会主要矛盾新变化所展现的社会矛盾的领域扩张和范围扩大，"思想政治工作必须开拓自己的关注领域、延展自己的观察视野，对社会中出现的各种新问题和新矛盾进行全面分析和合理解释"②。那么在生活意义上，思想政治工作就要建构一种社会生活范式，把丰富的生活内涵嵌入思想政治工作的知识体系，进而发挥思想政治工作的作用。

这里所言说的生活的内涵是十分丰富的，它涉及人们在生产生活实践中对生活和生命意义的体悟、对现实生活环境和状态的认知与把握、对生活目标的设定和对生活方式的择取、对生活理想和境界的理解与诉求等，直接反映了人与人、人与自然、人与社会的复杂关系。在思想政治工作知识的生产过程中，我们一方面需要积极观照"现实的人"的生活经验及其状态，另一方面要把这种现实经验所抽象出来的有关生活美学、生活伦理、生活哲学等方面的知识，不断转化为思想政治工作的知识内容，进而通过思想政治工作把其所蕴含的思维方式、价值观念和实践智慧等传导给社会成员，启发人们在体验生活中反思生活，在反思生活中超越生活，最终实现人的自由全面发展。也只有这样，思想政治工作内容才能真正体现时代精神，反映人民群众的内在需求，并与党和国家的顶层设计相适应、相契合。

---

① 宋芳明，余玉花．人民美好生活视域下思想政治教育发展的新任务［J］．思想教育研究，2018（2）．

② 宋芳明，余玉花．人民美好生活视域下思想政治教育发展的新任务［J］．思想教育研究，2018（2）．

第四章

新时代社会主要矛盾转化对思想政治工作方法的影响

新时代，我国社会主要矛盾已经转变为人民日益增长的美好生活需要和不平衡不充分的发展之间的矛盾。这个由旧矛盾转变以后的新矛盾，"不仅指出了新时代思想政治工作方法面临着创新发展的新契机与新要求，也为新时代思想政治工作方法提出了要求，指明了方向"①。相对而言，新时代思想政治工作方法创新发展也呈现出许多新特征，逐渐由方法采用上的"单兵作战"向方法集群的"兵团作战"转变，由"大而化之"向"精致育人"转变，由就事论事和直接育人向整体育德和环境育人转变。同时，随着整个哲学社会科学的跨学科发展趋势，新时代思想政治工作方法的发展也吸收借鉴了其他学科的有益方法，特别是信息科学中分析方法的融合运用、网络科学中实践方法的借鉴运用、环境科学中改造方法的参考运用等，不断使思想政治工作方法的内容体系得到更新。尽管各种各样的方法有原则上的操作差异，但都现实地指向了一些核心性的共识要求，都要求在"以人民为中心"的原则遵循下开展思想政治工作、都要求加强思想政治工作的隐性渗透、都要求全面提升现代化信息素养。这也意味着，研究和探讨新时代思想政治工作方法的改进与创新是一项具有重要意义的课题。

一、思想政治工作方法概述

思想政治工作方法的作用，在于实现思想政治工作目标，完成思想政治工作任务。在长期的革命和建设的实践中，我们的党高度重视思想政治工作的方法问题。毛泽东同志曾经指出："我们不但要提出任务，而且要解决完成任务的方法问题。我们的任务是过河，但是没有桥或没有船就不能过。不解决桥或船的问题，过河就是一句空话。不解决方法问题，任务也只能是瞎说一顿。"②

---

① 骆郁廷，项敬尧. 论新时代思想政治教育创新发展的基本遵循 [J]. 思想理论教育，2018（1）.

② 毛泽东选集：第一卷 [M]. 北京：人民出版社，1991：139.

"邓小平强调，越是在深化改革、扩大开放、建立社会主义市场经济的新形势下，越要注重改进工作方法，讲究工作艺术，提高工作水平。"① 在社会主要矛盾发生转变的新时代，思想政治工作的任务更加艰巨，思想政治工作的对象和环境更加复杂，实现思想政治工作方法的创新发展，也就显得尤为迫切。

（一）何谓思想政治工作方法

思想政治工作是我们党的优良传统和政治优势。思想政治工作方法是思想政治工作者为达到一定的思想政治工作目的所采用的手段和方式。作为联结思想政治工作者和教育对象的中介，思想政治工作方法是思想政治工作者为达到特定的思想政治工作目的，直接对教育对象施加影响，并对教育对象的思想转化发生有效作用所采用的方式和手段，而这些方式和手段必须符合常人的思想和行为规律及思想政治工作规律。显然，思想政治工作者的重要性不可忽视。

我们党在长期的思想政治工作实践中积累了丰富的经验，创造了许多行之有效的做法，在革命和建设中及改革中发挥了重要作用。中国特色社会主义进入新时代以来，思想政治工作的环境、任务、内容、渠道和对象等都发生了很大的变化，思想政治工作面临着新的形势、新的问题、新的挑战。因此，我们必须认真研究思想政治工作在不同历史时期及思想政治工作的不同阶段对思想政治工作方法提出的不同要求；必须认真研究新形势下思想政治工作的特点和规律，积极探索做好新时期党的思想政治工作的新方法、新形式、新途径。这是中共中央关于加强和改进党的思想政治工作的一个重要内容，也是思想政治工作者面临的一项重要任务。习近平同志关于新时代加强和改进思想政治工作方法的号召，为新时代思想政治工作的新发展、为在思想政治工作体现和实践"习近平新时代中国特色社会主义思想"的要求指明了方向。

（二）新时代思想政治工作方法创新发展的价值取向

人民立场，是中国共产党的根本政治立场。中国共产党思想政治工作始终坚持以人民为中心的价值取向，把人民群众对美好生活的向往作为努力方向，站稳人民立场，切实发挥思想政治工作凝聚民心、鼓舞民心、汇聚民力的功能作用，着力筑牢全党全国人民团结奋斗的共同思想基础。

1. 坚持以人民为中心具有深厚的理论基础

马克思主义唯物史观认为，人民群众是历史的创造者，是推动社会发展进步的决定力量。马克思在批判宗教创世说时指出："整个所谓世界历史不外是人

---

① 马福运，等. 十六大以来党的思想政治工作创新研究［M］. 北京：人民出版社，2016：91.

通过人的劳动而诞生的过程，是自然界对人来说的生成过程。"① 马克思和恩格斯在其合作的第一部作品《神圣家族》中对人民群众在历史发展中的伟大作用进行了有力的论证，强调"历史活动是群众的活动，随着历史活动的深入，必将是群众队伍的扩大"②。"历史什么事情也没有做……正是人，现实的、活生生的人在创造这一切、拥有这一切并且进行战斗。并不是'历史'把人当作手段来达到自己的目的。历史不过是追求着自己目的的人的活动而已。"③ 可见，广大人民群众不仅是历史的"剧中人"，更是历史的"剧作者"。正是马克思的"剧中人"和"剧作者"的统一，让广大人民群众历史主体地位得到了极大的彰显。列宁继承和发展了马克思关于人民群众创造历史的学说，提出"群众生气勃勃的创造力正是新的社会生活的基本因素"④，明确了无产阶级政党必须同人民群众保持密切联系的基本观点。人民群众的主体地位，决定了我们一切工作都必须坚持以人民为中心的价值取向，思想政治工作亦不例外。

思想政治工作坚持"以人民为中心"，同时也是马克思主义人的自由全面发展观的内在要求。在《共产党宣言》中，马克思、恩格斯认为取代资产阶级社会的"将是这样一个联合体，在那里，每个人的自由发展是一切人的自由发展的条件"⑤。人民是历史的创造者，而人民由无数个体汇聚而成，实现人的自由全面发展是马克思主义追求的终极目标，这就决定了思想政治工作必须坚持以人民为中心，注重人的自由全面发展。唯有如此，才能充分发挥人民群众的主体性作用，才能得到人民群众的广泛拥护和支持。

2. 坚持以人民为中心是党的思想政治工作的宝贵经验

思想政治工作是中国共产党的优良传统、鲜明特色和突出政治优势。党在成立初期，就把坚持以人民为中心开展思想政治工作列为重要议题。长期以来，思想政治工作通过理论教育、政策宣传、思想引导等多种形式有效发挥了统一思想、凝聚共识、鼓舞力量的重要功能，在中国革命、建设、改革各个历史时期都发挥了不可替代的重要作用。

新民主主义革命时期，党的思想政治工作坚持走群众路线，积极面向广大干部群众开展革命宣传和思想动员。毛泽东重点强调"要在人民群众中间，广泛地进行宣传教育工作，使人民认识到中国的真实情况和动向，对于自己的力

---

① 1844 年经济学哲学手稿 [M]. 北京：人民出版社，2000：92.
② 马克思恩格斯文集：第 1 卷 [M]. 北京：人民出版社，2009：287.
③ 马克思恩格斯文集：第 1 卷 [M]. 北京：人民出版社，2009：95.
④ 列宁全集：第 23 卷 [M]. 北京：人民出版社，2017：56.
⑤ 马克思恩格斯选集：第 1 卷 [M]. 北京：人民出版社，2012：422.

量具备信心"①。在轰轰烈烈的农民运动中，党通过举办农民运动讲习所、开展扫盲识字运动等，培训农民运动骨干，普及思想政治工作，提高农民的阶级觉悟和自身素质。井冈山时期，党对边界群众宣传红军的政策，对农民群众开展以打土豪分田地、建立武装和政权为主要内容的思想政治工作，并在此基础上建立了农会组织，"真心实意地为群众谋利益，解决群众的生产和生活的问题"②，由此极大地调动了农民参加革命的积极性。为了统一干部思想，党还广泛开展革命前途教育和革命具体任务宣传，让党员干部明白为什么革命、为了谁革命、如何革命等问题，增强党员干部对革命的信心信念，自觉成为忠诚的无产阶级革命战士。

社会主义革命和建设时期，思想政治工作继续贯彻毛泽东"不要脱离群众，要善于从本质上发现群众的积极性"③的指导思想，紧密围绕群众、依靠群众，结合土地改革和社会主义改造，开展了深入细致的思想政治工作。例如，在土地改革过程中，党的思想政治工作通过政策学习、忆苦思甜等方式有效破解了群众思想上的障碍，调动了斗争情绪，启发了阶级觉悟，使广大人民群众产生了主人翁的自觉意识，有力保障了土地改革的顺利完成。在抗美援朝时期，开展抗美援朝、保家卫国思想教育，有力地调动了群众参战卫国的积极性。在社会主义改造中，坚持"政治工作是一切经济工作的生命线"④的科学论断，广泛开展过渡时期总路线教育，有效调动起人民群众建设社会主义的积极性，顺利完成了国民经济恢复的任务，取得了社会主义三大改造的伟大胜利。

改革开放和社会主义现代化建设新时期，思想政治工作以自身的解放创新，有力地推动了人民群众的思想解放。针对"两个凡是"的思想禁锢，党通过开展关于真理标准问题的大讨论，打破了教条主义的束缚，进行了理论上的正本清源和指导思想上的拨乱反正。针对改革开放后思想领域存在的姓"资"姓"社"的争论、资产阶级自由化蔓延等问题，开展了自上而下的对党的组织和党的作风的全面整顿，开展普遍的马克思主义学习教育。此后，全党又先后开展了"三讲"教育活动，保持共产党员先进性教育活动等，把思想建党不断推向深入。面向广大群众，坚持用马克思主义中国化时代化的最新成果武装头脑，广泛开展社会主义荣辱观教育，提高人民群众的思想道德素质，为改革开放和

---

① 毛泽东选集：第四卷［M］. 北京：人民出版社，1991：1131.
② 毛泽东选集：第一卷［M］. 北京：人民出版社，1991：138-139.
③ 建党以来重要文献选编：第 7 册［G］. 北京：中央文献出版社，1993：205.
④ 建国以来重要文献选编：第 11 册［G］. 北京：中央文献出版社，1995：67.

社会主义现代化建设的顺利推进提供了坚实的思想保障。

3. 坚持以人民为中心深入推进新时代思想政治工作

党的十八大以来，以习近平同志为核心的党中央高度重视思想政治工作，并始终坚持以人民为中心的工作导向，采取一系列重大举措切实加以推进。习近平重点强调了"群众路线是我们党的生命线和根本工作路线，是我们党永葆青春活力和战斗力的重要传家宝"①。新时代思想政治工作继承了以人民为中心的价值导向，注重不断丰富人民精神世界、增强人民精神力量、满足人民精神文化需求。思想政治工作通过转化人的思想观念，开发人的内在潜能，不断提高群众的思想水平、政治觉悟、道德品质、文化素养，调动人民群众创造美好生活、助力中华民族伟大复兴的积极性、主动性。

（三）新时代思想政治工作方法创新的原则遵循

新时代思想政治工作方法创新，要坚持教育与管理相结合的原则，坚持灌输与疏导相结合的原则，坚持解决思想问题与解决实际问题相结合的原则，坚持工作者主导作用与工作对象主动改变相结合的原则。

1. 教育与管理相结合

当前，思想政治工作要通过化解矛盾、理顺情绪、振奋精神，促进党的中心工作深入开展。事实证明，如果重视教育轻视管理，教育就难于落实到行为习惯的养成上。思想政治工作的质量和效果得不到保障和巩固；如果重视管理轻视教育，思想政治工作就没有坚实的思想基础。因此，我们要把教育和管理统一于思想政治工作过程之中，在教育的基础上，运用管理的手段，把思想政治工作过程中教育的"软任务"变为"硬任务"。管理就是通过制定和实施有关的规章制度、纪律守则来约束和评价人们的行为，并给予相应的激励和惩罚，发挥管理的权威性，促使人们养成良好的行为习惯。注重教育和管理相结合，就是要在思想政治工作的过程中实现教育方法和管理方法的统一，提高思想政治工作过程中的整体效应。

2. 灌输与疏导相结合

科学的理论、先进的思想，只有通过灌输，才能为人们所掌握。在当前国际形势复杂多变的环境中，马克思列宁主义、毛泽东思想、邓小平理论、"三个代表"重要思想、科学发展观、习近平新时代中国特色社会主义思想只有通过认真学习反复实践才能不断地为人们所理解和掌握。在对人们灌输科学理论和先进思想的同时，必然会遇到人们思想道德上的迷茫、困惑甚至抵触。这就需

---

① 习近平. 习近平谈治国理政：第一卷［M］. 北京：外文出版社，2014：27.

要我们在灌输的基础上，做好不同人员思想上的疏导工作，消除人们的逆反心理，保证灌输之路畅达，使灌输得以入耳入脑入心。要做好疏导工作，就要结合实际，在分析人们思想上的难点和疑点上下功夫，根据不同的情况采取相应的方式，寓教育于活动中，寓教育于工作中，寓教育于娱乐中。思想教育工作者要以参谋者、商讨者、探索者的身份与人们平等地科学地交流、对话和探讨，动之以情，晓之以理，帮助开拓视野，启发觉悟，让人民群众去体会、去加工，从而将灌输的道理内化为群众自身的意识和行动。

3. 解决思想问题与解决实际问题相结合

"思想政治工作本质上是群众工作，是宣传群众、教育群众、引导群众、提高群众的工作"，① 必须代表群众的利益，维护群众的利益。在思想政治工作方法上，既要解决好思想问题，更要解决好实际问题，做到既务虚又务实，才会收到真实的、持久的效果。如果只注重解决思想问题，不注重解决实际问题，思想政治工作就会形成空洞的说教或许愿，就不会受到群众的欢迎。当前，我国正处于全面改革的攻坚阶段，由各种利益关系引发的人们思想上的问题比以往任何时候都更为突出。因此，我们要从改革、发展和稳定的大局出发，注重解决好群众的思想问题，充分发挥人民群众的聪明才智和调动他们的积极性。同时，要正确分析群众所处的客观环境，切实关心群众疾苦，坚持全心全意为人民服务的根本宗旨，从群众的根本利益出发，积极创造条件，努力解决群众的各种实际问题。坚持解决思想问题和实际问题相结合的方法，用事实教育群众，用我们具体的工作成果教育群众，让群众看得见、摸得着；既明白道理，又受到实惠，在明理时受益，在受益中明理，从而真正体会到党和社会主义的优越性。

4. 工作者主导作用和工作对象主动改变相结合

关于自我教育、自我修养和自我管理，在我国有着古老的传统和丰富的经验，如自省、自反、慎独、改过迁善、居敬存养等，仍有很强的指导意义。当然，我们今天的思想政治工作是一种开放式的教育，对受教育者不能要求像古人那样去闭门思过。要在教育者的指导下，从不同人们的思想实际出发，创造教育机会，启发人们的自觉性和主动性。人们通过自我教育、自我修养、自我管理，自觉地解决知、情、意、行发展中的问题。主动地调节自身精神状态并规范个人的行为，使教育者的意图变为人们的自觉要求。要让受教育者在现代化的社会生活和集体活动中，通过广泛的社会信息的影响，通过批评和自我批

---

① 习近平. 如何做好新形势下的群众工作 [J]. 求是，2005（17）.

评，进行自我监督、自我约束、自我评价。以达到自我反馈、自我调整、自我要求和见贤思齐、见不贤而内省的境界，不断提高思想政治工作的理论知识和在复杂的社会环境中明辨是非、区分善恶、抵制不良影响的能力。

这就要求我们转变观念，冲破旧的传统的道德服从意识，树立现代教育思想，要真正把思想政治工作对象视为学习和发展的主体，把思想政治工作活动看成是对人们学习和发展的引导与规范，主动组织和开展自我教育、自我管理、自我完善的实践活动，促使工作对象思想道德素质不断提高。

二、新时代新矛盾思想政治工作方法的创新境遇

新时代我国社会主要矛盾转化背景下思想政治工作方法创新发展面临着纷繁复杂的时代境遇与创新空间，主要包括了"精准化"的时代境遇与发展趋势，"特殊化"的时代境遇与发展路向，"联合化"的时代境遇与发展走向。

（一）新时代思想政治工作方法"精准化"的发展趋势

历史潮流浩浩荡荡、时代大浪滚滚向前。自世界范围内第一次工业革命、第二次工业革命及第三次工业革命以后，世界一直都是处在飞速发展之中。基于思想政治工作是促进人的全面发展与自由成长的重要手段，故而全世界范围的国家纷纷重视对本国国民的思想政治工作。改革开放以来，我国经济社会处在巨大的发展变化之中，一方面，受生活的时代背景所影响，代际的价值观念差异很大，作为互联网原住民的当今人们，特别是青少年学生群体，他们充满自信、崇尚个性、张扬自我的精神特质，这也就相应地对思想政治工作服务于整体大众，到更加关注个体成长发展提出了更为细致的要求；另一方面，我国的思想政治工作虽有源远流长的发展历史，但作为一门学科，发展至今也不过30多年，学科基础理论研究及其相关研究与实践还有待深化与扩展，这就为我们的"思想政治工作由传统的大而化之向精细化、精致化、精巧化的'精准思政'转变提供了重要契机"①，一些部门和学校也进行很多的实践探索，取得了一些初步的实践成果。

在大数据、云计算、人工智能以及 5G 通信技术突飞猛进的数智化媒体时代，算法推荐作为一种全新的信息配置方式，通过全方位采集和分析用户的注册信息、浏览足迹、网络关系等海量信息，不仅能对用户的个性特征、兴趣偏好、价值取向进行"精准画像"，还能通过精准推荐技术把握用户的喜好内容，迎合用户个性化的信息需求，进而形成"信息茧房"，导致用户信息窄化、观念

---

① 李辉，孙晓晖．精准思政：必要与可行［J］．思想教育研究，2020（6）．

固化，从而给思想政治工作带来挑战。与此同时，算法推荐也使以精准识别为前提、以精准供给为核心、以精准引导为旨归的精准思政应运而生。"所谓精准思政，是以精准思维为方法遵循，以'现实的人'为对象，精准把握人们现实需求，将精当的教育内容以精巧的教学时机、精妙的体验场景，精准地传导给人们，推动解决思想政治工作供需矛盾，满足人民日益增长的美好生活需要。"从方法原理看，精准思政是一种"精准滴灌"，是既紧扣教育目标又回应学生成长期待的科学方法，遵循了统一性与多样性相结合的基本要求。从教育过程看，精准思政既关注"供给什么"，也关注"如何供给"，同时还关注"供给效果"，强调将精准理念贯穿教育的全过程。

1. 社会主要矛盾转化下新时代思想政治工作走向"精准思政"的趋势

（1）精神需求是契合人的本质、实现美好生活的重要内容

精神需求是人们在现实的生存境遇中对自身精神发展的需要。精神需求关系人的切身利益，涉及情感需求、认知需求、价值追求等内容，是彰显人的主体性的重要维度。"现阶段，人们物质需求的满足与精神文化需求的满足是内在统一的，不能偏废任何一方。"① 精神需求契合人的本质诉求，人的本质是社会关系的总和。从客观上说，作为社会性存在物的人，为了自身生存与发展，既有物质层面的需要，也有精神层面的需求，并且总是在物质需求满足的基础上对精神发展不断提出新的需求。党的十九大报告指出："我国社会主要矛盾已经转化为人民日益增长的美好生活需要和不平衡不充分的发展之间的矛盾。"② 这里的"美好生活需要"，不但包含有物质维度的需求意涵，而且包含有精神维度的需求意涵，是两者相统一的"综合凝结体"。"'美好生活需要'不仅注重激发人的需要的丰富性，而且重视拓展人的精神需要维度，从而真正优化人的需要结构，提升人的需要层次。"③ 物质需求是生存性需求，是人的现实生活保障；精神需求是发展性需求，是满足精神生活、促进人的发展的内在动力。精神需求的压抑或缺失，从根本上违背人的本质诉求，严重阻碍人的自由全面发展。因此可以说，精神需求是"人之为人"的根本标识，是彰显人的本质的重要维度。

（2）社会主要矛盾转化背景下人们精神需求的主要特征

精神需求是实现美好生活的重要内容。从实现美好生活的角度看，高品质

---

① 凌石德．论当代大学生的精神需求［J］．湖北社会科学，2014（10）．

② 习近平．决胜全面建成小康社会　夺取新时代中国特色社会主义伟大胜利——在中国共产党第十九次全国代表大会上的报告［M］．北京：人民出版社，2017：11．

③ 秦维红，张玉杰．马克思需要理论视域中"美好生活需要"探析［J］．马克思主义理论学科研究，2020，6（4）．

的精神需求是人对自身生活状态的理性选择。一定的物质生活条件是美好生活的基石，但并不等于"好的生活"。精神获得感、幸福感和安全感是美好生活的重要尺度。随着物质生活水平的提高，人们对精神的高层次需求愈加凸显。当前中国特色社会主义进入新时代，人民日益增长的美好生活需要和不平衡不充分的发展之间的矛盾成为我国社会的主要矛盾。在这其中，美好生活中的精神需求部分正日益增长，因而满足人们更高的精神需求是实现美好生活的必然要求。精神需求是一个动态发展的过程，在不同的历史时期和社会背景下呈现不同的特质。当代青年学生的精神需求图景呈现出新的特征，主要表现在以下方面：

第一，情感需求的强烈性。情感需求是指人们在人际交往中对亲情、友情、爱情、认同感、归属感等方面的需要，这些需要的满足有助于人们获得精神寄托、情感慰藉和情感支撑。情感需求实际上是社交需求的一种体现，人们都通过人与人的交往互动获得情感满足。当前我国正处于社会转型期，人们生活的方式多样、节奏加快，个人发展面临着更多的不确定性和不稳定性，这对人们的心态、认知等都会产生巨大影响，诸多人生矛盾与生活疑虑也齐齐向他们涌来，他们都更加渴望精神指引与情绪疏导。

第二，求知需求的多维性。求知需求是指人们以个人成长发展成才为目的，对知识、文化、价值等相关内容所产生的学习需求。在信息社会，人们的思维更加活跃，不再局限于固有的观点和认知，更加倾向于"存异"和"个性彰显"。然而，专业知识的掌握、收入水平的高低并不等同于认识的广博与精深，很多时代命题都是在突然之间抛掷于我们面前，引发一轮又一轮更为深入的反思。比如，在疫情防控时期，如何认识人类与灾难、人类与自然、个人与社会、人类共同命运等重大宏观命题，如何回答生命安全、公共卫生、法治建设、社会治理、心理调适等微观命题，这些之前看起来与人们精神需求似乎关联不大的命题，如今却与每个人的生活都息息相关。面对海量信息，人们原有的知识储备不足以快速理清所有命题的头绪和脉络，因此他们不知所措、无所适从。对病毒的恐惧、对健康的忧虑、对舆论的茫然、对生态的担忧等思绪，使得人们学习相关知识、传播社会讯息、关注时事动态的主动性空前增强。他们迫切希望掌握疫情防控的方法、保持乐观心态的心理、辨别真假信息的科学方法以及人与自然的相处之道，以更好应对当下的生存困境。

第三，对重大人生问题探求的茫然性。人们对人生意义、生命价值、命运走向等重大人生问题的探索与追问始终根植于内心深处，处于精神需求的高级层次，这些探求关乎精神世界的格局与境界。当前社会的快速发展与急剧转型带来了一定程度的"全民焦虑"，人们普遍承受着较大的身心压力。生活中的一些负面事件极易导致人们茫然无措、悲观失望。对于青年学生而言，除了受到复杂社会环境的影响，还要应对繁重的学习任务，面临激烈的就业竞争以及众多的人生选择，自身压力和外界压力空前叠加。一方面，他们难以定位未来的人生方向；另一方面，通过有限的人生经历，他们也窥探到了生命的脆弱、人生的短暂和命运的无常。当"人生的意义何在""生命的价值如何体现""理想信念的追求还有必要吗"等一系列精神追问摆在他们面前时，此时如果没有足够坚定的信念支撑，没有正确的价值观引导，这样的追问就可能笼罩着片面的、悲观的、消极的、虚无的色彩，原本的理想信念无形中就会受到拜金主义、享乐主义、极端个人主义的挑战。他们可能会从生命的层面反观现实生活，看到人类的渺小，感到理想受挫，从而选择自我逃避、自我否定、得过且过，走进所谓"佛系"生活；也可能会从现实生活的层面反观生命，觉得生命脆弱、人生无常、死亡如影随形，完美的生活计划在灾难面前不堪一击，从而丧失努力的目标和奋斗的激情，盲目得出"人生无意义"的结论。

2. 新时代精准思政破解社会主要矛盾转化下"信息茧房"的深层逻辑

我国社会主要矛盾发生转化的新时代，也是数智化传播技术流行普及的新时代。面对"信息茧房"给思想政治工作带来的多重挑战，如何"破茧"，成为新时代数智化背景下思想政治工作面临的重要问题。思想政治工作传统模式已经不能完全适应数智传播技术的跃迁式发展，不能完全满足教育对象多元化、差异化、个性化的信息需求，不能有效破解"信息茧房"带来的困境，亟待实现精准化转型。"精准思政是思想政治工作传统优势与大数据、云计算、人工智能等前沿技术深度融合，通过精准识别、精准供给、精准引导，实现精准育人效果的一种思想政治工作新形态。"① "精准思政的构成要素，包括精准识别、精准供给、精准引导等，与信息茧房产生的前提一致、运行的技术相通、发展的方向制衡，能够为'破茧'提供可行性条件、有效性支持、必要性依据。"②

（1）可行性条件：以精准识别为基础破解信息来源"茧房"

精准识别是精准思政的前提，它是指精准采集、分析和定位用户特征、用户需求，既包括一般性的用户特征和需求，也包括特殊性的用户特征和需求，特别是智媒时代青年用户认知能力、沟通方式、社会关系、心理诉求等方面的

---

① 李辉，孙晓晖. 精准思政：必要与可行［J］. 思想教育研究，2020（6）.

② 操菊华. 精准思政理念下青年学生的精神需求图景及其引导［J］. 湖北社会科学，2021（6）.

新特征、新需求及其动态变化。智能传播技术为精准识别提供有力支撑：第一，在法律和伦理范围内，借助大数据技术实时记录、收集用户数字印纹，可以最大限度地占有思想政治工作数据，包括基础数据、行为数据、思想数据以及互动关系数据，为多维度掌握教育对象的真实情况搭建全景平台。第二，借助算法分析，挖掘数据之间的关联性，可以对用户群体和个体进行深层次"画像"，准确把握思想政治工作对象多元化、差异化、个性化的特征和需求，包括显性特征和隐性特征、显性需求和隐性需求，为有针对性的思想政治工作决策提供参考。第三，通过对各类网络行为数据的动态捕捉和即时分析，可以实时跟踪用户需求的变化情况和思想政治工作供需双方的互动轨迹，及时研判教育对象思想嬗变趋势，实施相应的教育策略，实现有效互动。

"精准思政以精准识别为基础，与信息茧房产生的前提一致，因此能为破解信息茧房提供可行性条件。"① 运用信息化手段和分析工具全方位、全时段瞄准对象，既是算法推荐时代各类运营商定向配置信息资源、制造"信息茧房"的首要前提，也是思想政治工作实现精准化、提高实效性的重要基础。思想政治工作与大数据、人工智能深度融合，通过脊回归算法等模型精准细分教育对象个体需求、精准把握教育对象需求的变化脉络，打造更符合青年用户个体偏好、行为习惯和价值倾向的思想政治工作主体形象，形成一批吸引力强、契合度高的网络平台和创作主体，有助于打破商业化、娱乐化、自主化的信息来源"茧房"。

（2）有效性支持：以精准供给为核心破解信息内容"茧房"

精准供给是精准思政的核心，它是指在精准识别用户特征和需求的基础上，以需求为导向，为不同对象制定针对性方案，包括精准定制、精准输送，体现个性化、差异化，实现信息资源的供需平衡、精确匹配。智媒时代，精准供给之所以成为可能，一是因为借助数据监控系统，监测时事政治、社会热点、文化娱乐各类议题的流量变化情况，能够精准凝练、策划、生产青年用户可能关心的思想政治工作热门议题，吸引教育对象注意力，实现教育主体与教育对象的议题同构。二是因为借助深度学习技术，对教育对象、教育资源、教育环境等复杂数据进行编码分析，发挥人机协同功能，能够模拟出多元化的方案和内容，提供一对一甚至多对一的选择。三是因为运用人工神经网络技术，能够为每个用户精准推送自适应内容，包括借助遗传算法进行方案选优，根据用户的

---

① 操菊华. 精准思政理念下青年学生的精神需求图景及其引导 ［J］. 湖北社会科学，2021（6）.

不同特质进行内容匹配，达到最优组合。

精准思政是以精准供给为核心锁钥，与信息茧房运行的技术具有相通性，能够为破解信息内容"茧房"提供有效性支持。市场化网络平台运用人工智能算法"投其所好"地向用户投放信息，思想政治工作主体也可以制算法而用之，通过精准供给因材施教。市场化网络平台擅长利用算法技术向用户投放"有意思"的内容，思想政治工作主体同样可以用算法技术投放一些既"有意思"又"有意义"的内容。思想政治工作主体与算法平台有机合作，赋予主流意识形态内容流量支持，提高符合主流价值观的内容在算法推荐"内容池"的占比，能够突破用户的信息内容"茧房"。尤为重要的是，精准供给强调将思想政治工作内容定点投放、推送给每个教育对象，有助于针对性地破解各个"茧房"。

（3）必要性依据：以精准引导为旨归破解信息价值"茧房"

"精准引导是精准思政的宗旨，它是指在精准识别教育对象特征和需求、精准供给思想政治工作内容的基础上，及时地、有针对性地进行主流思想价值的引导和塑造，实现对受教育者世界观、人生观、价值观教育的精准引导，即精准育人。"[①] 在传统的信息权力结构中，主流媒体处于中心地位，在思想文化引导方面具有绝对优势。智媒时代的信息环境愈来愈复杂多元，算法技术成为可以影响和改变价值观的"软性权力"。[②] 善用算法，能够使精准引导成为可能：第一，大数据的发展与应用使用户网络行为数据（如就某个具体事件的单次发言）不再是"信息孤岛"，借助主动识别辨识、无感数据采集等技术，能够充分掌握、分析教育对象思想观念的变化轨迹。第二，借助贝叶斯机器学习，充分挖掘算法数据的预见性价值，追踪、预测用户思想变化趋势，能够及时判断和防控可能的思想道德风险、网络舆情风险。第三，构建"信息反馈—思想诊断—方向校准"互动链，全面收集教育对象在网络互动中的信息反馈，对其认识水平、思想观念、价值倾向进行检测，能够通过精准供给有针对性地进行精准引导和纠偏。相比"大水漫灌式"的灌输模式，精准引导体现了智媒时代思想政治工作的精准"滴灌"、精心施教的鲜明特点。

精准思政以精准引导为旨归，与"信息茧房"发展的方向制衡，为破解信息价值"茧房"提供必要性依据。无论是打造"回声房"的算法技术，还是精准引导所借助的算法技术，都嵌入了设计主体的价值取向和思维体系，但因二

---

① 李辉，孙晓晖. 精准思政：必要与可行 [J]. 思想教育研究，2020（6）.

② 操菊华. 精准思政理念下青年学生的精神需求图景及其引导 [J]. 湖北社会科学，2021（6）.

者目标宗旨不同,从实际结果来看,最终将用户导向相悖的方向。长期以来,算法推荐一味迎合用户"想要看"的内容致使其认识局限、思想偏激。应对挑战,我们需要利用算法,基于用户思想特征向其精准推荐"应该看"的内容,以精准引导破解信息价值"茧房",矫正资本驱动下的算法技术及其对青年用户群体的负面影响。这是智媒时代对思想政治工作主体责任和使命的强烈呼唤。

3. 新时代精准思政破解社会主要矛盾转化下"信息茧房"的实践路径

科学技术是一把双刃剑,以算法推荐为代表的智能传播技术是大数据、人工智能时代利弊同在的产物。面对信息泛滥、信息超载的危机,信息过滤需求日益增长,以适配个性化需求为目的的算法推荐正在成为信息流通领域新的技术范式,并随之引发了"信息茧房"问题。然而,精准思政利用算法技术的"破茧"逻辑,让我们看到技术带来的问题也可以通过技术本身的优化和完善而得到解决。随着思想政治工作实践与前沿科技深度互嵌,具有精准识别对象特征、精准供给优质内容、精准引导主流价值功能的智能传播技术将成为精准破解"信息茧房"、深化网络思想政治工作改革创新的有力武器。

(1)精准识别对象特征,打造用户喜爱的信源主体

要做到"精准识别对象特征,打造用户喜爱的信源主体"[1],就需要"运用大数据、云计算和人工智能对网络痕迹的抓取和分析,精准识别教育对象的喜好和需求"[2],尤其是精准识别网络时代青年人多样、多变的特征和需求,打造用户喜爱的信源主体,才能从源头上破解信息来源"茧房"。

第一,要贴近用户真实兴趣,建设人们喜闻乐见的网络思政信源矩阵,增强"破茧"的竞争力。基于网络互动的客观数据,精准识别教育对象的心理需求、关注热点、流行趋势,建设有吸引力、凝聚力的思想政治工作信源矩阵,这是破解"茧房"难题的前提。一方面,要推动现有网络思想政治工作平台改进文风、画风,升级形象包装,转变传播策略;另一方面,要创建一批人民群众喜爱的网络传播主体,如思想政治工作类虚拟偶像,搭建起图文、视频、直播等多种形式的智媒矩阵,资源共享、多端推送、广泛辐射,提升网络思想政治工作权威主体的吸引力、传播力、影响力,使其在与"茧房"的信源竞争中赢得群众、赢得学生。

第二,要全面掌握各类信源特征,主动吸收人们喜爱的"网络关键人群"

---

① 操菊华. 精准思政理念下青年学生的精神需求图景及其引导 [J]. 湖北社会科学,2021 (6).

② 操菊华. 精准思政理念下青年学生的精神需求图景及其引导 [J]. 湖北社会科学,2021 (6).

充实主流意识形态阵地，化解"茧房"内的风险。数智化时代，自媒体如雨后春笋般迅速发展，一些人们非常熟悉与竞相追捧的"网红""网络大V"等纷纷出现，其中不乏优质内容的代表。各地思想政治工作部门和各学校要善于发现、主动挖掘。尤其是要借助数据采集技术对"粉丝"数、转粉率、点击量、日活率、人气峰值、平均在线人数、用户平均停留时长、有效互动率、排行榜等多项数据进行综合、严谨的分析，识别真正的"顶流"。更重要的是，要通过文本分析精准识别自媒体的立场、观点和价值倾向，扶持并聚合那些正能量、有温度的主播、博主、UP 主，加强对他们的引导，不断壮大高技能人才队伍，化解信息来源"茧房"风险。

（2）精准供给优质内容，创造用户的兴趣新生长点

习近平总书记指出："由于文字数码化、书籍图像化、阅读网络化等发展，文艺乃至社会文化面临着重大变革。要适应形势发展，抓好网络文艺创作生产，加强正面引导力度。"① 只有做到"精准供给优质内容、创造用户的兴趣新生长点"②，才能从根本上破解原有的信息内容"茧房"。

第一，以"注重信息引流、关注信息热搜、引入算法推荐"等技术，积极抢占内容阵地，有效破解"信息茧房"。一方面，要以内容建设为根本，改进和创新思想政治工作内容表现形式，扩大优质内容供给，打造青年人喜闻乐见的网络文化精品，让青年网民享有更加充实、更为丰富、更高质量的网络内容供给。另一方面，要以先进技术为支撑，抢占平台推荐制高点。要加快推进思想政治工作和前沿科技深度融合，综合运用给流量、上热搜、设置顶等手段，主动引导技术价值取向，从技术源头上增加算法推荐的多样性，提高主流价值内容的推荐比例，彰显和壮大主流价值、主流舆论、主流文化。

第二，以"精准滴灌、有效供给、方法创新"等技术，牢牢抓住工作对象，精准击破"信息茧房"。精准供给内容的方式与精准供给的内容本身同样重要。在传统的"大水漫灌式"的思想政治工作模式已经不能满足教育对象多元化、个性化、差异化的需求的背景下，"精准思政要运用信息技术手段将有意义的内容定向地推荐给特定用户"③。为此，首先要打通信息投放渠道。既要建强"学习强国"等中央媒体平台，也要以多样的形态深入知乎、豆瓣、抖音、哔哩哔

---

① 习近平．在文艺工作座谈会上的讲话［N］．人民日报，2015-10-15（2）．
② 操菊华．精准思政理念下青年学生的精神需求图景及其引导［J］．湖北社会科学，2021（6）．
③ 操菊华．精准思政理念下青年学生的精神需求图景及其引导［J］．湖北社会科学，2021（6）．

哩、小红书、校园集市、虎牙、猫扑等知识问答平台、书影音社区、短视频社交平台、生活方式平台、信息互助平台以及游戏赛事、弹幕式互动直播平台，将思想引导渗透到人们学习、工作、生活、娱乐各领域。然后要设计信息投放策略。通过添加话题、限定投放范围、设置推广时段等方式，将理论文章推荐给时评爱好者，将主题 MV 推荐给音乐"发烧友"，将主旋律电影推荐给资深影迷，等等，实现不同内容更精准地触达，提高思想政治工作内容的有效到达率。

第三，要在准确识别用户需求的基础上，预测并刺激新的需求，唤起教育对象追求新知识的欲望，主动冲破"信息茧房"。精准供给内容更长远的目标是通过带领教育对象"发现新大陆"，拓展其兴趣点、知识域，引导其逐步培养起主动突破自我的学习热情、探索能力，发挥主观能动性，走出信息内容"茧房"。这就需要对用户偏好的内容模块进行数据关联分析，并根据模块之间的关联性、连贯性，精准供给以满足其隐性需求。

（3）主流价值精准引导，防范算法的意识形态风险

新时代"以人民为中心"的发展思想，"蕴含了服务人、把握人和培养人的价值诉求，牵动和引领思想政治工作实现'精准到人'的发展"[1]。为此，主流价值精准引导，必须以社会主义核心价值观为牵引，引领和影响数智化技术下的算法逻辑，营造网络空间良好价值生态环境，从根本上防范和规避算法平台的意识形态风险。

第一，面向思想政治工作对象，用主流价值进行精准引导，要借助人工智能算法的技术优势，实现量体裁衣、有的放矢。各级教育行政部门和各学校要积极实施网络影响力综合评价大数据系统项目、网络舆情智慧监管项目等，及时追踪教育对象网络点赞、转发、评论等行为，开展网络文本大数据的语义分析、情感判断、主题词聚类、贝叶斯分析与建模等，透过"数据"看本质，精准把握教育对象的思想动态，有针对性地推送与青年学生话题一致、同时符合主流意识形态的内容，"键对键"、润物无声地破解青年学生的价值"茧房"，精准防范思想道德风险。

第二，面向人工智能算法平台，用主流价值进行精准引导，要发挥思想政治工作的主体作用，实现正本清源、治标治本。数智化时代的"信息茧房"问题，归根结底，是与技术的两面性，尤其是算法推荐鲜明的价值负载性密切相关。因此，要从根本上破解"信息茧房"问题，就必须加强法律法规、行业伦理、社会监督对算法逻辑的监管合力。教育行政部门、专家要参与指导技术研

---

① 李辉，孙晓晖. 精准思政：必要与可行［J］. 思想教育研究，2020（6）.

发，修正算法逻辑，培育符合社会主义核心价值观的网络伦理和行为规则，从源头上为网络思想政治工作提供一个清朗的智媒空间。

（二）新时代思想政治工作方法"特殊化"的发展方向

环境是人所生存生活的背景板，也是人们形成思想的底色。人们通过主观体验对环境中所蕴含的信息进行取舍和判断，最终吸收和内化为自己的思想。人与环境的这种双向互动过程使得自我在自由自觉中得到发展和完善。"环境对于思想政治工作而言，既是引发思想政治工作活动的动机，又提供了思想政治工作活动开展的条件，既影响了思想政治工作活动的过程，又体现着思想政治工作活动的功能与价值。"① 甚至可以这么说，人的思想的形成与发展都可以在环境中找到存在的理由的演变。

新时代以来，随着我国全面深化改革不断向纵深推进，人们的生活环境较之过去而言已经发生了翻天覆地的沧桑巨变，特别是社会主要矛盾已经转变成人民日益增长的美好生活需要同不平衡不充分的发展之间矛盾的情况下，新时代人们对自身的生存与生活环境的要求标准也在发生巨大而深刻的变化，特别是"人民群众对民主、法治、公平、正义、安全、环境等方面的要求日益增长"② 的时代诉求，再加上当今网络新媒体传播科技的日新月异与不断普及，使得网络开始由单纯的传播工具开始变成人们生活方式与生活环境的一部分。一方面，传统的思想政治工作是直接针对人和作用于人的导向产生了超限效应，甚至还会招致和引发部分受教育者和思想政治工作对象的叛逆与反感心理。"营造良好的环境对人们思想意识的提升，精神面貌的改观有显著效果。"③ 另一方面，伴随着"两个大局"背景下的改革创新与高质量发展，社会环境和网络环境中出现了一些消极因素，这些消极因素不仅销蚀了传统思想政治工作的效果，还诱发了课堂讲授与社会体验间的尖锐矛盾，甚至引发了人们的思想混乱。上述种种，使得我们的思想政治工作者意识到，要改变新时代思想政治工作的用力方向，就应该深入实施和不断推动实体环境的以文化人，就应该要深入实施和不断推动网络环境的网络育人。

---

① 常青伟. 思想政治教育环境渗透研究 [M]. 苏州：苏州大学出版社，2015：3-4.
② 习近平. 决胜全面建成小康社会 夺取新时代中国特色社会主义伟大胜利——在中国共产党第十九次全国代表大会上的报告 [M]. 北京：人民出版社，2017：11.
③ 李伟，栾淳钰，赵冶. 凝心聚力：新时代思想政治教育研究 [M]. 重庆：重庆出版社，2020：145.

1. 实体环境建设与优化的"以文化人"

环境是影响思想政治工作的重要因素，在某种先在观念和思想意识的指导下，人可以改变环境，也可以被环境所改变。好的环境能够塑造人正直善良的品格，而坏的环境则不断模糊人的政治意识，降低人的道德底线。无论是"孟母三迁，择邻而居"，还是"蓬生麻中，不扶则直，白沙在涅，与之俱黑"①，说的就是环境所带来的重要作用与影响。思想政治工作是做人的工作，好的思想政治工作能教育和引导人们树立正确的世界观、人生观、价值观、道德观、历史观、法治观等。相较于过去而言，人们常常会将这项工作狭义地理解为用正确的理论来武装人、用正确的观点来说服人。尽管它具有积极性的一面，特别是过去那种重视理论解读与诠释、重视"从上而下"的单一向度的教育与传播、重视系统性的教育与灌输等方式具有其积极意义，但也存在着一个明显不足，那就是忽略了思想政治工作的多维复杂性、协同育人性。如果只重视单纯的理论宣讲与灌输，就是将思想政治工作限制在狭小的学校教育与课堂环境中，但"教育即生活"和"工作即生活"的教育理念与工作价值观，意味着人们是生活在一个很大的环境范围之中的，学校的课堂教学与社会生活实践存在着诸多不一致甚至是矛盾冲突，从而销蚀思想政治工作的积极作用与正面影响，作为党的经济工作和其他一切工作"生命线"的思想政治工作就会失去其应有的功能与价值。以学校思想政治工作为例，课堂教学所引导的价值理念与现实生活的矛盾冲突，经常会表现在：一是校园环境的不人性化对课堂思政教学内容的怀疑，比较明显的是，20 世纪 90 年代末我国高等教育扩招大门开启后，高等教育在学的学生规模逐年增长、数量激增，而这些伴随着手机网络普及所出生成长起来的"00"后大学生，基本都是充分享有丰裕物质生活条件和改革开放红利所成长发展起来的一代，他们对校园硬件环境的水平有了更高的要求，伴随着我国高等教育快速发展的客观现实决定了部分高校在环境硬件的供给上无法满足学生的实际需求，包括学习环境狭小、学习与生活空间狭窄、兴趣爱好活动无法自由开展，这些硬件条件方面的不足和限囿在一定程度上制约了学生的个性发展，也引起了他们对开展学校思想政治工作必要性的怀疑。二是社会大环境的诸多问题和负面现象影响和销蚀学生对学校思想政治工作的认可度与满意度。中国目前正处于社会主要矛盾发生转化的新时代，社会结构深刻变动与社会价值深刻分化的客观实际，再加上新媒体传播科技的迅速普及与流行，社会思潮的激烈碰撞、价值观念的多元多样，甚至一些错误的社会思潮如拜金

---

① 荀子. 荀子 [M]. 孙安邦，马银华，译. 太原：山西古籍出版社，2003：3.

主义、享乐主义和极端个人主义思潮也在部分大学生当中传播蔓延开来，再加上一些影响社会公平正义的司法案件之存在，给大学生的思想价值观念都带来了很大的冲击，从而也就凸显出环境建设在思想政治工作中所扮演的重要角色及所发挥的重要作用。

思想政治工作环境的改善与优化能够提高思想政治工作的实效性。"思想政治工作既在于受者认知度，更在于受者之后的内外转化。思想政治工作不是只着眼于对象效果，更应着意于社会效果，不应只着意于精神效果，还应着意于物质效果。思想政治工作的效果应表现为受教育者（工作对象）接手后的二次传播，即主动地向周边社会进行思想扩散，转化为人们的精神效果，强化进取心，并自觉地转化为自身践行，进而转化为社会的物质效果。"① 当今社会信息环境具有信息多重多元多样多变的重要特质，积极信息与消极信息同时存在、先进信息同落后信息并联存在，如果不加以有效地引导和干预，这些不同性质的信息同时混杂在一起，就会对人的思想与行为产生十分重大且不可估量的影响。所以说，通过提升、优化和改造人们的思想政治工作环境，不断增加正向、积极、先进的信息的覆盖面与影响面，从而使我们的思想政治工作对象受到正向、积极、先进的信息影响与思想形塑。

思想政治工作环境的改善与优化能够提高思想政治工作的感染力。社会是人的社会，人是社会的人。人们总是生活在一定的社会环境当中，在日复一日、月复一月、年复一年的生活与交往中，不知不觉地获得某种生活的经验与价值观的建构。显然，这种生活经验总是蕴含着某种思想信念和某种价值观念，这种思想信念和价值观念来源于现实生活，既有着某种理论原则的基础，也有着某种经验理解的基础。因此，更易于被他人所理解，也更易于触碰人的情感，还更易于激发人的兴趣。所以说，通过提升、优化和改造新时代社会主要矛盾转化背景下思想政治工作环境，将国家和社会所倡导的主流价值观念以信息化和具象化的形式融入环境之中，将日常生活作为价值起点，重视日常生活中的价值建构，使思想政治工作更贴近生活，更贴近人的生活世界与心理世界，从而能够将人的逆反情绪与戒备心理消弭于无形，引起人们的强烈心理共鸣，使新时代承担着新使命、领航新征程的思想政治工作的理论与价值观念复现于一个个鲜活的日常生活场景中，从而在无形中增加思想政治工作的实践活力、理论魅力与现实感染力。

思想政治工作环境的改善与优化能够提高思想政治工作的主体合力。从系

---

① 张世欣. 思想教育规律论［M］. 杭州：浙江大学出版社，2008：52.

统论出发，不但要承认思想政治工作的整体系统在提升思想政治工作效果上有着不可替代的重要贡献，而且要承认社会大环境状况对于人们的思想政治认同也有着不可忽视的重要影响。新时代社会主要矛盾转化背景下社会阶层的利益分化与价值分化十分显著，这对社会共同价值观的建构有重要影响和挑战，也让以往单纯依靠思想政治工作队伍开展工作的传统思路暴露出相当大的缺陷，呼唤最大工作合力的声音就开始凸显和强化，在这种情况下，新时代思想政治工作亟须走出那种传统上以单位思想政治工作为主体的实践活动的泥淖，不断拓展思想政治工作的社会空间，不断吸引更多的思想政治工作主体和载体加入进来，使得置身于这个思想政治工作系统中的每一个人都能够传递正向、积极、友善的正能量信息，"思想政治工作环境渗透是思想政治工作置于整个社会系统中，与经济、政治、文化、社会、生态等现象相联系，传递经审议时，铸造社会和人的精神骨架，维护社会延续和人的全面发展，在推进政治社会化的同时，也实现了思想政治工作应有的社会价值"①。

2. 网络环境建设与优化的"网络育人"

当今时代是互联网的时代，互联网对人们的工作与生活而言，绝不仅仅是可有可无的东西，而是不可或缺的重要东西，它对于人们而言不再仅仅是一种工具，而是一种必不可少的生活方式与生活环境。据中国互联网络信息中心（CNNIC）2023 年发布的第 52 次《中国互联网络发展状况统计报告》（以下简称《报告》）中的数据显示："截至 2023 年 6 月，我国网民规模达 10.79 亿人，较 2022 年 12 月增长 1109 万人，互联网普及率达 76.4%。"② 可见，网络已经真真切切地走进了亿万中国人的日常生活，它不仅是一种与日常生活紧密联系的工具，而且已成为生活本身，因为现在的中国人无论是查找信息、社会交往、生活购物、外出旅行，都是从网上获取信息或购买票证。《报告》还指出："这显示人们的工作生活与互联网联系得越来越紧密，网络正深度地嵌入和深刻地改变人们的生活方式。"③

与此同时，互联网对人们思想的影响日渐加深，呈现出积极影响与消极影响同时并存的局面。从积极方面来看，互联网提供了海量的信息资源宝库和便捷的信息传播渠道，拓宽了人们的知识获取途径，密切了人与人之间的沟通交

---

① 常青伟. 思想政治教育环境渗透研究 [M]. 苏州：苏州大学出版社，2015：63.

② 中国互联网信息中心. 第 52 次《中国互联网络发展状况统计报告》[EB/OL]. 中国互联网络信息中心，2023-09-23.

③ 中国互联网信息中心. 第 52 次《中国互联网络发展状况统计报告》[EB/OL]. 中国互联网络信息中心，2023-09-23.

流，提高了人们的科学文化素质，强化了人们的信息意识和效益意识等现代观念，增强了人们的自主意识与自我教育能力，使得随时学习、终身学习、在线学习、线上线下融合教育等理念深入人心。从消极方面来看，互联网中信息传播门槛比较低，各种好的或不好的信息同时流行于网上，导致垃圾信息泛滥、虚假信息刷屏、错误思潮充斥、虚无主义滥觞、颜色信息盛行，特别是一些不良舆论与社会思潮借助网络大肆进行扩散传播，增加了人们主流价值观选择与建构的难度，再加上网络匿名性的存在，使得人们能够随时随地"吃瓜""围观""畅所欲言"，不可避免地带来人们的社会责任意识弱化淡化、网络道德失范、网络谣言肆意传播等问题，既干扰了人们的思想观念，也扭曲了人们的思想认识。"调查发现，人们的思想政治观念和道德行为意愿极易受到社会现实、虚拟网络、社会思潮等因素影响。"①

如上所述，互联网为思想政治工作发挥主导性作用开辟了新的阵地，丰富了思想政治工作的内容体系，鲜活了思想政治工作的构成要素，缩短了思想政治工作者与工作对象之间的心理距离，提高了思想政治工作的艺术性与实效性。然而，我们也不能忽视的是，互联网由于本身所具有的开放性、隐匿性和去中心化等特征，给当下的思想政治工作带来了新的挑战，这表现为：其一，互联网的开放性，使得传统思想政治工作队伍主导性地位的定位、主动性作用的发挥受到了负面的销蚀性影响，在新闻引导上主流媒体的权威性降低，主流意识形态的覆盖面和影响力都受到了巨大的冲击与影响。其二，由于互联网的匿名性，人们在互联网上能够做到不负责任地随意发表评论，态度倾向与语言表达更为激进和偏狭，容易以偏概全，甚至有可能引发道德失范，增加思想政治工作的引导难度。其三，由于互联网的去中心化，各种形式、各种立场的言论与声音均有表达传播开来的空间，人人都是新闻记者，加之西方价值观念的网络渗入，使得主流价值观的影响范围被缩减，影响程度被减弱，认同度与信奉度均被降低。当然，正视互联网所带来的挑战与威胁，本身也是思想政治工作的重点内容之一，考虑到网络环境与人们生活的深度互嵌，营造和建构一个风清气正的网络环境本身也能够实现"网络育人"之大功效。

风清气正的网络环境之营造与构建能够有效融通"线上思政"与"线下思政"。风清气正的网络环境之营造必须依靠法律法规与制度规范，这不仅能够规范人们的上网行为，还能提升人们的法治意识与规则意识，让人们明白网络并

---

① 李伟，栾淳钰，赵冶．凝心聚力：新时代思想政治教育研究［M］．重庆：重庆出版社，2019：149.

不是不受规约的法外之地。举例来说，早些年打着重新评价历史旗号的历史虚无主义思潮时常见诸网络，一些侮辱英雄烈士的帖子频频见诸网络，这对部分缺乏鉴别力的网民起到了十分消极和负面的思想影响。针对这种情况，我国于2018年制定并出台了《英雄烈士保护法》，该法律对那些侮辱英雄烈士的网络行为给出了明确的法律惩处规定。显然，有了这样的强制性法律规定，既表明了社会主流价值观对历史和英雄人物的态度，也再一次告诫大众，要依法依规来开展自己的网络行为。

风清气正的网络环境之营造与构建有利于弘扬主流价值观。习近平在2018年4月召开的全国网络安全与信息化工作会议上的讲话中明确提出："要加强网上正面宣传，旗帜鲜明坚持正确政治方向、舆论导向、价值取向，用新时代中国特色社会主义思想和党的十九大精神团结、凝聚亿万网民，深入开展理想信念教育，深化新时代中国特色社会主义和中国梦宣传教育，积极培育和践行社会主义核心价值观，推进网上宣传理念、内容、形式、方法、手段等创新，把握好时度效，构建网上网下同心圆，更好凝聚社会共识，巩固全党全国人民团结奋斗的共同思想基础。"① 在正确的思想引领之下，多主体、多手段、多层面的管网治网格局，能够使主旋律在网络环境中弘扬起来，加上网络传播信息的鲜活性，增强主流价值观的感染力，破解"两个舆论场"的被动局面，凝聚国人的共识。

风清气正的网络环境之营造与构建能够激活参与主体的自觉意识与责任意识。网络的开放性，使得每个人都能发声成为可能，但也正是这种开放性，使得每个人的声音只是众多声音中的一种，甚至有极大概率被淹没在信息海洋中，在主体正向价值观和网络负向舆论环境影响相冲突的时候，参与主体的自主参与意识和自觉引导意识会得到加强，参与主体会认识到网络不是外在于自己的一个工具，网络环境不是外在于自己的客观环境，而是自身参与其中的一个环境，自己能够通过发声来澄明其中的错误部分。比如说，屡禁不止的网络谣言，虽然带来了较大范围的负面影响，但也在一定程度上增强了网络参与主体的辨别力与责任意识。

马克思在《关于费尔巴哈的提纲》中指出："有一种唯物主义学说，认为人是环境和教育的产物，因而认为改变了的人是另一种环境和改变了的教育的产

---

① 习近平. 敏锐抓住信息化发展历史机遇　自主创新推进网络强国建设［N］. 人民日报，2018-04-21（1）.

物……这种学说忘记了：环境正是人来改变的。"① 按照马克思的观点，我们通过有意识地去提升和改造以文化人的实体环境，去营造和建设一个风清气正的网络环境，增强思想政治工作的实效性和感染力，使得课堂与社会、线上与线下思想政治工作相衔接，实现思想政治工作方法的更新。

（三）新时代思想政治工作方法"联合化"的发展走势

现代思想政治工作，本身就包含着由一系列方法所组成的方法体系。正如《思想政治教育方法论》一书将思想政治工作方法大致分为："原则方法、认识方法、实施方法、调节评估方法、研究提高方法五大类，其中每一类型下面又有着相应的细分，比如认识方法中又分为思想信息的获取方法、思想信息的分析方法、思想政治工作的决策方法。"② 其中，思想信息的获取方法又包括矛盾分析法、因果分析法、比较分析法、质化量化分析法，等等。由此可见，思想政治工作方法群是非常庞大的。传统思想政治工作方法尽管也强调多种方法的综合运用，但实际上大多数场合仍然是侧重于"单兵作战"式的方法使用，比如说批评与自我批评相结合的方法、心理咨询法、经验性工作方法等，这些传统的"老把式"思想政治工作方法确实在思想政治工作过程中发挥着十分重要的作用，是未来还将继续依仗使用的重要方法。但随着时代发展和思想政治工作各因素的变革，单一、单向、单个的思想政治工作方法，往往会在应对新的思想政治工作问题时失之于快捷性、全面性、针对性，因此新时代思想政治工作方法群的"联合化作战"与聚合使用就成为必然的发展走向与趋势。

1. 单一方法的使用失之于快捷性

在过去的传统媒介时代，信息传播手段与渠道基本囿于报纸、杂志、广播、电视等传媒介质，具有形式单一、时效性差、交互性不强、信息量有限、内容保存困难、信息流动不畅等缺点与弊端当时的媒介主要是大众媒体，其传播方式是"单对多"和"点对面"，是"少数人面向多数人的传播"，是一种封闭的单向被动方式，传播出去的信息也往往经过"把关人"的层层筛选与多重过滤之后，再以精打细磨的形态呈现给广大人群，传播者与受众之间的界限是泾渭分明的，从而造成信息传播渠道不畅通、信息沟通不及时。显而易见的是，随着当今传播科技的日新月异及移动新媒体的迅速普及，我们的信息传播业态与格局已经发生了巨大改变，去中心化与再中心化的传播格局逐渐被形塑出来，"人人都是记者，人人都有麦克风，人人皆可生产、传播、分享和反馈信息，人

---

① 马克思恩格斯文集：第 1 卷［M］. 北京：人民出版社，2009：504.

② 郑永廷. 思想政治教育方法论［M］. 修订版. 北京：高等教育出版社，2010：60.

人都可成为一种新媒体平台"①，传播方式也开始变为"所有人对所有人的传播"。在这种多元开放复杂的网络新媒体时代，人们熟稔地利用各种新媒体工具，不断呈现着"想说就说""想写就写"的言论表达图景。可以这么说，今天的人们已经不再是传统媒体时代信息的被动接受者，而是新媒体时代主动的信息生产者与传播者，他们具有强烈的个性意识、自我意识和表达意识，他们习惯于通过移动互联网来实时接收各类信息、了解新闻资讯、遨游信息海洋、阅读相关文章。也正是由于网络信息传播的快速即时性及当代网民自我表达意识的不断增强，在给我们的思想政治工作带来发展新契机和教育新气象的同时，也容易引起一些突发性的思想政治工作问题。相对过去单凭经验的单一思想政治工作方法而言，就必然要求综合运用多种方法，比如通过信息化方法和大数据方法的介入与加持，能有效弥补单个方法失之快捷性的缺点，从而提高思想政治工作的时效性。

2. 单向方法的使用失之于全面性

正如前面所提到的，思想政治工作方法是一个由多种多样方法所组成的整体方法集群和方法内容体系。其中，每一种方法主要是为了解决某一具体领域和具体类型的问题，比如观察法是人们在自然发生的条件下，有计划、有意识、有目的地对被观察者的言论与行动进行考察的一种方法，而所谓"在自然发生的条件下"，是指不直接影响被观察者的思想情绪，不干涉被观察者的行为，同时观察者能够设身处地、身临其境地对思想政治工作现象与问题进行感知与了解，并能够对现象与问题之间所存在的因果关系采取正确推理的思想政治工作方法，故又称直接观察法或观察体验法。显然，基于直接观察和亲身体验的思想政治工作方法，对于收齐和获取相应的思想政治工作信息有十分重要的作用。再比如说，所谓自我教育法，就是指人们在政治、思想、道德以及心理等方面进行政治素养、思想修养、道德品行、心理品质等方面的自觉反省与自我提高，从而在反思、反省和自我主观世界的改造中不断提升思想政治素质、思想道德素质及身心健康素质的一种思想政治工作方法。比较而言，这两种思想政治工作方法的工作领域与价值指向明显迥异，因而在解决具体的思想政治工作问题时也就明显不同。

思想政治工作是一个复杂的开放系统，牵涉到诸多方面和诸多层次的力量与要素。"从现代思想政治教育条件的变化发展趋势来看，合力育人不但必要而且紧迫；从时代性看，以综合化、信息化、全球化为特征的新媒体时代客观上

---

① 王敏，邹燕矫. 微时代高校德育工作三题 [J]. 衡阳师范学院学报，2014，35（4）.

强化了思想政治教育'合力性'的应然性。"① 就某个具体的突发事件所表现出来的一个临时性问题，其背后往往需要调动和借助多个主体与多种方法才能有效应对并加以解决。比如说，可能需要借助社会调查法来获取和收集相应的思想政治工作信息，还可能需要借助矛盾分析和系统分析法确定思想政治问题的具体性质、关键环节及主要着力点，同时还可能需要借助决策分析方法制定系统性的解决方案，当然也还需要借助理论宣传教育方法和实践锻炼方法进行明确的认知革新。此外，它还可能涉及具体制度环境和人文环境的改造优化与氛围营造，环境分析法也是不可缺少的重要方法。如果说，某一思想政治工作现象与问题涉及某一单独受教育者或思想政治工作对象的思想与心理问题，可能还需要加强个性化的答疑解惑与心理疏导方法的介入。所以说，新时代社会主要矛盾转化背景下思想政治工作方法的选择与采用，如果仅仅局限于单一方法，就必然会显得手忙脚乱、难以有效应对，就必然会失之于全面性，只有综合运用、协同运用各种思想政治工作方法，并不断吸收其他学科的新知识新方法，才能进一步加强新时代思想政治工作，从而不断提升新时代思想政治工作方法运用的有效性。

3. 单个方法的使用失之于针对性

习近平在全国高校思想政治工作会议上强调要"提升思想政治教育亲和力和针对性，满足学生成长发展需求与期待"②。所谓针对性，是指对确定的对象采取的具体措施，要根据明确的问题或目标采取切实可行的方法与措施。思想政治工作的针对性，就是指在思想政治工作的开展过程中，要根据实际情况去贴近学生，切实解决学生存在的政治观点、思想认识、道德观念等各方面的问题，对思想政治工作对象进行正面的指引。思想政治工作是做人的工作，必须坚持以人为本，教育引导人们观清大势、识别主流、明辨是非，了解和掌握人们的所思所想，以及人生与现实困惑，紧紧围绕社会热点、民生问题、党的创新理论、工作重点难点等来回应人们的思想诉求。在这一过程中，必须坚持宣传教育、学理阐释、思想引导相结合，必须树立问题意识，不仅能够围绕人们的现实关切与问题诉求进行系统的疏导与引导，并用相关案例佐之以证明。也由此可以得出，要做好思想政治工作，单靠某一种方法很难取得满意效果，必须多管齐下、多法并用。

---

① 刘社欣. 思想政治教育合力研究［M］. 北京：人民出版社，2013：4.
② 习近平在全国高校思想政治工作会议上强调：把思想政治工作贯穿教育教学全过程　开创我国高等教育事业发展新局面［N］. 人民日报，2016-12-09（1）.

就人们的思想与行为来说，一方面，人们在传统习惯、地域分布、家庭背景、性格特点等因素的千差万别，决定了人们的思想与行为特质的各不相同；另一方面，随着现代新媒体的日新月异与普及流行，社会"微"化传播也异军突起，新媒体传播更加分众化和精准化，人们之间关注的兴趣焦点不同，所讨论的话题也就相当不同，甚至所习惯使用的网络语言表达也各不相同，这就使得人们的异质化倾向进一步加剧。正如习近平所言："思想政治工作，从根本上说是做人的工作，必须围绕学生、关照学生、服务学生，不断提高学生思想水平、政治觉悟、道德品质、文化素养，让学生成为德才兼备、全面发展的人才。"① 思想政治工作，首先做的，就是对具体的人进行深入了解。以前的思想政治工作，可能依靠单一方法就能够得到很好的解决，是因为在过去时代背景下人们思想行为的同质化水平比较高，几个人关心的问题也集中反映了绝大多数人所关心的问题，因此思想政治工作模式相对而言是比较统一的，但在现代新媒体环境的大时代背景下，人们思想行为及价值分化、异质化程度更为明显地凸显出来，这就意味着我们的思想政治工作方法需要综合考虑和灵活运用多种方法来制定个性化的思想政治工作方案，从而不断提升思想政治工作的整体效能与实际效果。

三、新时代新矛盾思想政治工作方法创新发展的新内容

新时代我国社会主要矛盾转化背景下思想政治工作方法改革创新与高质量发展，需要积极借鉴信息科学的分析方法、融合网络科学的实践方法、吸收环境科学的改造方法等。

（一）借鉴信息科学的分析方法

作为当代英国也是当代世界最具影响力的社会思想家、未来学家阿尔文·托夫勒（Alvin Toffler）曾指出："世界已经离开了暴力和金钱控制的时代，而未来世界政治的魔方将控制在拥有信息强权的人手中，他们会利用手中掌握的网络控制权、信息发布权，利用英语这种强大的文化语言优势，达到暴力和金钱都无法征服的目的。"② 也正是在这个意义上，面对新时代中国社会主要矛盾的转化，我们思想政治工作应该适应信息化社会的必然趋势与信息化中国的时代诉求，积极借鉴信息科学的分析方法，促进思想政治工作方法的新时代变革与

---

① 习近平在全国高校思想政治工作会议上强调：把思想政治工作贯穿教育教学全过程　开创我国高等教育事业发展新局面 [N]. 人民日报，2016-12-09（1）.
② 托夫勒. 权力的转移 [M]. 刘江，等译. 北京：中共中央党校出版社，1991：465.

创新，成为新时代思想政治工作方法的题中应有之义。

1. 信息科学方法在教育领域的发展历程

信息化一词，最早由日本学者梅棹忠夫（Tadao Umesao）在 20 世纪 60 年代提出，后来又扩展性传播到西方国家和地区。我国在《2006—2020 年国家信息化发展战略》中将信息化定义为："信息化是充分利用信息技术，开发利用信息资源，促进信息交流和知识共享，提高经济增长质量，推动经济社会发展转型的历史进程。"可以说，信息化与互联网密切相关，信息化随着互联网技术的发展先后经历了"以单机应用为主的信息化 1.0 和以联网应用为主的信息化 2.0 两次高速发展 阶段之后，正在进入'人机物'元融合的信息化 3.0 发展阶段"①。无论是信息化 1.0、信息化 2.0，还是信息化 3.0，其本质特点都是信息海量化，即人类社会的任何资源可以依托互联网转化实时交互、分析与组合的信息。信息化的到来，不断影响和改变着人的生活方式、思想观念和思维方式，进而通过对人们的影响渗透到国家与社会治理的各个方面。因此，新时代社会主要矛盾转化背景下的思想政治工作，应该积极改变传统老套的思想政治工作观念和方式，积极探索信息化条件下思想政治工作新的实现形式。

教育部先后出台的《教育信息化 2.0 行动计划》《智慧校园总体框架》都强调要推进新时代教育信息化发展，推进新技术与教育教学的深度融合。教育信息化是将信息作为教育系统的一种基本的构成要素，并在教育的各个领域广泛利用信息技术，对教育内容（信息）进行分析处理，加工改造、组织传播、共享使用，以期实现教育现代化的过程。教育信息化是国家信息化的重要组成部分，也是深化教育改革、提高教育质量、培养创新人才的重要路径，亦是改变教育思想与观念，实现教育跨越式发展和高质量发展的必然选择。正是因为教育信息化有如此重要的地位和作用，西方国家自 20 世纪 90 年代开始纷纷在国家发展规划中，提出了自己的教育信息化改革并制定相应教育信息化发展规划方案与计划。

2. 信息科学思维方法的特点

信息科学是研究信息传输过程与信息传播规律及其实践应用的科学，是由信息论、系统论和控制论、数学与计算科学理论、计算机科学与技术理论、人工智能理论等相互渗透、相互结合而成的一门新兴的综合性应用性的具体科学。信息科学的核心理论工具与学科支柱是系统论、信息论和控制论。"系统论把客

---

① 赵浚，张澍军. 信息化 3.0 时代网络思想政治教育的复杂性探赜 [J]. 思想教育研究，2022（10）.

体看作系统，从系统整体考虑其内部关系和外部关系，规定其结构，并努力引进形式语言和数学方法，由定性描述逐步过渡到定性与定量相结合的描述。信息论则把研究对象作为信息系统看待，考察信息流程及其规律，包括信息的输入、存贮、处理、反馈、输出和接收。控制论以控制系统为研究对象，仅考察控制关系和与控制相关的关系，而不管其负荷者的性质和状态，从而使人们认识世界，从以传统的孤立的'实物中心'过渡到单值的'系统中心'，并进而过渡到多值的'无系统中心'，从线性过渡到非线性，从单一测度过渡到多测度，从主要研究纵的关系过渡到纵、横交错的关系。所有这，都将把人们的目光引到一个新的世界图景。"① 由此看来，在社会主要矛盾转化背景下的新时代思想政治工作，借鉴引入和积极采用信息科学分析方法，将思想政治工作当作一个由要素构成的、受到信息影响的整体去研究，既研究整体与部分、部分与部分、系统内部与外部环境的相互关系和作用，也研究信息对这些要素之间相互影响的作用，进而探究人们的思想活动与思想政治工作发展变化的规律，为思想政治工作的决策与实施提供科学依据。

现代信息科学是一门不断发展的科学，虽然其中的理论在不断更新，但强调看待事物的整体动态性、强调要素以及整体的影响等观点，始终未变。信息科学的分析方法在目前的综合实践运用中，主要体现在大数据挖掘与分析方法上，而大数据不仅仅是一种技术，更是一种思维方式，"信息化时代的到来，不仅是科学范式的转换、思维方式的革命，也是一场思想教育方式、思想接受方式的革命"②。正如牛津大学网络学院研究大数据科学的权威专家舍恩伯格（Viktor Schönberge）所说的那样："在我们看来，大数据是一种价值观、方法论，我们面临的不是随机样本，而是全体数据；不是精确性，而是混杂性；不是因果关系，而是相关关系。这是一场思维的大变革，更是一个互动的过程。"③ 了解和掌握这种信息时代的大数据思维方式，对促进新时代思想政治工作方法现代化变革具有重要意义。具体而言，以大数据为核心表征的信息科学思维方法的特点表现在如下方面。

第一，它是一种重视数据价值的整体性思维方式。社会科学在研究人们的思想动态时，惯常的研究方法是抽样调查法、个性访谈法、相关研究法、资料

① 廖士祥，李文耀. 试论系统论、信息论和控制论在认识史上的意义［J］. 江西社会科学，1992（2）.

② 郑永廷. 思想政治教育方法论［M］. 修订版. 北京：高等教育出版社，2010：60.

③ 舍恩伯格，库克耶. 大数据时代［M］. 盛杨燕，周涛，译. 杭州：浙江人民出版社，2013：67.

分析法等，这种研究方法更多的是一种样本研究或部分研究，所遵循的是一种样本思维方法，所呈现出来的是一种"管中窥豹"的推理逻辑，具有"以小见大"的思维特征。换言之，这种思维方式是一种"以部分推导整体""以个性代表一般"的认知性思维模式，它也常常意味着一种基于技术力量不足、数据资料有限的前提情况之下的"无奈之举"式的思维方式。尽管如此，这种研究方法和思维方式，对整个人类社会科学发展和人类文明进步做出了巨大的突出贡献，特别是历史上一些经典的抽样调查研究案例，对于今天的社会科学研究仍然具有不可忽视的重大方法论意义。但也同样需要引起注意的是，以往的样本思维和抽样调查方法也存在着十分明显的不足与弊端，让很多的"被代表"和"被雷同"现象与问题显性化地彰显出来，从而使得研究结果具有一定的局限性和不稳定性。

　　然而，在大数据技术日新月异飞速发展的今天，研究与分析技术的发展进步使得人们的思想与行为以数据可视化形式呈现出来变成可能与现实，可以这么说，发生在当今时代的每一次网购记录、每一次出行数据、每一次言论发表、每一次动态更新等，统统都以数据的形式存储起来，这为人们第一次有条件获得和使用完整数据，并首次从整体上为人们的思想状况与行为倾向的判断与把握提供了完整准确的数据支撑，与此同时，它也要求每一个思想政治工作者必须具备整体性思维，在通盘考虑、整体观照和系统分析中，去把握全局与整体，遵循着从整体代表部分、以一般推演特殊的认知性思维模式，具有"得其大者兼其小"的思维特质。可以这么说，正是大数据客观、有效地呈现出人们真实的思想行为动态与倾向，使得新时代思想政治工作有针对性地开展工作。概言之，用舍恩伯格的话说，那就是"大数据让我们更清楚地看到了样本所无法显示的细节信息"①。

　　第二，它是一种重视互动关系的相关性思维方式。在过去的传统小数据时代，人们经常使用因果思维去证明两个事件之间的必然联系，遵循着"由因到果、由果寻因"的思维方式，人们看到问题后的第一反应就是想方设法寻找问题背后的根本原因，弄清事物的来龙去脉及其本质指向，思考和解决相应的对策与措施就是"问题—原因—对策"的逻辑思维框架。不可否认的是，这种传统的因果思维，在过去很长一段时期内，对于人们认识和把握事物及其发生发展规律都产生了十分重要的作用，以至于人们在未来仍然需要借助它来为认识

①　舍恩伯格，库克耶．大数据时代［M］．盛杨燕，周涛，译．杭州：浙江人民出版社，2013：17．

和改造世界提供帮助。然而，也有一个不容忽视的问题，那就是延伸和具体到人们内心的思想、心理与精神领域，则容易产生错误与问题。这是因为，人们的心理与精神世界及思想变化等具有一定的易变性、动态性和假象性特征，这就意味着单一的因果思维，会比较容易导致缘木求鱼现象的出现。

然而，随着大数据信息时代的到来，传统小数据时代的因果思维不再那么受欢迎，人们更倾向于相关性思维的实践运用。所谓相关性思维，即关注数据间的关联性，从原来凡事都要问一个"为什么"的疑惑感，到现如今更喜欢"是什么"的真实感。通过大数据的挖掘提取与分析操作技术，能够让多维数据间的关联关系呈现出来，人们不仅可以发现过去曾经被长期忽略的联系，还能掌握过去人们难以了解和掌握的思想心理动态与价值行为倾向，从而能够更加立体、完整、准确地反映一个人的真实状况。比如说，在高校思想政治工作领域的奖助学金评选问题上就比较明显地体现了出来，国家设立奖助学金的目的，是为了资助家庭经济困难学生能够继续完成学业，所以说当评选奖助学金时，如果只看到学生本人的书面和口头申请以及大学生所在当地的村、镇或社区、街道的家庭经济困难情况证明或说明材料，就难以避免信息失真的情况，而现在借助于大数据技术，可以分析大学生的网络购物信息、校园卡刷卡消费记录等情况，这就更容易了解和得出大学生的真实经济状况与真实消费水准，既能够精准把握和了解受资助对象的家庭经济状况，也能够进行精准式的经济困难帮扶与资助，也为学生的资助体系建设提供有效的参考与支撑。

第三，它是一种重视混杂数据的个性化思维方法。在以往的传统型研究范式下，对人们的思想状况进行研究，多是根据个人身上所呈现出来的，如地域、年龄阶段、职业、性别、爱好等类别标签，大体上推测出某个具体个人的性格特征，形成对受教育者的预先研判。显而易见的是，这种对个人性格与思想状况的研究判断，多是以往个性化教育的前提与基础之所在，而且特别凸显出思想政治工作者的高经验要求与高工作能力，这主要是因为，如果一个人经验积累越多、工作能力越高，那么他（她）通常对一个人思想与行为的研判也就相对更准确。尽管通常情况就是如此，但显然另一个问题也就容易凸显出来，这种基于传统经验能力的思想行为研判，具有很大的推测成分的意蕴，显然也会存在着看走眼的时候，也会存在着研判失真失误的时候。所以说，以往过去那种受限于技术条件与水平的思想政治工作方法，其实并不能完全、真实、准确地反映出一个人的真实思想状况。

然而，随着大数据信息时代的快速来临，虚拟现实已经日益融为一体，在移动互联网技术的支撑下，人们的每一个行为行动都能成为网络上的数据并被储存起来，淘宝、拼多多、京东、美团、百度、QQ、微信、贴吧、饿了么、携程等网络平台，都能时刻记录个人的偏好、消费、言谈、社交等生活数据与交往数据，各种新闻网页、抖音快手、优酷视频、网络音乐等统统记录着人们的个人嗜好数据……这些数据的共性特点就是海量且杂散，具有多样性和碎片性，我们的思想政治工作者能够充分利用大数据挖掘与抓取技术，将这些混杂、多元、海量的数据有针对性地提取出来，建立关联性数据，从而能更加准确地了解和掌握一个人真实状况。

第四，它是一种重视发展预测的前瞻性思维方法。正如前面已经提到的，以往传统的小数据时代，由于技术条件与水平的限制，存在着很多影响人们思维判断的不确定、不可控的因素，导致人们的预测能力十分有限，对很多突发性事件都不能做到事前预警，经常还要做很多的事后补救工作。这在某种程度上，其实也反映出过去的思想政治工作者存在着信息获取能力不足、信息获取量级不够、信息关联分析欠缺等方面的明显缺陷，以至于亟待建立一种重视发展预测的前瞻性思维方法。

然而，大数据信息时代的到来，使得以往小数据时代的技术手段不足与数据资料不全等问题已经被突破、克服和解决。大数据信息时代的全息数据、海量数据的客观存在，以及"建立在相关关系分析法基础上的预测是大数据的核心"①的逻辑，让思想政治工作对象思想与行为的相关大数据信息能够真实、立体、全面地呈现出来。而建立在相关性分析基础上的思想政治工作大数据，可以被前瞻性地进行科学预测和超前防范，可以让不良的思想观念和错误的行为行动能够被预先矫正引导和及时纠偏，做到防微杜渐和"防患于未然"。用舍恩伯格的话说，那就是"在大数据时代，这些新的分析工具和思路为我们提供了一系列新的视野和有用的预测，我们看到了许多以前不曾注意到的联系，还掌握了以前无法理解的复杂技术与社会动态"②。按照舍恩伯格的说法，大数据所具有的"前瞻预测"特性，能够明显地驱动和赋能新时代思想政治工作从"事后补救"向"事前预防"的模式转变，从而能极大地促进思想政治工作的实践规划与教育思路，极大地提高新时代思想政治工作的针对性、前瞻性与有效性。

3. 信息科学思维方法在新时代思想政治工作中的应用与实践

2016年习近平总书记在全国高校思想政治工作会议上强调，"要运用新媒体

---

① 舍恩伯格，库克耶. 大数据时代［M］. 盛杨燕，周涛，译. 杭州：浙江人民出版社，2013：75.
② 舍恩伯格，库克耶. 大数据时代［M］. 盛杨燕，周涛，译. 杭州：浙江人民出版社，2013：83.

新技术使工作活起来，推动思想政治工作传统优势同信息技术高度融合，增强时代感和吸引力"①。大数据信息时代的"大数据思维"与"大数据方法"作为现代信息科学发展到当今时代的典型代表，已经引起了国内外学界与业界的广泛注意，很多专家与学者都对大数据方法在当今的教育与管理领域的应用前景做了精彩的图绘。但从总体上来看，目前的大数据思维方法在思想政治工作实践中还处于摸索和探索阶段，一些总体上的实施路径与实践参考表现在如下方面。

第一，大数据意识与大数据思维的进一步树立和普及。随着大数据信息传播方式的革命性变革，人们逐渐开始意识到"数据化生存"的大行其道与势不可当。从大的方面来看，全国性的经济调查与人口普查，涉及海量信息的生成与存储。从小的方面来看，一个小小的手机网页之点击，也同样涉及千千万万的数据资料之生成与存储。可以这么说，大数据信息时代，就是一切都是以数据信息为中心的时代，它不仅要求人们树立大数据意识，更要培养一种大数据思维，特别是培养数据挖掘与采集意识。它不仅意味着需要加强大数据信息的存储方式开发和管理技术创新，以切实利用大数据信息服务人们的社会实践活动，而且意味着加强大数据信息的分析与处理，从海量数据中找出人们思想行为不同方向的相关性，充分了解受教育者的价值观念和思想动态、心理倾向和行为选择，增强数据敏感性，让数据说话，提高新时代思想政治工作的科学化与说服力。具言之，需要加强两个方面的制度建设：一方面，需要整合现有资源，加强信息收集平台建设。就高校而言，目前我国高校教育管理服务网络化建设已经广泛铺开并普及，如校园网络服务平台、图书馆信息网络管理系统、餐饮服务平台等，每天都生成海量的结构化数据与网络信息。此外，通过校园网链接的微信、微博、视频、网页新闻、音乐、游戏平台等，也在大量创造和生成各种各样的数据信息，这就需要思想政治工作者树立大数据思想政治工作意识，把各式各样的海量数据信息有效整合利用起来，从而形成一套搜集舆情舆论、加强信息挖掘、开展综合评价为一体的思想政治工作大数据系统。另一方面，打破数据壁垒，保证相关单位和个人可以协作共享，虽然互联网已经普及，个体和群体的行为能够以数字化的形式呈现，但由于部门间缺乏大规模的信息互通与数据共享机制，每个部门都掌握了海量数据，但都是零散的碎片化的信息，缺乏数据的系统性和完整性，也缺乏各种关联大数据的相关性分析，

_____

① 习近平在全国高校思想政治工作会议上强调：把思想政治工作贯穿教育教学全过程 开创我国高等教育事业发展新局面［N］. 人民日报，2016-12-09（1）.

所以说只有打破数据壁垒，才能真正激活数据间相关关系所呈现的大数据价值，从而帮助我们的思想政治工作者进行科学决策、有效分析，最终提高思想政治工作的针对性、科学性和有效性。

第二，基于个体真实需求大数据的个性化工作模式之构建。现如今，我国已经真真切切地进入移动互联网时代，手机普及率已经达到98%以上，就连现如今我国的农村，手机也基本做到了普及。所以说，现如今的生活时代，已经让人们的思维方式与行为方式与前人大为不同。受互联网大背景的影响，如今的青少年学生是最"数字化生存"的一批人，他们的学习、工作、生活、交往等信息与互联网紧密联系在一起，由此生成了关于他们自身的海量而庞杂的大数据信息库，这为大数据分析方法在教育管理领域的实践应用奠定了坚实的基础。新时代思想政治工作者，通过充分挖掘抓取海量庞杂的大数据信息库的有效信息，从而更全面了解掌握个体思想政治工作对象的思想与行为选择，不断探究各种数据间的相关关系，进而为更好地开展思想政治工作提供了科学依据，也有利于助力思想政治工作的个性化开展。当然，由于思想政治工作主要是人文性质的工作，因此大数据分析方法的应用，对思想政治工作队伍提出了许多能力上的提升与革新要求，这就必然需要在三个方面加强和改进：一是要大力加强现有思想政治工作队伍的计算机信息技术、数据库技术、数据挖掘与抓取技术等方面的培训学习，不断增强大数据意识和大数据分析处理的能力；二是要大力改进和优化现有思想政治工作队伍结构，努力建强配齐一支专业化的思想政治工作新型队伍，补充吸收一些有理工科学习背景的专业技术人员加入思想政治工作队伍中来，实现技术与专业的优势互补；三是可以充分借鉴国外经验，在做好国家安全与信息安全的基础上，引入第三方专业组织或团队来帮助进行数据挖掘与分析，或者通过打通部门行业壁垒，加强部门与行业合作，建立起动态的信息库。

第三，基于大数据相关分析的思想政治工作预测与发展的机制建构。利用大数据技术不仅能够分析思想政治工作对象的思想行为轨迹，总结其中的经验，还能够准确把握个体的实时发展动态，科学预测个体思想行为的发展趋势。因为大数据呈现出了人们的思乡情绪、生活习惯、时政观点、情感情绪、学习状况等，通过对这些海量庞杂的、动态变化的大数据进行相关性分析，利用抓主要矛盾的方法来获取影响人们某种行为的最主要因素，从而避免胡子眉毛一把抓，使思想政治工作更加有的放矢，更加具有针对性，为增强思想政治工作预测与研判能力奠定基础与条件。正是因为大数据所具有的独特赋能作用，所以很多学校建立了舆情、学业、网瘾、安全等一系列预警系统和机制，并收到了实实在在的效果。

（二）融合网络科学的实践方法

21 世纪以来，移动互联网技术的广泛应用与迅速普及将人类社会带进一个网络新媒体时代。这不但为当今世界带来了社会生产力与生产关系的巨大变革，而且为传统行业、传统产业链经营模式带来了巨大的影响和冲击，还催生了许多新产业和新业态。作为生产关系重要组成部分的思想政治工作，也无法置身事外。在技术与人联结日趋紧密的今天，移动网络技术的发展对社会生活的各个领域都产生了深刻而广泛的影响，网络空间中的"信息传播具有交互性、即时性、共享性、碎微化、海量化、个性化和圈群化等显著特征"①。今天的互联网触角已经延伸到人们社会生活的各个角落，也延伸到思想政治工作领域。随着互联网与思想政治工作实践的不断融合，教育模式与工作方法也不可避免地深受影响，并成为一股不可逆转的时代发展潮流，而这一潮流主要又是以"互联网＋"的概念出现与应用普及为标志的。

1. "互联网＋"方法的源流追溯

"互联网＋"是指在创新 2.0（信息时代、知识社会的创新形态）推动下并由互联网传播技术发展而来的新业态，也是在知识社会创新 2.0 推动下由互联网形态演进、催生的经济社会发展新形态。"互联网＋"的概念最早可以追溯到 2012 年 11 月，当时易观国际董事长兼首席执行官于扬在易观第五届移动互联网博览会的发言中首提"互联网＋"理念。一时间，"互联网＋"开始成为那一年的年度新词并迅速流行传播开来。

2015 年 3 月，全国人大代表马化腾提交了《关于以"互联网＋"为驱动，推进我国经济社会创新发展的建议》的议案，表达了对经济社会创新的建议和看法。他呼吁，我们需要持续以"互联网＋"为驱动，鼓励产业创新、促进跨界融合、惠及社会民生，推动我国经济和社会的创新发展。马化腾表示，"互联网＋"是指利用互联网的平台、信息通信技术把互联网和包括传统行业在内的各行各业结合起来，从而在新领域创造一种新生态。他希望这种生态战略能够被国家采纳，成为国家战略。

2015 年 3 月 5 日上午十二届全国人大第三次会议上，政府工作报告中首次提出"互联网＋"行动计划，提出要"制定'互联网＋'行动计划，推动移动互联网、云计算、大数据、物联网等与现代制造业结合，促进电子商务、工业

---

① 张林. 自媒体空间中国主导意识形态话语权建构的正当性澄明——以"网络意识形态终结论"批判为视角 [J]. 湖北社会科学，2019（11）.

互联网和互联网金融健康发展，引导互联网企业拓展国际市场"。2015 年 7 月 4 日，国务院印发《关于积极推进"互联网 +"行动的指导意见》，这是推动互联网由消费领域向生产领域拓展，加速提升产业发展水平，增强各行业创新能力，构筑经济社会发展新优势和新动能的重要举措。

2015 年 12 月 16 日，中国互联网发展基金会在第二届世界互联网大会的"互联网 +"的论坛上，联合百度、阿里巴巴、腾讯等多家单位，共同倡议成立"互联网 + 联盟"。

随着信息化的不断发展，在知识社会创新 2.0 推动下的互联网形态演进及其催生的经济社会发展新形态。"互联网 +"是互联网思维的进一步实践成果，推动经济形态不断发生演变，从而带动社会经济实体的生命力，为改革、创新、发展提供广阔的网络平台。通俗地说，"互联网 +"就是"互联网 +各个传统行业"，但这并不是两者之间简单地相加，而是利用信息通信技术以及互联网平台，让互联网与传统行业进行深度融合，创造新的发展生态。它代表一种新的社会形态，即充分发挥互联网在社会资源配置中的优化和集成作用，将互联网的创新成果深度融合于经济、社会各领域之中，提升全社会的创新力和生产力，形成更广泛的以互联网为基础设施和实现工具的经济发展新形态。

综上所述，"互联网 +"为我国思想政治工作的创新发展提供了一个十分难得的新机遇，"互联网 + 思想政治工作"将是新时代我国思想政治工作信息化创新与高质量发展的必然要求，推动"互联网 + 思想政治工作"的深度融合，已经成为当前思想政治工作研究与实践领域的一个热点问题。

2. "互联网 +"方法的主要特征

恩格斯曾指出："每一时代的理论思维，从而我们时代的理论思维，都是一种历史的产物，在不同的时代具有非常不同的形式，并因而具有非常不同的内容。"[1] 世界历史发展进入 21 世纪的今天，中国特色社会主义进入新时代，"互联网 +"已经成为一种引爆流行的学习方式、工作方式与生活方式，乃至思维方式，我国社会各行各业都需要积极适应和引入"互联网 +"方法以改造和改进传统工作与学习模式，人们需要更好地去认识"互联网 +"的时代特征，以促进人类文明进步向创新、开放、融合、发展的时代迈进。概括而言，"互联网 +"方法具有以下几大特征：

（1）跨界融合性与创新驱动性

所谓跨界融合，即跨越界域走向融合，就是指跨越不同产业、不同行业、

---

① 马克思恩格斯选集：第 4 卷 [M]．北京：人民出版社，1995：28.

不同领域、不同身份的一种联合，乃至融合。所谓创新驱动，其实质就是科技创新，其重点是自主创新，其立足点和归宿是人才驱动，是一种基于打破传统、超越过去的解放和发展生产力的主要方式。跨界本身就意味着一种思维创新，跨界后的融合问题及其应对更是需要创新思维，敢于跨界了，创新的基础就更坚实；融合协同了，群体智能才会实现。从本质上说，"互联网＋"中的这个"＋"符号，其实就是意味着一种跨界和变革，就是开放与创新，就是互嵌与融合。互联网的特质，也在于用所谓的互联网思维来求变、自我革命，也更能发挥创新的力量。"互联网＋"的重要特质与内层驱动力是跨界融合与创新驱动。

（2）结构重塑性与人的尊严性

所谓结构重塑，既包括思维结构，也包括社会结构、经济结构等的解构与建构。信息革命、全球化、互联网业已打破了原有的社会结构、经济结构、地缘结构、文化结构。权力、议事规则、话语权不断发生变化。"互联网+社会治理"、虚拟社会治理会是很大的不同。所谓人的尊严，即人是独特性的物理存在与社会存在，也是具有人性光辉的主体性存在。人性的光辉是推动科技进步、经济增长、社会进步、文化繁荣的最根本的力量，互联网的力量来源于对人性的最大限度的尊重、对人的体验的敬畏、对人的创造性发挥的重视。

（3）普遍连接性与发展开放性

"互联网＋"方法具有普遍连接性和发展开放性特征，具体表现为：一方面，"互联网的本质是连接，其价值也在于连接。"① 正是通过人与人、人与终端、终端与终端之间的随时随地的交互，将人们的衣食住行等各方面有效连接起来并进入个人终端，从而在整个世界层面产生信息互动。虽然互联网条件下的连接是有层次的，连接性是有差异的，连接的价值也是相差很大的，但是万物可连、连接一切正是采用"互联网+"方法的重要目标。另一方面，关于"互联网+"方法，生态非常重要的特征，而生态的本身就是开放的。我们推进"互联网+"方法，其中一个重要的方向就是要把过去制约改革创新与高质量发展的环节化解掉，把孤岛式创新连接起来，让研发由人性决定的市场驱动，让创业者并努力者有机会实现价值。

3．"互联网＋"方法引领新时代思想政治工作的创新变革

当今时代互联网技术，特别是移动互联网技术的飞速发展与迅速普及，使得互联网与人们的日常学习、工作和生活都紧密地联系在一起，也使得互联网

---

① 马云霞．"互联网+"时代高校思想政治教育研究［M］．北京：人民日报出版社，2017：17.

的创新成果与思想政治工作的深度融合具有无限潜力和广阔前景，给思想政治工作创造了新机遇。"互联网已经成为意识形态斗争的主阵地、主战场、最前沿，成为我们党加强和改进思想政治工作的重要阵地和关键领域。"① 换言之，思想政治工作的形态与模式不断被互联网重塑与重构，"互联网＋思想政治工作"也迎来了不断创新发展的新机遇。为此，我们理应把握机遇，扬互联网之长，避互联网之短，创新采用和实践推进"互联网＋思想政治工作"，从而发挥其"铸魂育人"之功能。

第一，"互联网＋"方法不断丰富着人们的信息资源。

信息资源是供人们学习、工作与生活的各种材料、工具、内容等的总称。互联网的发展使得信息资源前所未有地增长起来。一方面，"互联网＋"方法丰富并变革着传统的信息资源宝库，比如以往高校学生纸质学习资源主要来源于专业院系分发、图书馆借读，或者同学之间相互传阅，现在获取纸质资源，除了上述几种传统方式之外，还可以通过中国图书馆网、当当网上书店、京东书店、中国期刊资源总库等网络书店或网络期刊库进行购买，一些图书馆没有收藏的绝版书，也可以通过孔夫子旧书网、淘宝网、蔚蓝网、拼多多网等网站予以搜索购买或复印获得。此外，还有很多书籍可以在网上获取相应的电子版本，这不仅降低了学生的学习成本，还方便携带和存储。再比如说，参观革命历史陈列馆、革命烈士纪念馆、博物馆等现场信息资源，以往都是通过乘车进行现场参观，现如今互联网技术引入后，很多纪念馆、陈列馆、博物馆等场馆都推出了 AR、VR 等参观服务，人们只需网上轻轻一点击，即可根据系统提示进行远程参观学习，不仅可以在自己比较关注也深感兴趣的地方长时间驻足，还可以就感兴趣的内容反复聆听讲解内容，省去了舟车劳顿的精力与费用，促进了这类现场信息资源向更多的人开放。另一方面，"互联网＋"方法创造了更多的新型信息资源，促使信息资源逐渐从平面走向立体、从封闭走向开放、从预设走向生成、从通用走向个性化。比如，互联网催生了一大批开放性资源，TED、MOOCS、网易公开课、B 站公开课等，都将只在象牙塔中传授的知识普及给了广大群众，一些平台还将各个高校以及科研院所的优秀信息资源进行整合，实现了信息资源的跨学科、跨领域、跨院校、跨区域流动。概言之，网络环境下的"互联网＋"方法应用，带来了海量的碎片化的信息资源。

---

① 庄荣文. 大力加强新时代网络思政建设　广泛汇聚新征程磅礴精神力量［J］. 思想政治工作研究，2023（3）.

第二，"互联网＋"方法不断拓展着思想政治工作空间。

在"互联网＋"时代，整个互联网是建立在自由开放的基础之上的，开放性是互联网最根本的特性。互联网的开放性不仅仅体现在技术层面上，还意味着任何人都能够得到发布在网络上的信息与资源，实行信息交流和资源共享。一言以蔽之，互联网时代，"无人不网、无时不网、无处不网的特征愈加鲜明"①，互联网贯穿着开放、平等、自由与共享的精神。网络信息和资源的开放性和共享性给思想政治工作创造了新的机遇。它不仅拓宽了思想政治工作的空间，扩大了思想政治工作的视域与覆盖面，而且有利于实现思想政治工作信息资源交流、利用与共享的价值最大化。任何有限的思想政治工作信息资源，只要站在"互联网＋"的风口，那么就可以马上"飞起来"，不受时间、地理空间和人力的限制而迅速传播，发挥的作用和影响甚至是无法估量的。我们几乎可以说，在"互联网＋"时代，有限的互联网信息资源可以充分发挥无限的作用。例如，对于思想政治工作者主体而言，利用互联网络可以及时获取丰富的思想政治工作信息资源，可以了解国内外先进的思想政治工作及其相关的科学研究成果，可以创新思想政治工作的工作模式；对于思想政治工作对象而言，利用互联网络可以根据自己的兴趣和需要浏览和下载相关信息，可以以虚拟的身份真实地反映自己的正当权益、合理意愿与合法诉求。在此意义上，"互联网＋"真正实现了"网络空间有多大，思想政治工作的舞台就有多大"。为此，我们必须营造开放包容的思想政治工作环境，将互联网作为思想政治工作要素共享的重要平台，加速推进互联网向思想政治工作领域的渗透，最大限度优化信息资源配置，逐步形成以开放、平等、自由、共享为特征的网络化思想政治工作新模式。

第三，"互联网＋"方法不断丰富思想政治工作内容。

今天，互联网已经成为人们以信息为标识的崭新的生存方式。"以人工智能、大数据、云计算、元宇宙等为代表的数字技术加速发展，网络空间和现实空间相互嵌入、相互影响越来越深刻。"② 在"互联网＋"时代，网络信息资源包罗万象。互联网作为一种新兴媒体，是一座巨大的思想宝库。人们通过"网上冲浪"，即使足不出户，也可尽知天下大事。互联网特别是移动互联网的进一步发展，进一步提升与拓展了互联网信息的交流、利用与共享，给思想政治工作内容的创新带来了新的机遇。其一，从时间维度来看，互联网让我们每时每

---

① 庄荣文. 大力加强新时代网络思政建设　广泛汇聚新征程磅礴精神力量［J］. 思想政治工作研究，2023（3）.

② 庄荣文. 大力加强新时代网络思政建设　广泛汇聚新征程磅礴精神力量［J］. 思想政治工作研究，2023（3）.

刻都可以在网络上搜索和展示思想政治工作的信息与资源，促使思想政治工作从静态走向动态。其二，从空间维度来看，互联网拆掉了学校与社会之间的围墙，冲破了相应地理区域的限制，成为一个超越地域和国界的人类信息传播交往空间。其三，从深度来看，海量的互联网信息与资源，使思想政治工作内容变得丰富而全面，可促使思想政治工作内容从平面走向立体。每一位思想政治工作者都可以通过互联网享受最优质的思想政治工作资源，无论是教学大纲、课程标准，还是教学设计、案例分析，每一个方面、每一个环节的教学资源都可以从网上获得。

第四，"互联网＋"方法有效创新思想政治工作手段。

互联网的出现与发展为思想政治工作提供了新载体和新手段。作为一种新兴的大众传播媒体，互联网以图文并茂、声像结合等形式来表达教育内容，可视、形象、生动、逼真，更有利于思想政治工作的知识传播，开启了思想政治工作的新局面。特别是在"互联网+"时代，通过互联网，完全可以实现不同国家地区的人们之间的交流与互动，人们可以通过电子邮件、网络聊天室、网络论坛等交流思想，增进了解，传播信息。在大数据、云计算的现代科学技术条件下，人们可以利用网络课堂、视频教学、网上论坛现代化手段等来开展思想政治工作，促进思想政治工作方法的现代化。通过释放移动互联网技术效能，加强数字技术创新运用，充分运用算法推荐服务赋能网上正能量内容建设，建好用好"正能量稿池"，"实现优质思政内容和产品的数字化生产、可视化呈现、互动化传播、差异化推送，推动网络大流量持续放大思政正能量，真正做到精准滴灌、润物无声"①。

第五，"互联网＋"方法极大提升思想政治工作效果。

在"互联网+"时代，信息技术革命已经打破了原有的社会结构、地缘结构和文化结构，向人们展示了一个自由、开放的新世界。在这个世界中，人们可以不受地域、时空的限制进行自由交往，网络话语权以及人们之间的议事规则都在不断发生变化，是对人性最大限度地尊重、对人的创造性发挥的高度重视，这无疑有利于提升思想政治工作的效果。传统的思想政治工作模式是基于传统教育条件（主要是口头语言的传输）的无奈选择。在传统的思想政治工作实践过程中，思想政治工作者和思想政治工作对象之间的地位是不平等的，话语权也是不平等的，"我讲你听""我说你做""一言堂""满堂灌"等单一向度的思想政治工作现象屡见不鲜。在"互联网＋"时代，思想政治工作的开展模式则

---

① 庄荣文. 大力加强新时代网络思政建设 广泛汇聚新征程磅礴精神力量［J］. 思想政治工作研究，2023（3）.

有了全新的发展。基于网络思维的自主式、交互式、个性化学习，必然会成为思想政治工作的主流工作开展模式。以学校为例，网络精品课程的开放或者针对个体的微课播放，都可以突破传统教育模式的局限性，对于促进学生思想政治工作观念的转变和学习方式的变革，对于培养学生主动学习、主动探究问题的能力，对于涵养学生的互联网思维，都具有重要意义。这样，自然也就有利于提升思想政治工作的教育效果。

概而言之，在"互联网+"时代，思想政治工作方法更加多样化，寓工作于生活、寓教于乐，使思想政治工作对象在十分放松的心情之下，自由地、张弛有度地选择信息接收方式，并潜移默化地接受思想政治道德规范。因此，互联网不仅可以增加思想政治工作的信息含量，而且可以提高其感染力、吸引力和影响力。另外，"互联网+"为思想政治工作提供了一个极具个性化的教育环境。在互联网上，面对敏感问题、热点话题的讨论，教育者与受教育者平等、民主、自如地交流与讨论，协同互动；面对不同的教育对象，可以采取不同的工作方式，如微信、QQ聊天，提高思想政治工作的针对性，从而提高思想政治工作的有效性。

（三）参鉴环境科学的改造方法

横跨中西，纵观古今。思想家与教育家都在共同思考环境与教育的关系问题，都希望通过创设和优化环境来加强和改进教育的实际效果。环境影响的隐匿性、环境发展的导向性、环境手段的整合强化性，使得环境科学时至今日已经发展成为一门众多科学门类当中的一门重要科学。可以这么说，"环境科学的相关理论与思想成果，已经成为当今研究思想政治工作环境科学改造的重要思想资源和理论借鉴工具"①。在社会主要矛盾发生转化的背景下，积极借鉴环境科学的分析方法，对进一步优化新时代思想政治工作环境、提升思想政治工作效果具有重要价值。

1. 环境科学改造方法的理论基础与思想资源

任何人的活动都是处在一定的环境当中所进行的。思想政治工作活动也是在一定的环境中才得以开展和进行的，环境对人的思想的形成具有重要作用。古今中外许多思想家提出的相关观点与看法、留下的相关论述，为思想政治工作环境理论的进一步发展奠定了深厚的思想基础与理论基础。

（1）中国关于环境科学改造方法的理论基础与思想资源

中国古代思想家素来推崇伦理教化，也对教育环境的重要作用给予过相当

---

① 李伟，栾淳钰，赵冶. 凝心聚力：新时代思想政治教育研究［M］. 重庆：重庆出版社，2019：2.

的关注和重视。孔子认为道德环境的不同会带来人的品行的差异，特别是家庭关系、同事关系、亲朋关系、师生关系等人际交往关系环境，会对人的道德品质形成具有重要的影响，所以孔子为此提出了"近君子，远小人"的观点，也正是基于此考量，孔子从"德不孤，必有邻"的角度来强调家庭环境和邻里环境在人的德行塑造上的重要作用，既认为道德高尚的父母对小孩的道德品质有潜移默化的影响，又认为与德行高尚的人家成为邻居也会让自己的道德修养得到提高。孟子同样认为客观环境对人的道德品行具有重要影响，人的道德品质之不同，正是由于先天的善性在后天环境中的"存""养""扩充"之所致。与儒家的观点所类似的是，管子提出了"仓廪实而知礼节，衣食足而知荣辱"的环境教育关系观，认为社会经济发展状况与条件对美好道德养成具有决定性作用。墨子则提出"染于苍则苍，染于黄则黄，所入者变，其色亦变"的环境教育关系观，晏子提出"橘生淮南则为橘，生于淮北则为枳"的环境教育关系观，等等。这些论述环境与教育关系的经典名句，无不在充分肯定环境在塑造人的德行方面的重要作用。春秋战国之后的古代先贤和方家大师又进一步发展了上述观点。总的来说，"中国古代思想家非常重视生活条件、社会风俗、家庭环境、人生逆境和榜样力量对人的道德品质的塑造，也很重视实践锻炼对人的德行的影响"①。

中国近代思想家们在继承古代德育环境思想的基础上，也充分吸收借鉴近代西方的有益思想要素，发表了许多新的观点和见解。洪仁玕在《资政新篇》中提出了要重视舆论环境之"风"的作用，认为各级政府官员都要以身作则，真正做到"奉行者亲身以倡之，真心以践之，则上风下草，上行下效矣"②，才可以为新思想、新道德创造良好的社会舆论与风评环境，进而助推社会落后道德风尚和精神面貌之改变。梁启超认为人际关系是道德产生的前提，"德之所由起，起于人与人之有交涉"③，正是这人与人有交涉的人际关系网络，让道德得以产生与存在。蔡元培则认为社会风俗影响了社会的整体道德水平，随着社会发展演进，风俗也随之发生了变迁与演进，相应的道德规范内容也会随之时移世易，"故我们要一方考察现时之风俗情形，一方推求旧道德所以酿成的缘故，拿来比较一下。若是某种旧道德成立的缘故，现在已经没有了，也不妨把它改过去，不必去死守它"④。倡导"生活即教育"理念的陶行知，认为"整个社会

---

① 李伟，栾淳钰，赵冶. 凝心聚力：新时代思想政治教育研究［M］. 重庆：重庆出版社，2019：2.

② 中国近代史资料选集［M］. 上海：上海三联书店，1954：127.

③ 梁启超全集：第二册［M］. 北京：北京大学出版社，1999：714.

④ 蔡元培教育名篇［M］. 北京：教育科学出版社，2007：130.

的生活，就是我们的教育的范围，不消谈什么联络而它的血脉是自然相通的"①，他主张教育系统必须始终保持开放性，始终与人的实际生活紧密相连，只有这样，教育才能使人进步，才能促进社会健康发展。

（2）西方关于环境科学改造方法的理论基础与思想资源

西方古代思想家们也向来十分注重环境与人的思想、心理和行为之密切关联的思考与研究，都对教育的社会发展角色倾注了比较多的研究心力，也留下了诸多的经典语录与高深洞见。古希腊先哲苏格拉底（Socrates）认为，要培养出好的社会公民，就需要有一个好的社会。人的美德与教育息息相关，可以通过教育获取。正义、勇敢、自制、友爱、智慧等都是美德。柏拉图（Plato）在继承自己老师苏格拉底观点的基础上，又进一步指出好的思想行为是善的本性倾向和良好的环境共同作用的结果。因此，必须通过加强良好的氛围营造和环境建设来影响青少年的思想、陶冶青少年的情操。亚里士多德认为人的美德是被环境需要所塑造的，当人们处在一个固定的良好环境当中，他们的美德和品行就会得到强化。

西方近代思想家在古希腊思想家的阐述基础上又有了进一步的发展。英国思想家约翰·洛克（John Lock）认为人没有先天的思想和观念，思想道德观念是人在后天的经验中获得的，强调教育要对环境的变化具有预见性，主张加强对教育过程中的环境控制。法国启蒙思想家让-雅克·卢梭（Jean-Joe Rouss）认为在教育中要首先注重个体感觉力的培养即影响个体情感发展环境的优化，注重引导个体进行道德实践。法国哲学家爱尔维修（Claude-Adrien Helvétius）反对天赋理念，认为人的一切观念都是在感觉的基础上产生的，环境在人的认识中起决定作用，恶习和美德都是社会环境影响的结果，他推崇教育的作用，认为"教育是万能的，它甚至还能创造天才"②。因此，提高人们的道德品质，主要在于搞好教育，改善社会政治法律环境。英国空想社会主义者欧文（Rpbetr Owen）也同样高度重视教育环境的重要作用，认为人是环境的奴隶，人的性格、人的思想、人的品行，取决于人的周围环境和客观条件，欧文自己所开展的社会主义新村实验，实际上也蕴含了环境创造人的思想。

西方发达国家发展到现在，科学理念被引入教育范畴，促使教育理念发生了巨大变革，这些理论对环境与人的思想品德的关系进行了探讨，并进一步指出了改善的路径。美国进步教育的代表人物、实用主义教育家杜威认为个体在

① 陶行知全集：第二卷 [M]. 成都：四川教育出版社，1991：633.
② 爱尔维修. 论人的理智能力及其教育 [M]. 汪功伟，译. 上海：上海三联书店，2021：52.

发展中不断与环境互动，从中获得学习信条，因此教育者应当重视环境的控制与改造。为此，杜威提出了"教育即生活""教育即经验的改造"等重要观点。行为主义心理学家约翰·华生（John Watson）认为环境决定了一个人的行为模式，通过外部环境刺激，对一个人的某种行为不断进行肯定或否定，从而使行为得到重复与制止，这实际上将环境的作用推向了极端。社会学习理论的代表人物班杜拉（Albert Bandura）认为人与环境是一个互动体，人既能反映环境刺激，也能主动适应、解释和作用于环境，强调人要从环境中直接学习。

马克思主义经典作家从唯物史观的角度看待环境与思想政治工作的关系。马克思和恩格斯一方面指出：不是人们的社会意识决定生活（社会存在），而是生活（社会存在）决定社会意识，社会意识是对社会存在的反映并能动地反作用于社会存在。换言之，马克思和恩格斯认为是环境影响人的思想观念，环境与人的关系随着社会存在的发展变化而发展变化，人的思想道德观念反映着经济关系、政治法律关系等。另一方面，马克思和恩格斯也指出人在创造环境的同时，环境也同样创造人，使两者发生作用的唯一纽带就是"革命的实践"。列宁和斯大林在领导俄国革命和建设的过程中，反复强调道德与特定阶级的紧密联系性与独特一致性，共产党人所提倡的共产主义道德规范是在特定政治环境中产生的。

（3）中国共产党关于环境科学分析方法的思想发展与理论创新

中国共产党人在长期的革命、建设与改革中，系统探讨了环境在思想政治工作中的作用。他们非常重视调动一切积极因素、发挥环境的整体合力。毛泽东指出，内因是变化的根据，外因是变化的条件，坚持改造客观世界和改造主观世界相结合，同时要注重发挥环境中诸要素的作用，通过妥善处理文化与政治、环境与经济的关系来使思想政治工作同频共振、同向发力，更加重视思想政治舆论环境的地位与作用，并通过调动榜样的力量、社会舆论的力量积极做好思想政治工作。邓小平强调要发挥政治法律、思想教育、组织管理等多因多主体的综合作用，从而不断地积极改善思想政治工作，进而提高人的精神面貌和综合素质。

新时代以来，习近平立足新的时代特点与目标任务的大背景，对思想政治工作环境建设提出了新的工作部署与新的发展要求。一是要为弘扬社会主义核心价值观营造良好的社会环境。习近平认为要发挥好各种规章制度、市民公约、管理机制、文艺作品等的价值导向功能，协同促进、同向发力、传播主流价值观，扬正抑负，"形成有利于培育和弘扬社会主义核心价值观的生活情景和社会氛围，使核心价值观的影响像空气一样无所不在、无时不有"①，增强人们的归

---

① 习近平关于社会主义文化建设论述摘编［M］．北京：中央文献出版社，2017：111．

属感和认同感。二是要重视风清气正的网络舆论环境建设。习近平认为要"做好党的新闻舆论工作，营造良好舆论环境，是治国理政、治国安邦的大事"①，这是因为良好的网络舆论环境"可以成为发展的'推进器'、民意的'晴雨表'、社会的'黏合剂'、道德的'风向标'"②，与之相反的是，不好的网络舆论环境"可以成为民众的'迷魂汤'、社会的'分离器'、杀人的'软刀子'、动乱的'催化剂'"③。三是要加强网络空间环境治理。习近平还提出要"创新改进网上宣传，运用网络传播规律，弘扬主旋律，激发正能量……把握好网上舆论引导的时、度、效，使网络空间清朗起来"④，做到善管网络、善用网络。

总而言之，古今中外的思想家们就思想政治工作环境的重要性及改造方法的诸多论述，构成了新时代社会主要矛盾转化背景下思想政治工作环境理论的思想资源与理论基础。

2. 现代环境科学改造方法的基本特征

20世纪80年代开始，思想政治工作科学化命题被热烈讨论，思想政治工作学科开始建立。与此相伴随的是，"环境"概念也被引入思想政治工作研究范围内，如张耀灿的《思想政治教育学原理》和陆庆壬的《思想政治教育学原理》等著作均对思想政治工作环境进行了概念阐释与探讨。公方彬则专门撰写了《简论环境因素的教育作用》一文探讨思想政治工作环境的概念及其基本内涵。自此以后，学界也纷纷对思想政治工作环境给予了相当多的关注，特别是中山大学的李辉撰写并出版了《现代思想政治教育环境论》的博士学位论文，毛英出版了《思想政治教育环境学》，同济大学的王滨出版了《思想政治教育环境论——大社会视野下思想政治教育》一书，刘娜出版了《科学实践观视域中思想政治教育环境研究》，梁剑宏出版了《大数据时代的思想政治教育环境新论》。尽管目前关于思想政治工作环境的概念理解及内容界定不尽一致，所涉及的思想政治工作环境改造方法也各不相同，有的使用"环境渗透法"，有的使用"环境熏陶法"，还有的使用"全环境育人法"等，但是所指向的研究内容基本一致，对该方法也形成了较为统一的观点，具体如下：

（1）环境科学改造方法具有隐蔽性

人总是生活在一定的环境当中，并吸收、选择、内化、利用环境中的信息而形成一定的价值观念。一方面，这种信息广泛存在于人的生活方式、生存方

---

① 习近平关于社会主义文化建设论述摘编［M］．北京：中央文献出版社，2017：39.
② 习近平关于社会主义文化建设论述摘编［M］．北京：中央文献出版社，2017：38.
③ 习近平关于社会主义文化建设论述摘编［M］．北京：中央文献出版社，2017：38.
④ 习近平关于社会主义文化建设论述摘编［M］．北京：中央文献出版社，2017：35.

式之中，虽然这种影响在很多时候能够被人们意识到，但更多时候是人们所意识不到的。所以说，正是"信息"担任和扮演着教育工作者、教育工作对象以及教育工作环境这三者之间的连接桥梁和中介因素，才使得其作用于人的潜在性、隐蔽性、渗透性而不被人们所直观感受和体验到。另一方面，人的思想具有持续变动性、发展变异性、时空变迁性，从时间上来看，人的思想与环境中的信息发生着持续的、缓慢的、稳定的交互作用，而从空间上来看，人的思想变化具有贯通性、有序性、差异性的特征。故而，"通过利用思想政治工作环境在时间上和空间上的开放性特征，使得思想政治工作信息从环境的氛围熏陶和多端渗透功能出发，全面参与到人们社会生活的方方面面中去，从而在长年累月、不知不觉、润物无声的环境熏染之下，出现情感和政治思想的改变和升华"①。不难想象，一个人若是生活在积极、和谐、理性、平和的学习、工作与生活环境之中，会在很大程度上成为积极健康、心理健全的个人；反之，则难以形成良好的思想品德。这种思想政治工作方法不是靠强制手段得来的，而是靠潜移默化的影响来实现，因此具有很强的隐蔽性特征。也正是在这个意义上，苏联教育家苏霍姆林斯基（Сухомлинский）说："教育者的教育意图越是隐蔽，就越是能为教育的对象所接受，就越能转成教育工作对象自己的内心要求。"②

（2）环境科学改造方法具有导向性

思想政治工作环境的改造与信息的设置，是人的一种自觉的行为，这种行为的自觉性主要体现在对社会主流价值观的认同与建设上。因此，思想政治环境的改造，必然与一定的社会主流价值观念相一致。在阶级社会里，占统治地位的阶级总是千方百计、不遗余力地要占据思想上的统治地位，总是力图将本统治阶级的意图和利益说成是全体人民的意图和利益，将本阶级的政治思想和意识形态观念转化成全社会普遍接受的公共文化和意识形态，从宏观层面的国家思想、政治法律制度，到中观层面的民俗民风、艺术理念，再到微观层面的个人行为准则等，无不体现着统治阶级的思想导向。我国是社会主义国家，马克思主义是我们立党立国、执政兴国、强党强国的根本指导思想，"我国的思想政治工作就是用马克思主义的思想政治品德体系来教育广大人民群众，它维护以工人阶级为领导的、以工农联盟为基础的、人民民主专政的国家政权，维护广大人民群众的根本利益，维护各族人民的大团结

---

① 李伟，栾淳钰，赵冶. 凝心聚力：新时代思想政治教育研究［M］. 重庆：重庆出版社，2019：2.

② 苏霍姆林斯基. 给教师的建议［M］. 北京：教育科学出版社，1984：208.

和社会的政治稳定"①。在新时代，社会主义核心价值观成为凝聚全国人民价值共识、进行价值整合和汇聚精神动力的"最大公约数"，习近平新时代中国特色社会主义思想作为中国化时代化马克思主义的最新理论成果，成为指导全国人民进行社会主义建设的强大理论武器，因此，新时代社会主要矛盾发生转化背景下，思想政治工作应旗帜鲜明地进行科学理论的宣传教育，应坚持不懈地进行核心价值观的弘扬践行，这就是新时代思想政治工作环境经改造方法创新发展的题中应有之义。

（3）环境改造方法具有整合强化性

思想政治工作环境改造，通过整合环境中的诸要素，使环境中的各方面信息相互协调起来，围绕思想政治工作目标形成合力，从而产生整体功能大于各个部分功能之和的综合效果。在这种综合作用下，思想政治工作信息就会通过各种形式、各种渠道、各种途径反复出现，作用于人们，使人们在不知不觉中受到信息的综合影响和累积性影响，从而强化人们的认知效果。因此，"要利用生活中的各种要素、通过人际互动、主动参与、体验感悟等形式使环境中的各种思想政治工作信息对主体的思想发生作用，但是作用的方向并非只有一个，这就使得环境因素在相互制约、相互斗争、相互抵消的过程中，最终达成环境因素在相互作用上的一致性"②，这种主导方向一致的环境信息通过综合地、缓慢地、稳定地、持续地对人的思想产生作用刺激和影响冲击，使得人们的思想认识与价值观念能够在实践中不断被检验、被认识、被强化，进而得到变化提升。

3. 新时代思想政治工作环境科学改造方法的实践路径

对于新时代思想政治工作环境科学改造方法的路径，学界从诸多不同角度进行了不懈的思考研究和实践路径的探讨。大致而言，目前主要有以下几种实践探索的路径。

其一，基于环境分类视角的环境改造方法的实践路径。学者梁剑宏在《大数据时代思想政治工作环境新论》中将思想政治工作环境划分为物质环境、文化环境和网络环境三种类型，同时围绕着思想政治工作环境的类型划分，分别进行了环境改造与环境优化方法的探讨。就物质环境改造与优化而言，具体可以采用消除转化法、利用提升法、创造设置法等三种具体的方法。所谓消除转化法，主要指的是针对产生消极影响的物质环境，而力主消除和限制物质环境中消极影响的范围及其限度，并通过一定办法促使其向积极影响的方面转化的

---

① 姜正国. 试论思想政治教育环境的特征 [J]. 教育探索，2002（10）：71.

② 常青伟. 思想政治教育环境渗透研究 [M]. 苏州：苏州大学出版社，2015：168.

思想政治工作方法。所谓利用提升法，主要指是在有效选择产生积极和良好影响的物质环境要素基础上，按照特定的结构方式进行重新排列和系统整合、提升其积极影响和良性作用的层次与效能的思想政治工作方法。所谓创造设置法，主要指的围绕特定思想政治工作目标而对物质环境进行宏观层面的创造设计与微观层面的设置优化的思想政治工作方法。就文化环境改造方面而言，它意味着通过发挥先进文化的导向作用，提升大众文化的品位，进而言之，思想政治工作的文化环境改造方法，注重的是通过文化教育资源的保护和利用来整合宏观文化环境，确立思想政治工作者的文化理念，营造群体文化氛围，强化基于特殊文化情境的创设来整合微观文化环境。就网络环境改造方法 方面而言，要注重网民的网络素养与信息素养教育，加强网络道德体系建构，规范网络行为；注重网络技术应用，注重信息安全与网络安全，注重有害网络信息与网络违法犯罪行为的监管，完善网络法规制度体系建设，依法用网管网治网，匡正网络舆论导向，营造健康、积极的网络环境氛围，建设社会主义网络文化，形成抵御不良网络思想文化的社会氛围，加强网络思想政治工作队伍建设，构建和打造一支"网络志愿者"队伍，占领网络文化高地。

其二，基于环境链条划分的环境改造方法的实践路径。学者蒋广学通过研究后提出了基于环境链条划分的环境改造方法，认为思想政治工作环境改造方法必须紧紧抓住"信息—观念—价值—行为"这个全链条来展开。在他看来，无论是现实环境中的家庭、社区、学校等场域，还是网络虚拟环境中的各种网络相关场域，"信息的生产与传播都是基础性工作，由此展开的学习和教育的过程，才能够真正影响人的观念形成，进而促进价值取向的生成，最终外化为受教育者的行为方式"[1]。针对新时代社会主要矛盾转化背景下思想政治工作环境越来越呈现出高度复杂性、发展开放性、虚拟现实性、平等交互性等独特特征，思想政治工作环境的育人功能必须统筹线上线下两个场域空间、协调外部他人教育与内部自我教育两个教育途径，通过从生产信息进行基础环境创设和协调各环境要素之间协同推进来切入，从而探索新时代思想政治工作的改革创新与实践推进。

其三，基于环境渗透视域的环境改造方法的实践路径。学者常青伟从"思想引领—舆论推动—文化支撑"[2] 三个维度的环境渗透视域来探讨新时代思想

---

[1]　蒋广学．全环境育人理念的探索实践与网络思想政治工作的时代创新［M］．北京：北京大学出版社，2016：147.

[2]　常青伟．思想政治教育环境渗透研究［M］．苏州：苏州大学出版社，2015：210.

政治工作环境改造方法的实践路径。从思想引领维度来看，要用社会主义核心价值观进行思想引领与价值引领，这就需要通过党的创新理论成果来提升和增进人们的社会认同，增强传播主体的示范引领，改善和丰富思想政治工作信息的话语体系，从而增强社会主义核心价值观在生活中的社会现实性，达到思想价值观念生活化的目的，为人们提供理解、分析中国的理论武器。此外，还要注重环境渗透的政策保障体系建设，建立健全社会传媒监管的法律制度体系，培育、传播、弘扬和践行社会主义核心价值观。当然，"培育和弘扬社会主义核心价值观，不仅要靠思想教育、实践养成，而且要用体制机制来保障……用法律来推动核心价值观建设……注重在日常管理中体现价值导向，使符合核心价值观的行为得到鼓励，违背核心价值观的行为受到制约"①。从舆论推动维度来看，要将社会环境中的正能量充分凝聚传播开来以进行舆论推动。为此，一方面，党和政府要坚持正确的舆论导向，壮大主流思想舆论。"坚持团结稳定鼓劲、正面宣传为主，是宣传思想工作必须遵循的重要方针，我们正在进行具有许多新的历史特点的伟大斗争，面临的挑战和困难前所未有，必须坚持巩固壮大主流思想舆论，弘扬主旋律，传播正能量，激发全社会团结奋进的强大力量"②；另一方面，积极扩大主流意识形态和新闻舆论的覆盖面、传播面与影响面，充分利用移动互联网技术推进马克思主义中国化时代化，特别是推进马克思主义在数字出版物、电子期刊、"两微一端"等传播载体与传播渠道的技术创新、方法创新、话语创新和叙事创新，提高主流意识形态和价值观的表现力、吸引力，同时也要为社会正面舆论引导创造良好的社会氛围。从文化支撑维度来看，用丰富的精神文化产品为新时代思想政治工作环境提供良好且有效的文化支撑。因此。一方面要不断传承和积极弘扬中华优秀传统文化，传递中华民族优秀传统美德和价值观，传承中华民族绵延数千年的民族精神与灿烂文化。另一方面，要积极利用大众文化传播渠道与手段来助推社会主义先进文化建设，大力加强社会精神文明建设，创造和供给优美的精神文化产品，坚持"以人民为中心"的创作导向，坚持用"三贴近"原则，不断吸引和影响人民群众，在提高人民群众的文化获得感的同时，达到凝聚社会共识、汇聚主体合力，维护和增进社会公共利益，促进人的全面发展与社会全面进步。

---

① 习近平关于社会主义文化建设论述摘编 [M]. 北京：中央文献出版社，2017：111.

② 习近平. 胸怀大局　把握大势　着眼大事　努力把宣传思想工作做得更好 [N]. 人民日报，2013-08-21（1）.

第五章

深入推进新时代思想政治工作高质量发展的路径思考

思想政治工作是经济工作和其他一切工作的生命线，是中国共产党的显著特色、优良传统和政治优势。回顾中国共产党百年来伟大奋斗的光辉历史，党领导人民取得的一个又一个世界为之瞩目、彪炳人类史册的伟大胜利与巨大成就，无不彰显出党重视思想政治工作的这一优良传统赓续与突出政治优势。改革开放以来，一些地方和部门不同程度出现弱化思想政治工作的倾向，基层思想政治工作机构边缘化，一些领导干部不愿做、不会做、不善做，一些政工干部缺乏热忱和毅力。当前，中国特色社会主义进入新时代，我国社会主要矛盾开始转化为人民日益增长的美好生活需要和不平衡不充分的发展之间的矛盾，这个"新矛盾"既给新时代思想政治工作带来了前所未有的发展新形势与新挑战，也为新时代思想政治工作给出了新目标与新任务。为此，推进和实现新时代思想政治工作高质量发展，必须适应社会主要矛盾发生转化的历史背景，必须坚持优势，发扬优良传统，创新工作方法，推动思想政治工作开创新局面。

一、社会主要矛盾转化视域下思想政治工作高质量发展的必要性致思理路

新时代，我国社会主要矛盾的转化，对思想政治工作提出了解决不平衡不充分发展问题与满足人民美好生活需要这两大发展要求。新时代思想政治工作要想实现改革创新与高质量发展的目标，就需要从切准时代脉搏、勇担历史使命、聚焦人民需要三个方面，来积极回应新时代的新要求、新任务与新使命。

（一）时代号角催征高质量思想政治工作精细发展

新时代带来了新矛盾，新矛盾提出了新问题，新问题要求有新回应。切实把准时代脉搏，就是要回应和解决时代问题。马克思指出："问题就是时代的格言，是它表现时代自己内心状态的最实际的呼声。"① 作为时代的先行者、思想的先导者，思想政治工作同样要在新时代背景下紧随时代潮流、发现时代问题、

---

① 马克思恩格斯全集：第 1 卷 ［M］. 北京：人民出版社，1995：203.

重视时代要求、完成时代任务。新时代思想政治工作必须回应时代之问、满足现实之需，才能够彰显出自身强大的生命力和感召力。新时代思想政治工作面临的时代问题可以分为三个方面：首先，要回应新时代提出的时代课题。新时代提出了坚持和发展什么样的中国特色社会主义、怎样坚持和发展中国特色社会主义这个重大的时代课题。思想政治工作必须回应这样的时代课题，在当前社会思想观念多样、价值选择多元境遇下，牢牢巩固马克思主义在意识形态领域的指导地位，培育和践行社会主义核心价值观。其次，要解决好思想政治工作领域存在的发展不平衡不充分问题。新时代思想政治工作不仅存在着教育场域、区域发展、关注对象不平衡等发展不平衡问题，而且也存在着实践投入、资源开发、方法运用不充分等发展不充分问题。此外，思想政治工作学科也存在着学科体系建设水平总体不高、基础理论研究较为薄弱、原创能力略显不足、教育资源分配不均等不平衡不充分问题。有效解决这些发展不平衡不充分问题，进一步实现思想政治工作理论的"彻底性"，满足人民精神世界的"美好生活"需要是推动思想政治工作实现高质量发展的重要举措。最后，要推动构建人类命运共同体。思想政治工作如何在新时代人们利益诉求高度分化和思想认识日益多元的时代境遇下，找寻到人们共同的价值追求和统一的文化认同要素，打破"普世价值"的"幻境"，赋予人类命运共同体强大的生命力量和建构动力，从而推动人类社会的和平发展与合作共赢，成为思想政治工作面临的重大时代难题。这三大问题的存在无不需要思想政治工作高度重视、时刻关注。"坚持以马克思主义为指导，必须落到研究我国发展和我们党执政面临的重大理论和实践问题上来，落到提出解决问题的正确思路和有效办法上来。"① 思想政治工作只有及时应对和科学回答这些时代之问，才能够为新时代中国特色社会主义建设提供可靠理论支撑和强大精神动力。但我们必须注意到，思想政治工作的问题域随着中国社会转型的时空急剧压缩不断延伸至社会生活的方方面面，对接着新时代中国特色社会主义实践发展的现实问题。然而，思想政治工作面临的时代问题往往被"乱花渐欲迷人眼"的舆论假象以及人们集体无意识的话语沉默所淡化，形成了虚假的繁荣之景。而思想政治工作则在理想化状态下"闭门造车"，从而衍生出一大堆"不是问题的问题"。因此，思想政治工作高质量发展必须直面社会难题，关注百姓民生，解答思想困惑，精准回应人民的真实诉求。通过关注大问题、对准真问题、发现新问题，弥合理论与实践之沟，架构思想与现实之桥，填充理想与生活之域，进一步增强思想政治工作的现实解题

---

① 习近平. 在哲学社会科学座谈会上的讲话 [M]. 北京：人民出版社，2016：14.

能力，更好发挥思想引领作用。

（二）使命任务推动高质量思想政治工作科学发展

新时代是中国发展的新的历史方位，也是思想政治工作发展的新的历史方位。要有效应对和切实解决社会主要矛盾，人民必须围绕新时代这一历史方位进行伟大斗争、推进伟大事业、建设伟大工程、实现伟大梦想。"四个伟大"不仅是解决社会主要矛盾的有效对策，也是新时代思想政治工作必须承担的历史使命。思想政治工作要在全面认清我国发展所处的新的历史方位的基础上，切实把握发展目标，从而更好完成历史使命。新时代思想政治工作的历史使命包括以下三个方面：首先，要承担好新时代的育人使命。思想政治工作要以培育时代新人为目标。青年一代不仅是中国梦的受益者和见证者，也是中国梦的推动者和实现者。思想政治工作要以培养有理想、有本领、有担当的时代新人为己任，通过教育引导、理想树立与实践养成等方式培育和增强青年一代的责任意识和担当意识，使他们能够成为新时代的开拓者、新发展的推动者和中国梦的实现者。其次，要承担好新时代的学科使命。思想政治工作要承担好宣传贯彻习近平新时代中国特色社会主义思想、培育践行社会主义核心价值观、聚焦落实立德树人根本任务、提高人们思想道德素质的学科使命，进一步消解人们的思想困惑，使人们树立正确的价值观念，丰富精神世界，从而使人民的美好精神生活需要能够得到更好满足。最后，要承担好新时代的实践使命。社会主要矛盾的解决并非举手之劳的轻易之举，而是需要持续发力的久久之功。党的十九大将建设社会主义现代化国家分成两个阶段。新时代思想政治工作应围绕两个阶段的发展要求和目标导向对人们进行思想指引和动员激励，既要让人们认识到中国梦实现的长期性和艰巨性，又要认识到中国梦实现的必然性和切实可行性。要加强"四个自信"教育，增强人们完成历史使命的决心和信心，同时引导人们将个人的美好愿望融进国家的发展进程中，使个人梦、家庭梦与民族梦、国家梦紧密相融，让人们能够在新时代中国特色社会主义现代化建设的奋斗拼搏中感受到强烈的满足感与幸福感。

（三）美好生活推动高质量思想政治工作高效发展

新时代社会主要矛盾转化宣示着满足人民的美好生活需要成为当前社会发展的重要任务。"美好生活需要是一个包含多种维度、多重要求、多层内涵的复杂命题。"① 其较之"日益增长的物质文化需要"内容更广、范围更宽、层次更高、要求更多。其中不仅包含着对以衣食住行等为代表的"物质文化需要"的

---

① 秦维红，张玉杰．"美好生活"探究的三重维度［J］．思想教育研究，2020（8）．

"显需求",同时也体现出人民对民主、法治、公平、正义、安全、环境等方面"隐需求"更高的追求和向往。伴随着社会发展水平的提高和物质财富的丰富,人们的需要不仅重视量的积累,更加重视质的提高,美好生活需要代表着一种更高的生活品质与生命体验。从本质上来说,美好生活表现于人们对融入自身生命存在感的"身心一体",形成于人们感性实践的"物我相忘"。它既是一种理想化的状态,也是一种参与式的体验,更是一种超越性的思量。美好生活的感性特质与理性追求相互交织,构成了人作为存在者的存在。新时代思想政治工作要满足人民的美好生活需要,需要在以下三个方面下功夫:

首先,要引导人们追寻精神幸福。改革开放以来经济社会的飞速发展和物质财富的极大丰富,使温饱问题基本解决,丰衣足食的传统理想基本实现。但物质生活的富足并没有给人们带来如期的幸福感与满足感。市场经济中财富利益的执着、网络世界中虚拟生活的迷恋、信息科技下现实压力的重叠等,使得人们的精神世界越发空虚,人们对与物质丰裕相伴而来的精神荒芜感到忧虑与彷徨。而这需要思想政治工作增强人们的现实体认力、精神洞察力和自我实现力,通过对人们的思想引导和道德教化使人们将繁重的工作压力转化为向上的拼搏乐趣,将现实的失败困境看作成长的营养补给,从而打开自我的心灵之结,消除自身的精神困顿,真正跳出对物质财富的迷恋,超越现实压力的束缚,寻求到一片精神的栖居地,并将实在的物质满足感转化为精神幸福感,增强对"美好生活"的体认与感知,使人们能够始终保持对生活的善意和热爱、对美好的向往与坚信。

其次,要激励人们创造美好生活。美好生活不仅需要人们去感受体悟,更需要人们去奋斗创造。思想政治工作在促进人民为美好生活而奋斗创造的社会动员中发挥着重要作用。需要是促使人们进行社会活动的内驱力,需求决定动机,而动机触发行为。马克思主义强调:"历史不过是追求着自己目的的人的活动而已。"①因此,要实现人民美好生活向往,就要将美好生活期望转化为人民的内在需要,将其作为社会动员的目标,提升人们对于未来美好生活的期望值。同时,思想政治工作要加强对于人民期望值的引导,引导人们将对美好生活的向往转化成为社会发展贡献力量的现实事业和实践活动,从而促进价值取向与实践行为相一致、主体愿望与社会发展相统一。此外,要加强对于社会动员过程的协调。在应对个体差异在美好生活需要的实现过程中可能出现的矛盾与冲突上,思想政治工作要及时对人们之间产生的思想冲突和价值对立进行疏导、

---

① 马克思恩格斯全集:第2卷[M]. 北京:人民出版社,2005:118-119.

协商与调解，沟通人际关系，加强人际交往，增强相互理解，从而积极化解矛盾。

最后，要引领人们分享美好生活。个人的幸福与美好无法单独实现，个人美好生活的实现需要集体美好愿望的达成，这就要求分享我们的美好生活，让美好生活追求成为社会的共同价值目标，并通过社会公认的发展要求来规范与雕琢个人的美好愿望。一般说来，个人价值与社会价值的相似度越高，两者的统一性就越强。因此，思想政治工作要加强对主流意识形态的灌输和引导，将社会主义核心价值观作为个人价值与社会价值共同的道德准则，在德育目标中关怀教育对象的个人价值诉求。通过权衡和调试个人价值与社会价值，使两者的相似度得以提升，引导人们将对美好生活向往的个人需要与国家发展目标的公共需求有机统一起来，从而实现社会价值规范的个体契合，推动个人价值与群体利益的整合互融。

新时代美好生活需要的丰富内涵和现实要求呼吁着思想政治工作要丰富和调整自身内容，重视人民需求和时代需要，从而进行内容转型。同时，新时代人民美好生活需要的个体化差异和多样化特征要求思想政治工作方法运用要精准、对症下药，并且要生动鲜活，为人民大众所喜闻乐见，这对思想政治工作方法转型提出了殷切呼唤与转型要求。

二、社会主要矛盾转化视域下思想政治工作高质量发展的数智化实践进路

我国社会主要矛盾发生转化的中国特色社会主义新时代，其实也是我国大数据与人工智能等新媒体传播技术飞速发展与迅速普及的新时代，还是包括思想政治工作在内的党和国家事业充分利用数智化新媒体传播技术的新时代。新矛盾与数智化的耦合互嵌，呼唤着新时代思想政治工作的数智化新技术的引入与实践，数智化新技术也在事实上强力驱动着思想政治工作高质量发展的实践转向。

（一）数智化驱动型的全面思政

在很长的一段历史时期里，个案研究法与个案工作方法作为社会科学研究领域当中的一种基本而重要的研究方法与分析方法，是思想政治工作研究和实践领域中非常重要、成效显著的研究方法与工作方法。不可否认，个案法，主要强调的是现实个案的问题导向与"窥一斑而知全豹"的思维方式，从而谋求探察社会问题与人的思想道德问题的整体概貌。可以说，"在过去近一百年的时间里，经由人类学、社会学的共同推动，个案研究已经成为人文社会科学研究

中最重要的研究取向之一"①。但也需要承认的是，关于个案的典型性、代表性与实际社会生活中的普遍性、整体性之间的矛盾与论争一直存在，毕竟思想政治工作系统中个案研究法与个案分析法"面临着特殊性与普遍性的关系问题、微观与宏观的关系问题"②，特别是"近年来，传统个案研究在这两个问题上所招致的批评变得空前尖锐起来"③。然而，大数据技术与大数据时代从根本上改变了传统个案法的不足与弊端，它不仅能够将反映人们思想偏好、价值倾向、行动轨迹和行为规律等相关信息以数据形式予以完整地记忆和保存下来，而且能够为以人为研究中心的思想政治工作提供量级、结构、维度空前的整全信息支撑与宏大数据保障。"大数据不同于小数据的根本之处，在于数据规模趋向整全。大数据的规模大远不只是量的描述，而是意味着大数据是具有规模整全性的全数据存在。"④ 目前已知，信息与数据储存规模已经达到了 GB、TB、PB 级别，可以预料的是，EB、ZB 乃至 YB 级规模的大数据库也即将历史性地登场和出现，这将极大地赋能和驱动"个案思政"向"全面思政"的深刻转变。具体而言，思想政治工作大数据从其三大类型的数据划分，即微观、中观、宏观三种类型的大数据来推动和实现思想政治工作的全数据转型。

第一，微观数据集合推动和实现思想政治工作的全数据转型。所谓微观数据集合，是指在大数据类型和范域中的一种最为微小的数据集合，主要涉及作为个体的人在网络新媒体环境中的冲浪痕迹、网页浏览、消费记录、出行轨迹、搜索兴趣、点击偏嗜、行为踪迹等反映个人行为动态的数据，还包括用来研判人们思想动态、心理活动、感情交互等方面的纳米级和原子级的微小数据。虽为微观数据集合，但不意味着数据信息在数量上是微观微小的，而仅仅是指涉及微小个体或单个人的数据挖掘与收集。换言之，当涉及个体层面的海量多元的微观数据信息得以汇聚成一个数据集合，其数据量级仍可以是非常庞大的。对大学生而言，如学生通过校园一卡通的食堂就餐刷卡情况，进出宿舍与图书馆情况，网上购物、朋友圈动态展示及社会情感等众多数据的汇聚，其实就是典型的大数据。

---

① 卢晖临，李雪. 如何走出个案——从个案研究到扩展个案研究 [J]. 中国社会科学，2007（1）：118.

② 卢晖临，李雪. 如何走出个案——从个案研究到扩展个案研究 [J]. 中国社会科学，2007（1）：120.

③ 卢晖临，李雪. 如何走出个案——从个案研究到扩展个案研究 [J]. 中国社会科学，2007（1）：120.

④ 王天恩. 大数据的规模整全性及其重要哲学意蕴 [J]. 江汉论坛，2022（4）.

第二，中观数据集合推动和实现思想政治工作的全数据转型。所谓中观型数据集合，是指相对微观型数据级别而言的一种更高级别的数据类型与范域，主要针对的是一个地区或一个组织机构中的部分或整体人群的思想与行为动态的数据集合体，也包括人们针对某一社会热点话题的态度意见等方面的数据集合体。换言之，中观数据集合是一种基于网络新媒体的人际交往、社会互动等与社会人群密切相关的细节层面的全新数据感知与全面数据收集的数据集合体。例如"在一个城市或社会里追踪特定人群的消费行为及交流数据"①，必然对思想政治工作者在更为整全的社会环境中分析和窥探、了解和掌握该特定人群的思想行为动态有重大辅助作用。正是基于校园和社会层面对集体行动数据的整全性数据收集与分析所构成的中观的社会层级的数据集合，能为党和国家、政府及其教育行政部门及学校了解和感知思想政治工作运行状况、提升思想政治工作有效性等提供全方位、全时段的整全性数据支撑途径。

第三，宏观数据集合推动和实现思想政治工作的全数据转型。所谓宏观数据集合，则是指最高级别的数据集合，既包括跨国层面的国际关系和全球交往等方面的数据信息，也包括国内层面的跨区域、跨部门、跨行业等关涉国家治理与社会秩序等宏大层面的数据信息。思想政治工作是党和国家的优良传统与政治优势，当然需要微观和中观层面的全数据支撑，也更需要宏观层面的全数据支撑，这是因为跨区域、跨城市甚至跨国家的各类宏观数据信息，为"从战略、整体、全局的视野出发"②的宏观思想政治工作研究与实践提供了整全性数据保证。同时，宏观数据结合，有利于充分调动各方面的主体力量参与到思想政治工作系统中来的"大思政"工作格局。

概括而言，基于智能化和智慧化大数据背景下的思想政治工作能充分利用各种类型的整全性数据开展研究与实践工作，无论是微观数据集合与中观数据集合，还是宏观数据集合，都能够有效克服个案研究与小样本分析的不足及局限性，进而能助力思想政治工作主体构建一种全覆盖、全过程、全方位的大数据管理系统，从而驱动和引领新时代高质量思想政治工作走向全面思政。

（二）数智化驱动型的深度思政

相对于传统经验型的质化研究方法而言，量化研究方法作为社会科学研究方法体系中重要构成内容，自近代以来的很长一段时期里，长期被视为社会科

---

① BAPNA R，GOES P，GUPTA A. Replicating Online Yankee Auctions to Analyze Auctioneers' and Bidders' Strategies [J]. Information Systems Research，2003（3）：244-268.

② 白显良. 宏观思想政治教育学理论奠立的几重视野 [J]. 思想理论教育，2022（51）.

学领域中最为重要的一种方法，甚至一度被西方学界认为是：只有基于量化研究基础的社会科学才称得上是真正的科学门类。思想政治工作作为社会科学研究范域中的重要子系统而存在，理应要在量化研究方法上打上浓墨重彩的一笔。但时至今日，思想政治工作量化研究一直存在着传统经验为主、量化深度不足的缺陷。随着数智化社会时代的来临，智能型的大数据挖掘与获取、智慧型大数据储存与管理、大数据分析与利用层面的新环境与新要求，强力驱动着思想政治工作向深度性、精准性、细致化、科学化目标迈进。换言之，数智化驱动的思想政治工作，相较于传统思想政治工作量化研究方法而言，是一种具有显见数据纵深的深度思政，主要表现为：有关人的思想行为大数据的智能化、深度化挖掘与有关人的思想行为大数据的智慧化、可视化呈现。

第一，思想政治工作大数据的智能化与深度化挖掘。一般而言，根据数据可被分析的抽象程度的划分标准，大数据可分为静态数据与静态数据中的行为信息。从深层次看，虽然静态数据本身其实并不能构成数据价值，但是对于静态数据背后的数据抓取收集与数据分析抽象，特别是借助一定的社会—技术支撑的研究模型与网络工具（如大数据网络科学与智能算法技术），能够实时记录并存储人们的性别、年龄、地理位置、行动轨迹、消费倾向、价值偏好等丰富、具体、精准、翔实的思想与行为大数据。所谓大数据网络科学，主要是研究"处于自组织机制下人际社会网络，会形成具有小世界现象的服从无标度（Scale-free）分布的幂律分布（power-law distribution）网络"[①]，并探究该幂律分布网络中的一些虽数量很少但功能很大且在整个社会网络动力演化中扮演着重要角色的、具有超强（Supper-Strong）连接能力和高度（High-Degree）分布取值的节点的一门新兴科学。简言之，它其实就是一个适应大数据时代需要的、以海量抽象的大数据来分析研究社会关系网络与人际交往互动现象及其规律的新兴学科。与大数据网络科学伴生而来的智能技术，主要是指"以数字代码、数学建模和逻辑运算为运转核心，将输入数据转换为输出结果的一系列程序步骤"[②]。现代思想政治工作通过利用大数据网络科学和智能算法技术等学科工具，将体现和反映人们思想与行为的大数据进行深度化的挖掘、分析与呈现。

第二，思想政治工作大数据的智慧化和可视化呈现。当今时代，虽然思想政治工作大数据的获取和收集已不再具有社会—技术上的障碍，但如何挖掘思

---

① 沈浩，黄晓兰. 大数据助力社会科学研究：挑战与创新 [J]. 现代传播，2013（8）：13-18.

② 王贤卿. 以道御术：思政教育对智能算法技术弊端的克服 [J]. 毛泽东邓小平理论研究，2021（2）：38.

想政治工作大数据的实际价值及如何发挥思想政治工作大数据的功能作用，其中尤以经过处理后思想政治工作大数据的呈现方式问题显得十分重要。就大数据本身而言，它仅仅是一堆抽象繁多海量数字符号的汇聚集合体而已，还不足以被充分的认知与理解，但通过可视化的分析处理技术（如 Node-Trix、OpenGL 等）进行解码后，能够以生动直观的图像数据形式呈现出来，由此可带来更具视觉震撼性、信息冲击力和理解接受性的思想政治工作大数据图景。"数据可视化被称作数据视觉呈现的科学，通过视觉图像的形式更为清晰、有效地把数据中信息单元的特质和变量展现出来，为人们理解社会事件以及社会网络关系提供了一种全新的方式。"[1]

（三）数智化驱动型的真实思政

大数据以其海量繁多且无所不包的数据信息，不但真实地记录和复现了人类现实生活世界的丰富多彩与千变万化，而且真实地留存和确保了人的思想精神世界的动态变化与行为轨迹的个体张扬性与系统完整性。作为以人的活动为核心的人文社会科学研究领域中的一个分支，思想政治工作，简言之，是人对人的活动，具言之，是指思想政治工作者有目地、有意识地对教育对象施加影响的社会实践活动，"是由无数灵动的个体和他们之间的交互所构成的集合，是一个多元的、非线性相关的、复杂的适应系统，在这个适应系统中，交织着异常复杂的人际互动和价值传播，极具随时性和易变性，是一种动态的存在"[2]，因此，智能化大数据因其具有海量全面与多样真实的信息，与真实的思想政治工作深度勾连在一起。可以这么说，海量繁多且复杂抽象的思想政治工作大数据呈现出一个真实的思想政治工作队伍与思想政治工作对象，现代思想政治工作理应形成以真实的人类社会共同体为数据源的庞大信息与数据集合，将信息与数据作为了解和认识一定时期和一定范围内的思想政治工作对象的重要方式与手段，既注重了解单一个体的个体性、异质性和特殊性，又注重了解社会人群的整体性、多维性和复杂性，从而充分发挥出大数据与思想政治工作深度互嵌后的倍增效益。

第一，智能化大数据能助力了解真实全面的思想政治工作对象。传统意义上的思想政治工作主要依靠观察法、问卷调查法或访谈调查法来收集相应的数

---

① INANC B，DUR U. Analysis of Data Visualizations in Daily Newspapers in Terms of Graphic Design ［J］. Social and Behavioral Sciences，2014（51）：278-283.

② CHANG R，KAUFFMAN R，KWON Y. Understanding the Paradigm Shift to Computational Social Science in the Presence of Big Data ［J］. Decision Support Systems，2014（07）：67-80.

据信息，但在遇到一些涉及政治正确、个人隐私、特定态度及敏感问题等相关问题时，极易让思想政治工作对象选择性忽略或隐藏其真实想法，从而导致毫无意义的虚假数据（False Data）的出现。在大数据的智能挖掘与抓取技术及大数据的智能分析与可视化呈现技术的助力下，思想政治工作对象在每一时空场域的历史记录、思想动态、情感倾向与行为轨迹，都被真实全面和完整准确地记录留存下来，也将一个真实全面的思想政治工作对象的"全貌图景"客观地全景式地呈现出来。具言之，智能化大数据背景下的真实的思想政治工作对象信息，由完整、客观、多样的思想政治工作信息所构成。所谓完整的思想政治工作信息，就是记录了我们的思想政治工作对象发生在每时每刻每地的一切思想行为的数据信息，都能够用没有遗漏、不留空白的系统完整的数据链来全面留存和复现出来。所谓客观的思想政治工作信息，就是这些来自思想政治工作对象最为原始的数据信息（Raw Data），是被智能化的数据识记技术于无形之中记录留存下来的数据信息，是最客观也是最真实的且没有被任何人为地加工和污染过的关于人的思想、情感和行为的数据信息。所谓多样的思想政治工作信息，就是相对于传统小数据时代的比较单一的某一种或某一类型的数据信息而言，大数据技术所留下的数据是形形色色、各种各样的数据信息，包括文字、图像、声音、视频等多种形式、多种样态的，能够反映人的外部行为轨迹与内在心理活动等的信息统统都被留在了数据资源库中。概言之，大数据背景下与思想政治工作对象有关的原始数据，以终端数据为信息获取源头，将人类感官世界和个体内心世界等相关情况真实地呈现出来，极大地保证了研究对象真实的心理动机或现实境况，也为有力支撑政治教育、思想教育、心理健康教育及其他思政教育信息的传播与研究奠定真实的数据基础。

　　第二，智能化大数据能助力真实严谨的思想政治工作思维之树立。同自然科学相比较，作为人文社会科学的思想政治工作研究，在研究方法论层面一直饱受"是否为真科学"之诟病，因为它无法做到自然科学那样对研究对象进行基于科学程序的精确运行与事实还原。但也不能忽略的是，包括思想政治工作在内的整个人文社会科学的研究范域和研究对象都是指向与活生生的人有关的人类社会或社会的人类，也是致力揭示真相或还原事实的"事实性"科学。相对自然科学研究对象的纯静态或准静态特质，人文社会科学研究对象则是具有明显的动态变化性和高度的复杂性特质。无论是指涉每时每刻都在发生变化的个体的人的心理和行为活动，还是指涉尤为变幻莫测和复杂多变的人群社会系统的群体心理与集体行动，都在客观上呼唤一种严谨真实的思想政治工作思维。显而易见的是，大数据产生以前的传统意义上的思想政治工作所应对的数据信息，不但在信息容量上是有限的片段式的部分数据，而且还是存在一个较大时间滞后性的数据，这就必然会给思想政治工作信息的真实有效性提出巨大的挑战。大数据技术恰是这一种有效的工具与载体，因为无论是涉及个人还是人群集合，大数据所蕴含的海量丰富的数据信息是整全式的完整数据。大数据时代的来临，让"研究者们不仅直接以真实世界为研究对象，更加依赖工具获取或模拟产生的科学数据，运用数据挖掘工具进行统计和计算，进而对内容进行分析。在社会科学研究领域，由于'万物皆智能''万物皆联网'引发了'万物皆数据'，出现了'计量一切'的趋势"①，从而做到真实有效的思想政治工作。

（四）数智化驱动型的精准思政

智能化的大数据将作为思想政治工作对象的人的一切思想动态、心理倾向、情感活动及其行为轨迹等，都以个体粒度数据的形式记录和存储在思想政治工作信息资源宝库中。大数据技术为新时代思想政治工作提供了全新的教育视野和海量的数据信息，使得思想政治工作系统内"现实的人"和实际问题借以得到精准分析与精准刻画，从而开启了新时代高质量思想政治工作向精准思政的实践转向。

第一，智能化的大数据助力思想政治工作信息的精确化分析。数智化时代的来临，不仅能够让原本隐性存在且不为人知的海量数据迅速浮出水面，还催生和助推了许多数据挖掘、智能化数据抓取和智能化数据分析技术的问世。比如，现在已在商业领域得以广泛应用的算法和程序，如 Node XL、Gephi、Python、SAS Data Mining、DMI、Rapid Miner、Issue Crawler、hadoop、spark 等一系列大数据深度挖掘和实时抓取的分析技术与实践工具，正越来越被学术研究领域所引入，并在事实上已经得到一定程度的应用。换言之，随着人类社会逐渐跨入大数据时代，用美国学者麦克·萨维奇（Mike Savage）和罗杰·布若斯（Roger Burrows）在 2007 年提出的观点来说，"社会数据在日常生活中被大量生产出来……只是商业机构或者政府组织运行的衍生结果。组织机构对数据的分析运用了先进的技术工具，也更有能力处理大规模的数据"②，这意味着只有充分利用实时、基于网络的大量数字交易数据，才是激活社会科学研究"经验危机"的一种有效方法。故而，现代思想政治工作不仅要积极应对大数据所带来的学科冲击与"经验危机"，而且要充分利用大数据深度抓取与精准分析技术实现技

① 米加宁，章昌平，李大宇，等．第四研究范式：大数据驱动的社会科学研究转型［J］．学海，2018（2）．

② 何祎金．解锁技术嵌入的社会性与数字麻烦——大数据时代的社会学想象力［J］．社会学评论，2021（6）．

术破局与危机转换。唯有如此，思想政治工作系统内的每个个体粒度的数据信息，才能够被智能抓取、深度分析及精准呈现。

第二，智能化的大数据助力思想政治工作系统的精准化预测。科学研究的一个重要功能就是预测。在自然科学研究领域，简单线性思维或因果推导思维就能轻易地帮助解决研究问题，即一旦知道了"原因"，其"结果"就能很快被推导揭示出来。然而，在人文社会科学中，尤其在思想政治工作这一开放的复杂巨系统之中，只是依靠简单的线性思维或因果系统思维则往往显得不那么精准全面甚至是无能为力。"大数据出现以前，我们对人类思想、行为的预测往往依靠经验猜测或理论推导，经验猜测因缺少数据的支持而带来了准确度不高的问题，而理论推导则更是没有经验数据的支持而流于形式，难以做出真正的事实预测。"① 但大数据带来了认识论和方法论上的深刻革命，因为"预测是大数据的核心价值"②，大数据资源库记录、收集和存储了海量丰富的涉及个人思想与行为的数据信息，这不仅能极大地帮助对某个人历史的思想动态与行为轨迹进行精准地描述，还能够帮助对某个人未来的思想动态和行为轨迹进行精准地预测，由此也就使得大数据背景下思想政治工作能充分体现出个性化和针对性的特点，进而可以制定出更合适、更有效、更精准的思想政治工作方案。换言之，大数据思想政治工作能让我们思想政治工作者预先知道思想政治工作系统未来发展的个体思想行为趋向和总体发展状态的走向，并提前做好相应的精准化的防范对策，从而由模糊思政走向精准思政，实现由被动思政走向主动思政。

第三，智能化的大数据助力思想政治工作系统精美负反馈机制的构建。负反馈机制是控制论领域的一个重要概念，指的是大自然中的许多生物所具有的能够根据目标条件或环境变化来调整和改变自己以求更好达成目标或适应环境的一种自我调整能力。相对系统的正反馈会将目标和实际的偏差放大并离预设目标越来越远，负反馈则能够将目标和实际的偏差缩小并不断修正直至预设目标之达成与系统之稳定。作为开放的复杂巨系统的思想政治工作系统，有着立德树人的伟大目标，也需要一种负反馈机制来衡量和评判目标的达成度。从以往的传统思想政治工作来看，由于客观、可靠、全面、足量的数据之缺乏，思想政治工作负反馈机制难以建立起来并有效发挥作用，也难于快速实现立德树

---

① 黄欣荣. 大数据驱动的思想政治教育方法论 [J]. 长沙理工大学学报（社会科学版），2019（5）.

② 罗红杰，平章起. 大数据驱动：思想政治教育现代化的重要引擎 [J]. 重庆大学学报（社会科学版），2020（4）.

人的思政目标。"大数据时代的来临，为思政教育系统负反馈机制的建立提供了坚实的技术基础，带来了量大、真实、实时、在线的负反馈数据信息"①，既能比较容易地让思想政治工作系统特别是思想政治工作对象关涉的微观细节被感知和发现，也能让思想政治工作系统未来走向能被观察和精准预测到，从而使得思想政治工作系统变成一个能够不断学习改变、不断调整修正、不断发展进化的自适应系统，从而成功达成立德树人的思想政治工作根本任务与工作目标。

三、社会主要矛盾转化视域下思想政治工作高质量发展的创新性对策思路

社会主要矛盾转化为新时代思想政治工作发展不仅提出了崭新的时代要求与全新的目标任务，也提供了丰富的现实素材和具体的发展思路。推进和实现新时代思想政治工作高质量发展，应聚焦社会主要矛盾的解决和人民美好生活需要的满足两个方面，通过思维转向、主体转变、内容转换和方法转型等，从而实现新时代思想政治工作的改革创新、优化提升与高质量发展。

（一）思维转向

社会主要矛盾转化视域下思想政治工作高质量发展的思维转向，就是要求基于社会主要矛盾现实结合点的思想政治工作思维之高质量发展。社会主要矛盾的现实结合点生成于社会历史发展境遇与人民美好生活向往的时空交汇点上，它在新时代共时性空间中汇聚14亿多中国人民梦想的同时，也反映了改革开放40年来中国特色社会主义的历时性演进。思想政治工作是建构主流意识形态、宣扬国家意志的实践活动，习惯于诠释历史记忆与抽象理论的宏大叙事题材，钟爱重大历史事件和重要人物言行的宏大叙事内容，追求具有普遍性、崇高性和长期性的宏大叙事风格，这形成了"泛在"空间中的"元叙事"体系。这种宏大叙事题材选择和文本叙事内容偏好使得宏观抽象的"元叙事"思维成为思想政治工作的重要思维方式。新时代思想政治工作呈现出工作主体多元、工作场域多样、工作环境多变、工作方式多重的发展态势，这种发展态势使得思想政治工作对象的主体性、思辨性、批判性、现实性进一步增强。他们不再对思想政治工作者的理论宣传和思想引导"言听计从"，而习惯于将其放入具体的社会环境和现实境遇中进行分析和确证。"元叙事"这样一种带有一定宏观性和一致性的教育引导方式和思维方式使人的主体性存在和个性化需求被遮蔽，人的美好生活需要在这种厚重的历史题材和强硬的理论覆盖下显然"难以满足"，思

① 迈尔-舍恩伯格，库克耶．与大数据同行：学习和教育的未来［M］．赵中建，张燕南，译．上海：华东师范大学出版社，2015：31.

想政治工作要传导的价值内涵和思想内容也在这种缺乏现实张力和人文意蕴的宏大叙事中受到阻滞，教育效果难以尽如人意。思想政治工作要在新时代充分发挥自身作用，不仅需要强调大场域、大格局、大构想，以探究本质规律和体系框架为核心的具有全局性和总体性的"元叙事"思维方式，更要将视线投射到周遭现实世界，形成基于现实维度的形象具体的"微叙事"思维方式。

1. 加强思想政治工作文本叙事的生活化。要使思想政治工作融入现实生活、深入人民群众，与个人的工作、学习、生活相结合，探究社会关注新热点、民生问题新难点和现实存在新问题，使自身的叙事内容和叙事风格更加时代化、大众化和生活化。要讲好中国故事、传播中国声音、彰显中国特色，化长篇大论为短小微闻，改高谈阔论为生活趣事，变道德说教为传统故事，从而使思想政治工作接地气、入人心。

2. 加强思想政治工作记忆叙事的时代化。伴随着时代的变迁和信息技术的发展，人们对于思想政治工作所要传导的革命文化和红色文化很难有深切的体认和感受，出现记忆淡化和记忆认同缺失的问题。同时，也对纯粹的政治宣传产生了审美疲劳，并且个人价值诉求的多样性和个性发展的追求使得人们更加关注自我的切身利益和现实的实际需要。因此，要抓住思想政治工作记忆叙事的时代性，多用改革开放以来的社会记忆建构思想政治工作的微叙事风格，叙事重心向现代社会叙事转向从而增强人们的现实感受和记忆认同。

3. 加强思想政治工作图像叙事的普及化。图像时代的到来使思想政治工作进入读图时代，思想政治工作者要把握好图像叙事的契机，顺应时代发展要求，加强图像叙事的专业人才队伍建设和图像叙事方法创新。要利用好微电影、微视频、微课堂等网络微传播方式，使主流意识形态与图像进行有机结合，创作一些短小精悍但内涵丰富的公益广告、公益电影或网络课程等图像作品，并借由微信、微博等传播媒介实现渗透式、扩散式传播。这些微作品表现力强、趣味性足、耗时性短，能满足人们对于知识具象化、感性化的认知偏好，更易被人们接纳和认同，它们可以促进主流意识形态的魅力彰显，增强思想政治工作的实际效果。

（二）主体转变

社会主要矛盾转化视域下思想政治工作高质量发展的主体转变，就是要求基于社会主要矛盾时代敏感点的思想政治工作主体之高质量发展。所谓基于社会主要矛盾时代敏感点的思想政治工作主体之高质量发展，就是指要强化思想政治工作主体处理和化解新时代社会主要矛盾的责任意识。可以说，"理解新矛盾重在把握矛盾的主体、主动方面"①，利用思想政治工作化解社会矛盾是我党的政治优势，新时代我国社会主要矛盾的基本特性和过程特征，要求思想政治工作强力介入。思想政治工作主体作为履行矛盾化解职责的实际担当者，其自身的责任意识如何，在某种程度决定着思想政治工作化解社会矛盾功能的实现情况。因此，强化思想政治工作主体化解我国当代社会矛盾的责任意识，其实就是实现思想政治工作化解社会矛盾功能的必要之举与必然之行。

1. 树立思想政治工作主体离不开的在场意识。思想政治工作主体离不开的在场意识，既是指思想政治工作主体要具有主动参与当代社会矛盾化解全过程的自我认知，又是指思想政治工作主体要具有始终处于矛盾前沿的主动性。我国当代社会矛盾属于人民内部矛盾的性质判断，是思想政治工作主体离不开的在场意识的理论前提。而我国当代社会矛盾在萌芽、发展、激化以及平息过程中所表现出的过程特征，则是思想政治工作主体始终处于矛盾化解前沿、贯穿矛盾化解全过程的现实需要。思想政治工作作为实现社会整合和维护社会运行秩序的手段，时刻把自身置于矛盾化解全过程，积极参与矛盾化解，既是思想政治工作主体履行职责的要求，也是其参与社会管理的体现。从当前来看，一方面，由于我国当代社会矛盾类型和特点发生了显著变化，利益矛盾凸显，矛盾局部对抗性行为出现，这使得部分思想政治工作主体产生了误解，要么认为其不属于思想政治工作的范畴，要么对思想政治工作参与矛盾化解的实际效果产生怀疑，从而缺乏矛盾化解的积极性和主动性。另一方面，思想政治工作主体自身责任意识薄弱，也是其化解矛盾过程中缺乏主动性的重要原因。因此，树立思想政治工作主体离不开的在场意识，是强化思想政治工作主体责任意识的首要任务。为此，思想政治工作主体一是要深刻分析我国当代社会矛盾产生的认识根源，认真领会我国当代社会矛盾类型和特点的变化，充分认识到思想政治工作在缓解利益摩擦、缓和对立情绪、转变对立思想、调动积极因素、实现社会整合上的重要性和必要性。要牢牢把握我国当代社会矛盾人民内部矛盾性质判断的总体基调，增强通过思想政治工作化解社会矛盾的信心和决心。二是要加强理论学习，转变工作作风，强化宗旨意识，本着积极负责的原则，敢于挑担子，负重任，在矛盾萌芽阶段就及时介入矛盾现场，积极采取有效措施发现和排查矛盾，防止矛盾扩散和升级。要密切与矛盾主体的联系，及时掌握矛盾发展状况，为有针对性地化解矛盾提供依据。

---

① 　陈国平，韩振峰. 把握新时代人民群众美好生活需要的三个维度——基于新时代社会主要矛盾的分析 [J]. 人民论坛·学术前沿，2018（9）.

2. 强化思想政治工作者主体密切联系群众的意识。"江山就是人民，人民就是江山。"① 马克思主义认为人民群众是历史的创造者，是中国共产党的力量之源泉和胜利之根本。与广大人民群众时刻保持密切联系，是我党区别于其他任何一个政党的显著标志，也是思想政治工作的一个基本特征。思想政治工作者主体只有与人民群众保持密切联系，与人民群众同甘共苦，维护广大人民群众的根本利益，取得广大人民群众的信任，才能获得良好的思想政治效果。在当前全面深化改革开放不断推进和社会巨大转型的背景下，广大群众必然会产生各种各样的利益纠纷、遇到各种各样的矛盾冲突、产生各种各样的思想认识，合理利益受损的风险和概率在不断增加，思想政治工作者主体只有深入群众，密切与群众的联系，才能正确把握群众思想状况，切实承担起维护群众根本利益的职责。从我国当代社会矛盾实践表现来看，矛盾之所以凸显和激化，与部分思想政治工作主体脱离群众、忽视群众利益密切相关。因此，进一步强化思想政治工作者主体密切联系群众的意识，既是维护群众根本利益、促进矛盾化解的需要，也是思想政治工作自身的要求。为此，思想政治工作者主体一是要始终把人民群众的根本利益放在首位，始终坚持把实现好、维护好、发展好最广大人民群众的根本利益作为工作的出发点和落脚点。二是要特别增强基层党员干部这个基层思想政治工作者密切联系群众、保持与群众血肉联系的意识。作为基层思想政治工作者的基层党员干部由于长期处于群众第一线，是对矛盾状况了解最真、感受最切的群体，其工作作风如何直接关系与人民群众密切联系的程度和维护群众利益的状况。广大思想政治工作基层党员和干部要立足本职工作，认真搞好学习、生产活动，增强自律意识和群众意识，学习群众语言，及时、经常了解群众对党的工作的批评和意见，随时关注和反省自己的言行举止，确保自身不成为矛盾引发的导火索、不成为矛盾推动的幕后者、不成为矛盾激化的领导者或参与者，积极改进工作，努力维护群众利益，消除群众不满情绪产生的温床，降低社会矛盾在群众中诱发的风险。三是要关心和帮助群众改善物质生活状况，使他们感受到党的温暖，增强对美好生活的期盼，自觉服从党的领导。要在群众中鼓励先进，教育落后，对群众中的错误思想进行及时的说服教育，及时消除错误思想在群众中的传播和蔓延。

3. 增强基层思想政治工作主体及时传达与反馈问题的意识。思想政治工作具有在各级党委统一领导下，党政同心协力，专职与兼职相结合，党、政、工、团等组织齐抓共管和各负其责的组织管理体系。在这个庞大的组织管理体系中，

① 习近平. 在党史学习教育动员大会上的讲话［N］. 人民日报，2021-02-20（1）.

有效的信息沟通是各级、各部门开展思想政治工作的基本要求。一般说来，基层思想政治工作主体由于处于密切联系群众的中介和桥梁地位，及时向群众传达有关精神、向上级反馈问题，既是基层思想政治工作主体应该履行的基本义务，也是上级部门如实掌握矛盾状况，及时提出矛盾化解策略的必然需要。从我国当代社会矛盾的实践来看，一方面在关乎群众切身利益的政策出台前后，部分基层思想政治工作主体解释工作不到位，没有及时有效地把上级精神传达到广大群体中，使得部分群众产生各种疑问和焦虑；另一方面由于群众利益诉求渠道受阻，群体不满情绪不断积聚，越级上访屡禁不止。这固然有体制上的原因，但更多的是人为因素。部分基层思想政治工作主体由于理论素养不高，缺乏群众意识，官本位意识浓厚，工作方法粗糙，自然难以做到深入细致的解释工作。同时部分基层思想政治工作主体长期以来奉行报喜不报忧，担心矛盾暴露会影响地方和单位形象，危及自身地位，在矛盾发生后向上级瞒报或虚报信息，致使矛盾不断演化升级。因此，强化思想政治工作主体的责任意识，必须增强基层思想政治工作主体及时传达与反馈问题的意识。为此，基层思想政治工作主体一是要本着对群众负责的原则，增强工作积极性和主动性，不拖拉、不延误，在规定时间内及时传达有关精神。要强化理论学习，提高理论素养，增强全面解读党的路线、方针和政策的能力。要不断增强群众意识，着力转变工作作风，坚持全心全意为人民服务的宗旨，耐心、细致地做好群众解释工作，客观、全面地传达有关精神。要不断改进工作方式方法，提高群众对有关精神的接受度。二是要着力转变错误观念，抛弃报喜不报忧的错误认识，牢固树立不报或瞒报信息就是失职的意识，实事求是地及时向上级部门准确反映情况，提高上级部门对矛盾的重视，推动上级部门深入实地调研取证，为及时有效地化解社会矛盾赢取宝贵时间。

（三）内容转换

社会主要矛盾转化视域下思想政治工作高质量发展的内容转换，就是要求基于社会主要矛盾理论生长点的思想政治工作内容之高质量发展。社会主要矛盾的理论架构是基于马克思主义整体性视域的丰富与发展，是基于中国特色社会主义进入新时代的调整与转化。思想政治工作是一个由多重要素构成的复杂有机整体，其要素之间、系统之间、要素与系统之间具有千丝万缕的联系。作为反映社会主要矛盾的一隅，思想政治工作同样也要遵循马克思主义的整体性思路来构建自身的内容体系，并以此为着力点引导思想政治工作由"认知分化"到"基础整合"的内容架构。现代科技工具理性的兴盛，使得人们对将事物进行精细化研究的方法"情有独钟"。思想政治工作也对这种研究方法"乐此不疲"，善于并热衷于将复杂问题进行分割并置于各种限定性的视域下进行细化研究。这种方式似乎有助于问题的解决，然而却使我们丧失了对于事物整体的认识和把握。这种分割式的研究方法和孤立化的认知方式使得思想政治工作变得碎片化、浅薄化、离散化甚至形式化，并且由于人们研究角度的不同和认知方式的分化，使思想政治工作变得"形形色色""五花八门"，思想政治工作者之间的"自说自话""千言万语"使思想政治工作内容的差异性和矛盾性突出，共识性遭到冲击，在一定程度上影响了人们对于思想政治工作的认同感与认可度，降低了思想政治工作效果。全球化、信息化的发展，使得人类社会发展环境日新月异，发展问题层出不穷，单一的视域、限定的角度、规制的对象无法体现出思想政治工作的普遍性规律，并且容易产生"微观杂糅和宏观空场"的尴尬现象，必须借助整体性研究打破僵局，优化转型。

1. 思想政治工作要整合内容的取材空间。马克思主义整体性的核心要义是"协调"与"整合"，这要求思想政治工作要从马克思主义整体性出发，整合碎片化、协调分散化，通过扩散式和合作式的发展思路来丰富和完善内容体系、协调和整合内容选材空间。要突破原先囿于高校、军队和党政机关等公共领域的视野焦点，延展深入到企业、农村、基层等更为宽广的现实场域，同时要加强各领域思想政治工作者的相互交流和相互合作，形成资源共享、经验共用、信息共通的空间发展格局，从而使思想政治工作的素材收集更加全面，观察视野更加开阔。此外，要着力优化资源配置，调整内容供给，在扩展取材范围的同时加大对农村、企业、基层等思想政治工作资源投放较少领域的资源投入，均衡领域间发展。

2. 思想政治工作要整合内容的研究类型。要借由马克思主义的整体性理论对思想政治工作进行系统研究，建立包含基础理论研究、历史研究、实践应用研究、比较研究、分类研究等综合性和全面性的内容研究框架。既要开展思想政治工作体系、主题、规律、理论等宏观研究，又要从思想政治工作内部的各个具体理论问题和现实个案分析入手开展微观研究，用宏观研究引领微观研究，以微观研究支撑宏观研究，从而对思想政治工作进行整体认识，真正把握其内在规律和核心要义，进一步提升思想政治工作的科学性和准确性，让思想政治工作的效用在新时代得到充分发挥。

3. 思想政治工作要整合内容的容量体系。要打造包含思想性内容、政治性内容、法律方面的内容、道德方面的内容、心理健康方面的内容和现代人格养成方面的内容等在内的多重内核和多重架构的立体化工作体系，尤其要加强以习近平新时代中国特色社会主义思想为核心的思想教育，以实现中国梦为目标的时代主题教育，以立德树人为根本任务的课程教育，以社会主义核心价值观为主要内容的价值观教育，从而丰富思想政治工作的理论内涵与内容存量，以达到内容为王、逻辑严密、基础扎实、提升全面的新时代思想政治工作发展要求，承担好新时代赋予思想政治工作的历史使命。同时，要打造思想政治工作精品内容，通过"去粗取精"式的内容变革进一步盘活思想政治工作的内容存量，增强思想政治工作的发展动力。

（四）方法转型

社会主要矛盾转化视域下思想政治工作高质量发展的方法转型，就是要求基于社会主要矛盾动态交叉点的思想政治工作方法之高质量发展。社会主要矛盾的动态交叉点是在其现实结合点的基础上形成的驱动力，它是现存事物得以延续又借以实现形态转换的介质。把握新时代社会主要矛盾的动态交叉点，就是在新矛盾衍生下的多种具象问题中，找寻社会发展系统自我内生的动态平衡，进而在多维空间中架构起立体化的问题域。这就要求思想政治工作方法必须实现由"单向输出"到"联动发力"的适应性发展。当前思想政治工作方法在一定程度上克服了以往文本宣读和理论灌输的单调叙事风格。当前，移动互联技术、多媒体技术和可视化技术的发展和普及，不仅使得微信社交平台、大数据抓取、监测与分析技术、人工智能技术等逐渐引入思想政治工作领域并广泛流行开来，而且使得翻转课堂、智慧教室、慕课等一批兼具互动性与趣味性的教学工具逐渐成为学校思想政治工作的重要教学工具，这也使思想政治工作变得有声有色、有滋有味。但是方法的多样性与创新性并没有带来思想政治工作效果的显著提升，思想政治工作方法的运用与创新往往是一种不可不为的无奈之举，而这种"被动式"的方法使用也使思想政治工作者没有更多对受教育者的实际需要和方法的特征属性进行深入了解，存在着一种方法应对多种问题的"单向输出"现象，不同方法的简单套用也使思想政治工作的实效性不高，这急需思想政治工作进行方法转型。

1. 思想政治工作方法运用要深化"精细化"的发展思路。新时代思想政治工作的育人环境更为复杂、育人要素更为多样、育人要求更为严格。而作为社会个体的人身处在当前复杂的社会环境和开放的时代境遇下，他们的思想观念更为多元，价值诉求更为多样，个体差异性也更加明显。这就要求思想政治工作方法运用要深化"精细化"的发展理念，对教育对象进行分层分类，克服过去"一锅端"的群体教育取向，注重研究和探索不同阶段、不同领域、不同信仰与不同年龄段受教育者的思想水平和突出问题，找寻恰当的时间、采用不同的策略、运用不同的方法对他们进行教育与引导。

2. 思想政治工作方法运用要突出"特殊化"的发展特色。思想政治工作方法应保持自身的独特性，思想政治工作方法创新并不是将其他学科的方法进行简单移植或者套用堆积。我们要把握好思想政治工作的内在规律性、教育特殊性和对象主体性，根据技术发展、时代要求和人民需要，因事而化、因时而进、因势而新，对方法进行创新和发展，使思想政治工作真正能够与教育对象产生情感共鸣和价值契同，切实提高思想政治工作的实效性。

3. 思想政治工作方法运用要加强"联合化"的发展路向。由于人们思想的多样性和现实环境的复杂性，我们很难找到包治百病的灵丹妙药，单一方法难以在复杂的问题场域中发挥自身的特色优势。因此，我们要加强方法间的有机联合，通过研究不同方法的本质属性和内在机理，有效协调与联结各种方法。一方面，要避免"搬运工"式的机械复制，简单地将传统思想政治工作方法换上"皇帝的新衣"，实则没有任何高质量发展；另一方面，要挖掘异质方法的共同属性，尤其要加强经常运用于同一或相似情境的方法之间的多向互动，形成"方法有机共同体"，以适应新时代社会主要矛盾转化不断向我们敞开的立体化问题域。

结　论

　　"中国特色社会主义进入新时代，我国社会主要矛盾已经转化为人民日益增长的美好生活需要和不平衡不充分的发展之间的矛盾。"① 这是中国共产党领导的社会主义中国在进入 21 世纪新的发展阶段与历史进程中对社会主要矛盾所做出的重大政治论断，也是习近平新时代中国特色社会主义思想的重要内容之一。新时代，社会主要矛盾的转化，既反映了现阶段我国社会发展的客观实际，又是制定新时代党的路线方针政策和国家长远发展战略的重要依据；既为我们更好把握和推进新时代历史方位下党和国家事业向前发展提供了重要指引，也为实现新时代思想政治工作改革创新与高质量发展提出了任务遵循。

一、正确认识和判断社会主要矛盾的重要性

　　马克思主义唯物辩证法认为，矛盾具有普遍性，矛盾存在于一切现象与一切事物及其发展的过程中，也存在于国家经济社会发展的全时段、全领域与全过程。换言之，时时有矛盾、事事有矛盾、处处有矛盾，矛盾无处不在、矛盾无时不有。矛盾分析法构成了马克思主义社会科学方法论中的一个非常重要的方法。在千变万化、纷繁复杂的矛盾世界与矛盾体系中，存在着一定时期内和一定发展阶段中的占主导地位、中心地位的矛盾，即所谓的主要矛盾，抓住了主要矛盾，就等于抓住了解决问题与化解矛盾的"牛鼻子"。

　　（一）社会主要矛盾与中心任务

　　正确认识和把握我国社会主要矛盾，是确定党和国家事业发展的中心任务、推动社会发展进步的重要前提。马克思主义经典作家从各个角度提出了矛盾的普遍性问题，也非常重视抓主要问题和主要矛盾的方法。恩格斯指出："为了达到伟大的目标和团结，为此所必需的千百万大军应当时刻牢记主要的东西，不

---

① 习近平.决胜全面建成小康社会　夺取新时代中国特色社会主义伟大胜利——在中国共产党第十九次全国代表大会上的报告［M］.北京：人民出版社，2017：11.

因那些无谓的吹毛求疵而迷失方向。"① 毛泽东在《矛盾论》中指出:"在复杂的事物的发展过程中,有许多的矛盾存在,其中必有一种是主要的矛盾,由于它的存在和发展规定或影响着其他矛盾的存在和发展。"② 因此,任何工作的研究和决策,都"要用全力找出它的主要矛盾。捉住了这个主要矛盾,一切问题就迎刃而解了"③。如果"不懂得这种方法,结果如堕烟海,找不到中心,也就找不到解决矛盾的方法"④。从实际出发,具体地分析各种矛盾的特点以及它们之间的相互关系,准确地找出事物发展的不同过程或同一过程不同阶段上的主要矛盾,正确地把握和处理主要矛盾和次要矛盾的关系,才能取得全局性的伟大胜利。

(二)社会主要矛盾与发展大局

对新时代社会主要矛盾的明确和把握,关乎新时代中国特色社会主义的发展全局,关系到中国共产党在新时代治国理政中正确路线、方针和政策的制定,关系中国特色社会主义伟大事业的前途命运。社会主要矛盾是在一定社会历史阶段占支配地位的矛盾,但事物都是运动、变化、发展的,社会主要矛盾也不是一成不变的。中国共产党成立 100 多年来,对我国社会主要矛盾的认识不断深入,中国共产党成立、发展、壮大的历史,也是一部认识、判断并逐步解决社会主要矛盾的历史。中国共产党之所以能够领导中国人民在革命、建设和改革的百余年历史进程中取得一个又一个的伟大成就,经过艰苦卓绝的努力推进中国特色社会主义进入了新时代,关键就在于党能够根据基本国情的变化,对社会主要矛盾和主要任务做出准确判断,并在此基础上提出科学的党的创新理论、制定正确的路线方针政策。

二、科学认识和把握社会主要矛盾的新变化

新时代,科学认识和准确把握我国社会主要矛盾的新变化,需要遵循马克思主义唯物辩证法的理论规定与原则要求,从"量变质变规律"与社会主要矛盾变化、"两点论与重点论"与社会主要矛盾变化这两个方面着手。

(一)"量变质变规律"与社会主要矛盾变化

量变质变规律是马克思主义哲学中联系与发展基本规律中的一条重要规律,

---

① 马克思恩格斯全集:第 38 卷 [M]. 北京:人民出版社,1972:270.
② 毛泽东选集:第一卷 [M]. 北京:人民出版社,1991:320.
③ 毛泽东选集:第一卷 [M]. 北京:人民出版社,1991:322.
④ 毛泽东选集:第一卷 [M]. 北京:人民出版社,1991:322.

主要包括了"质、量、度""量变与质变及其相互转化""量变的复杂性与质变的多样性"这三个方面的规律性内容。换句话说，唯物辩证法认为任何具体事物都同时具有质和量，是质和量的统一体。照此说来，要想真正了解事物，必须把质和量统一起来，即掌握它的度。认识事物的前提是要掌握事物的度，只有了解了度，才能准确把握事物。因此，要在掌握度的前提下，在"变"与"不变"的辩证统一中，深刻认识和把握党对我国社会主要矛盾的新定位。习近平总书记强调："我国社会主要矛盾的变化，没有改变我们对我国社会主义所处历史阶段的判断，我国仍处于并将长期处于社会主义初级阶段的基本国情没有变，我国是世界最大发展中国家的国际地位没有变。"① 我国社会主要矛盾的变化，虽然是关系全局的历史性变化，但没有改变我国社会主义所处的历史发展阶段，这是我们把握现在、规划未来以及制定和贯彻党的基本理论、基本路线、基本方略的基础。虽然经过改革开放 40 余年的发展，党和国家的各项事业取得长足发展，经济实力、科技实力、国防实力、综合国力进入世界前列，但是，我国发展不平衡不充分的一些突出问题尚未解决，我国目前仍处于社会主义初级阶段，这是我们不能回避也不能超越的最大实际。我们只有牢牢把握社会主义初级阶段基本国情没有变这个根本，才能在中国特色社会主义实践探索和理论创新的进程中，坚持正确的发展方向，既防止"左"的偏向，又反对右的倾向。

(二)"两点论与重点论"与社会主要矛盾变化

两点论与重点论的统一是马克思主义唯物辩证法的核心要义与精神实质。所谓两点论，就是指在工作生活中，既要把握主要矛盾，也要注意次要矛盾；既要把握矛盾的主要方面，又要注意矛盾的次要方面。所谓重点论，就是指在工作、生活中要着重把握主要矛盾、矛盾的主要方面。两点论与重点论的统一是科学认识和正确把握主要矛盾的基本遵循，也是解决矛盾、谋划发展的前提与基本依据。我们要坚持辩证唯物主义和历史唯物主义的世界观与方法论，科学把握社会主要矛盾与社会发展阶段的"变"与"不变"，深刻认识新时代社会主要矛盾是我国仍处于社会主义初级阶段的国情和我国仍是世界最大发展中国家的世情背景下的社会主要矛盾。发展仍然是解决我国一切问题的基础和关键，我们要牢牢把握社会主义初级阶段这个最大国情，在继续推动发展的基础上，深刻把握我国社会主要矛盾的新变化，着力解决好发展不平衡不充分问题，

---

① 习近平. 决胜全面建成小康社会　夺取新时代中国特色社会主义伟大胜利——在中国共产党第十九次全国代表大会上的报告 [M]. 北京：人民出版社，2017：11.

大力提升发展质量和效益，提升创新能力，提高实体经济水平，加大保护生态环境力度，补齐民生领域短板，完成乡村振兴任务，缩小城乡区域发展和收入分配差距，解决人民群众在就业、教育、医疗、居住、养老等方面的难题，更好满足人民在经济、政治、文化、社会、生态等方面日益增长的需要，更好推动人的全面发展、社会全面进步，沿着中国特色社会主义道路破浪前进。

三、牢牢把握新矛盾对思想政治工作的要求

"思想政治工作从根本上说是做人的工作。"① 随着中国特色社会主义进入新时代，我国社会主要矛盾的转化，首先就意味着马克思主义中国化时代化及党的理论创新进入了新的历史发展时期和新的发展阶段；其次还反映了矛盾需求侧的人的需要的变化提升，即逐渐由物质层面上升为精神层面；最后则是矛盾供给侧指出了社会生产发展的不平衡不充分。为此，推进新时代社会主要矛盾转化背景下思想政治工作改革创新与高质量发展，一是要用习近平新时代中国特色社会主义思想筑梦凝神铸魂，二是要围绕新时代人的精神需求提升思想政治工作能力，三是要推动新时代思想政治工作平衡而充分的发展。

（一）用习近平新时代中国特色社会主义思想筑梦凝神铸魂

推进我国新时代社会主要矛盾转化背景下思想政治工作高质量发展，要坚持用习近平新时代中国特色社会主义思想筑梦凝神铸魂。筑梦的"梦"，就是强国复兴的中国梦，表现为全面建设社会主义现代化国家、全面实现中华民族伟大复兴的伟大梦想；凝神的"神"，就是精神集中和聚精会神，要求要用社会主义核心价值观引领人的价值观建设与提升人们的价值观自信；铸魂的"魂"，就是指充盈的精神和高度的自信，就是要大力推进中国特色社会主义文化建设和坚定文化自信。

1. 理想向度的"筑梦"

马克思曾说："人们为之奋斗的一切，都同他们的利益有关。"② 从一般意义上讲，在思想政治工作中，最核心的问题是解决人的根本利益问题，满足人社会存在的利益需要问题，要在引领人民追求美好幸福生活过程中确立共同理想，凝聚目标共识。社会主要矛盾转化背景下思想政治工作的逻辑出发点，正是积极勾画和追求人民未来美好生活的新梦想，有效破解了最广大人民思想上、行动上的共同"动机"难题。

---

① 习近平著作选读：第一卷［M］. 北京：人民出版社，2023：540.

② 马克思恩格斯全集：第1卷［M］. 北京：人民出版社，1995：187.

2012 年年底，习近平在参观《复兴之路》展览时的讲话，是创造性地开展思想政治工作的起点。习近平把一代代中华儿女追求幸福美好生活的夙愿凝结为中国梦的阐释，创造性提出中国梦的伟大构想，并进行了时代价值诠释，提振了民族士气，统一了民族认知。他指出，实现中华民族伟大复兴的中国梦是"凝聚了几代中国人的夙愿，体现了中华民族和中国人民的整体利益，是每一个中华儿女的共同期盼"[①]。他将中国梦作为引领国家发展强大、民族团结进步和社会繁荣稳定的纲领性目标，作为凝聚国家发展力量的"黏合剂"。在中国梦的拓展和传播上，以习近平同志为核心的党中央从全要素、全方位、全过程的维度渐次引导海内外中华儿女认知中国梦、认同中国梦、共筑中国梦。他将中国梦升华为国家的梦，归纳为人民的梦，细化为个人的梦，将整体与个体进行了有效连接，完成了梦想的时空转换、身家同修、家国同构。最后，习近平强调，中国梦同各国人民追求幸福的梦相通，将中国梦推进到整个人类社会繁荣发展的宏大背景下来考量，赋予了中国梦世界意义，进行了中国梦与世界人民共同梦想的理论嫁接，提升了中国梦的世界认同，完成了中国梦的国际传播。习近平提出的中国梦思想，体现了人民对美好幸福生活的共同向往和让每个人都拥有了人生出彩的机会，传达了一种"共享"理念，完成了"个人梦—人民梦—民族梦—国家梦—世界梦"的视域融合，实现了人类追求幸福梦想"五位一体"联合构建，将"中国梦"演化为"世界梦"，树立了中国人民和世界人民面向未来、奋勇前进的精神旗帜。新时代思想政治工作以中国梦为逻辑起点，以追求美好幸福生活为逻辑指向，以合作共赢为逻辑路径，受到广大人民的充分认可和积极呼应。中国梦体现了新时代思想政治工作的"高度"，重构了思想的"空间逻辑"，扩充了人民对美好未来想象的空间，廓清了人民思想和行动上的奋斗目标，激发了人民追求幸福生活的原始动力。

2. 价值向度的"凝神"

新时代思想政治工作的基本目标确立之后，关键问题是如何凝聚价值共识。价值观就是一种社会意识，反映的是人认识世界和改造世界的价值尺度，直接决定人的思想意识和行为方式。意识和目标结合产生理想，理想和价值结合产生信念，信念反作用于主体去实现理想，一定的价值观直接影响人是否能够按"美的规律"来塑造美的生活和美的社会。新时代思想政治工作的逻辑支点就是构建个人思想上的价值坐标，寻绎思想政治工作最深层、最磅礴、最持久的力量。

[①] 习近平. 习近平谈治国理政：第一卷 [M]. 北京：外文出版社，2014：36.

　　新时代以来，以习近平同志为核心的党中央综合把握国内国际"两个大局"，系统研判中华传统和人类文明"两个大势"，紧紧立足马克思主义与中国具体国情及中华优秀传统文化的"两个结合"，以马克思主义价值观理论为指导、以中华优秀传统文化为给养，以世界先进文明为镜鉴、以中国改革开放和社会主义建设事业为观照，凝练出社会主义核心价值观，确立了意识形态领域的核心价值导向。党的十八大报告明确提出，"用社会主义核心价值体系引领社会思潮、凝聚社会共识"①。"凝聚共识"就是培育思想和政治上的认同，夯实思想政治工作的基础，明确价值观建设的基础和方向。党的十八大以来，深入分析了社会主义核心价值观提出的时代背景、重要意义、基本要素、内在逻辑和践行路径，系统回答了"为什么"和"怎么样"培育和弘扬社会主义核心价值观的问题。首先，社会主义核心价值观是"凝魂聚气、强基固本的基础工程"②，是国家安定团结、社会和谐有序、人民和睦相处的基本保证，对实现"中国梦"和"两个一百年"伟大目标具有基础性保障作用，是为"安身"之本；其次，培育践行社会主义核心价值观"必须知道自己是谁，是从哪里来的，要到哪里去，想明白了、想对了，就要坚定不移朝着目标前进"③，旨在清楚认识国家和民族的历史来源、文化传统、奋斗历程和现实境遇，告诫人们要不忘初心、牢记本来，在坚持共同价值追求中把握国家和民族的命运，是为"立命"之要；再次，核心价值观"其实就是一种德，既是个人的德，也是一种大德，就是国家的德、社会的德"④，承载着一个民族、一个国家的精神追求，旨在重塑中国人精神世界，重构中国人思想生活，改善中国人道德情操，提升整个社会的道德水平和精神气质，这是为着"提神"。至于"怎么样"培育和弘扬社会主义核心价值观，习近平指出，核心价值观"必须融入社会生活"、要像"空气一样无所不在"，核心价值观要在人们的思想认识上生根发芽，在言行举止中开花结果，固化为人们的情感认同和行为习惯。在党的十九大报告中，习近平又再次突出强调了社会主义核心价值观的重要意义，"社会主义核心价值观是当代中国精神的集中体现，凝结着全体人民共同的价值追求"⑤。由此可见，社会

---

①　十八大以来重要文献选编：上 [M]．北京：中央文献出版社，2014：24．

②　习近平．习近平谈治国理政：第一卷 [M]．北京：外文出版社，2014：163．

③　习近平．习近平谈治国理政：第一卷 [M]．北京：外文出版社，2014：171．

④　习近平．青年要自觉践行社会主义核心价值观——在北京大学师生座谈会上的讲话 [N]．光明日报，2014-05-05（1）．

⑤　习近平．决胜全面建成小康社会　夺取新时代中国特色社会主义伟大胜利——在中国共产党第十九次代表大会上的报告 [N]．人民日报，2017-10-28（1）．

主义核心价值观体现了新时代思想政治工作的"广度"，重构了思想政治工作的"价值逻辑"，是新时代党的思想政治工作的基本价值标尺和重要价值旨归，确立了新时代开展一切思想政治工作的价值坐标系。

3. 文化向度的"铸魂"

从某种意义上说，思想政治工作本质也是文化问题。开创新时代思想政治工作新境界，厚植新时代思想政治工作持久优势，一个重要的条件支撑就在于通过文化解决人们精神层面的问题，这也是现代社会的一个核心问题。新时代思想政治工作的逻辑进路就是通过弘扬优秀传统文化，进行精神再生产，重塑精神力量，在以文化人中实现精神铸魂，为思想政治工作提供精神动力。

新时代以来，以习近平同志为核心的党中央非常重视文化的意识形态功能和精神涵养功能，特别注重文化软实力的塑造和精神力量的迸发，认为思想政治工作要体现精神上的张力，就不能"缺钙"，否则就会得"软骨病"。事实上，中华优秀传统文化的重要精神价值就在于，将其看作中华民族的"精神基因""精神追求""精神标识"和"精神食粮"，这是我们推进改革开放和社会主义现代化建设的强大精神力量。具体说，习近平先后将中华优秀传统文化比作中华民族的"根本""命脉""源泉""根基""根脉"，指出它是"中华民族的精神命脉，是涵养社会主义核心价值观的重要源泉，也是我们在世界文化激荡中站稳脚跟的坚实根基"①，强调"我们决不可抛弃中华民族的优秀文化传统……因为这是我们民族的'根'和'魂'，丢了这个'根'和'魂'，就没有根基了"②。失却了传统文化的滋养，不但中华民族会失"魂"落"魄"，整个社会将陷入精神错乱、礼崩乐坏的境地，中国梦也将烟消云散，也就是"没有文化的繁荣兴盛，就没有中华民族伟大复兴"。习近平站在时代的高度，不忘本来、关注当下、面向未来，将中华民族几千年来的思想文化传统与新时代进行接续与发扬，既保持了中华传统文化精神的主体性，又赋予其新的时代意蕴，实现了传统精神文化思想的"通古今之变"，畅通了传统文化的精神生命，实现了文化价值与思想价值的统一，为思想政治工作提供了顶天立地的精神支柱、凝聚四方的精神纽带和创新发展的精神源泉。可以说，传承和弘扬中华优秀传统文化，体现了新时代思想政治工作的"文化深度"，重构了新时代思想政治工作的"精神逻辑"，解决了人们深层次的"精神家园"问题。一句话，通过文

---

① 庞兴雷. 坚持以人民为中心的创作导向创作更多无愧于时代的优秀作品 [N]. 人民日报，2014-10-16（1）.

② 中共中央文献研究室. 论群众路线：重要论述摘编 [M]. 北京：中央文献出版社，党建读物出版社，2013：125.

化向度的"铸魂"来保证思想政治工作历久弥坚。

(二)围绕新时代人的精神需求提升思想政治工作能力

"新时代的思想政治工作要加强对人民群众的思想引领,为新时代社会主要矛盾的解决提供精神动力。"① 可以说,新时代社会主要矛盾转化背景下,人民日益增长的美好生活需要,更多是指精神层面的需求变化,新时代思想政治工作也要着力"围绕人的精神需求提升思想政治工作能力"②。

1. 准确把握人民精神需求多样化的特点

新时代社会主要矛盾转化背景下人民精神需求的多样化,包括思想观念的多元化,价值追求的差异化,思想行为的网络化。其一,所谓思想观念的多元化,指的是当今社会中各种思潮、舆论、观念的绞结共生与相互激荡,各种思想观念的多变多样与复杂纷繁,造成了人们思想活动的独立性、选择性、差异性、多变性的明显增强,也造成了人民精神需求的巨大差异;其二,所谓价值追求的差异化,指的是随着全面深化改革的进程,我国经济社会结构发生深刻变动,各种样式的新社会阶层和新社会群体亦不断涌现,从而造成了不同阶层与不同群体之间精神需求的巨大差异,如进城务工人员和城市白领阶层对文化产品有着不同的要求;其三,新媒体传播科技的迅速发展与迅速普及,使得人民精神需求呈现方式更加多样,网络已经成为人们日常生产生活中接收信息、沟通联系的主要渠道,人人都可以借助网络表达需求。

2. 以理想信念教育为核心引领精神需求

"人民有信仰,国家有力量,民族有希望。"③ 新时代坚持和发展中国特色社会主义,必须依靠有坚定理想信念的领导者、有共同理想的建设者,同时还要着力培养又红又专、德才兼备、全面发展的社会主义合格建设者和可靠接班人,以保证党和国家事业后继有人、生生不息、源源不断。所以说,对于世界上最大政党的中国共产党来说、对于人口超过 14 亿的超大人口规模的社会主义中国来说,用共同理想信念把全体党员、全体人民凝聚起来,牢记"国之大者",始终是新时代党和国家的一项极端重要的任务。抓好理想信念教育,引领精神需求,关键是要用好理论和真理的力量。习近平新时代中国特色社会主义思想是当代中国的马克思主义,是 21 世纪的马克思主义,是马克思主义中国化时代化的最新理论成果,贯穿着科学思想方法和坚定信仰追求,充满了理论的

---

① 李海峰. 社会主要矛盾变迁下的思想政治工作发展 [J]. 人民论坛,2021 (36).

② 张曙光. 社会主要矛盾变化对思想政治工作提出的新要求 [EB/OL]. 宣讲家网,2018-04-25.

③ 习近平. 习近平谈治国理政:第三卷 [M]. 北京:外文出版社,2020:33.

力量和真理的力量，是开展新时代理想信念教育的强大思想指引。

3. 以强国复兴梦想指引人们奋力向前

实现伟大复兴是百年来中华民族的夙愿和最伟大的梦想，也是亿万中华儿女长期艰辛求索和不懈奋斗的目标。一个民族和国家的共同理想信念，既包括共同的奋斗目标，也包括共同的价值追求。共同的奋斗目标是对建设更加幸福美好社会的远景蓝图，共同的价值追求是建设更加进步美好社会的价值引领。对新时代中国特色社会主义建设来说，共同的奋斗目标就是实现富强民主文明和谐美丽的社会主义现代化强国和实现中华民族伟大复兴中国梦，共同的价值追求就是积极培育和践行社会主义核心价值观。共同的理想信念与共同的价值追求相辅相成，相得益彰，共同发挥着精神引领作用。全面推进强国建设、民族复兴伟业的伟大梦想，是筑牢共同理想信念、激励人们奋力向前的精神旗帜。要不断深化中国梦学习宣传教育，引导人们深刻认识中国梦是国家的梦、民族的梦，也是每一个中国人的梦；深刻认识中国梦的广阔舞台为个人梦想提供了蓬勃生长的空间，每个人向着梦想的不懈努力，都是实现中国梦的重要力量。人的幸福都是奋斗而来的，我们每个人的梦想都要在勤奋进程中去实现。

4. 社会主义核心价值观的培育与弘扬

党的二十大报告围绕"举旗帜、聚民心、育新人、兴文化、展形象建设社会主义文化强国"①，提出了五个方面的具体目标任务，即建设具有强大凝聚力和引领力的社会主义意识形态、广泛践行社会主义核心价值观、提高全社会文明程度、繁荣发展文化事业和文化产业、增强中华文明传播力影响力。中国共产党人对社会主义价值观问题的思考是深邃的、持久的，也是直抵社会主义本质的。对于开启了民族复兴道路的共产党人来说，社会主义是远大的目标，不仅代表了良善的理想，也蕴含了美好的社会价值观。社会主义核心价值观是共同理想在国家、社会、公民不同层面的价值表达。新时代思想政治工作要着力围绕坚定全体人民的共同理想信念以更好构筑中国精神、中国价值和中国力量，坚持不懈地用社会主义核心价值观凝魂聚力，为中国特色社会主义事业提供源源不断的精神动力和道德滋养。

（三）推动新时代思想政治工作平衡而充分的发展

新时代，"社会主要矛盾的转化决定新时代思想政治教育主要矛盾及其他矛

---

① 习近平. 高举中国特色社会主义伟大旗帜　为全面建设社会主义现代化国家而团结奋斗——在中国共产党第二十次全国代表大会上的报告［M］. 北京：人民出版社，2022：17.

盾的变化，深层次影响思想政治教育的整体结构、科学决策和战略实施"①。进而言之，新时代我国社会主要矛盾供给侧的不平衡不充分的发展，延伸到思想政治工作领域，体现为"新时代思想政治工作领域发展不平衡不充分的问题"②。具言之，思想政治工作不平衡表现为地域间的发展不平衡，基层思想政治工作相对较弱，在一些地方甚至出现边缘化现象，一些政工干部在日常工作中经常做些与本职工作无关的事情，不能够专心开展思想政治工作。思想政治工作不充分表现为思想政治工作创新能力有待进一步提升，正如习近平同志所指出的那样，"国内外形势新变化和实践新要求，迫切需要我们从理论和实践的结合上深入回答关系党和国家事业发展、党治国理政的一系列重大时代课题"③，对新时代思想政治工作而言，尤其需要识变应变求变，从理论上跟上时代。

1. 推动新时代思想政治工作平衡发展，提升基层思想政治工作水平

推动新时代思想政治工作平衡发展，提升基层思想政治工作水平，实现思想政治工作高质量发展，"必须深化对生命线的认识，必须善于使用群众听得懂的语言"④。

（1）必须深化对"生命线"的认识

回顾历史，高度重视、切实抓好意识形态工作，是我们党的优良传统和政治优势。毛泽东同志曾强调："掌握思想领导是掌握一切领导的第一位"。习近平总书记在全国宣传思想工作会议上强调，"意识形态工作是党的一项极端重要的工作"⑤，能否做好意识形态工作，事关党的前途命运，事关国家长治久安，事关民族凝聚力和向心力。历史和现实反复证明，中国共产党之所以能够带领全国人民取得革命、建设、改革的伟大胜利，根本在于党的政治信仰和执政宗旨得到了人民群众的衷心拥护；党的执政地位首先取决于马克思主义在意识形态领域的指导地位是否稳固，党的执政基础首先取决于全党全国人民团结奋斗的共同思想基础是否坚实。

---

① 张毅翔. 社会主要矛盾转化影响新时代思想政治教育的机理、根源及应对 ［J］. 思想理论教育，2019（4）.

② 张毅翔. 社会主要矛盾转化影响新时代思想政治教育的机理、根源及应对 ［J］. 思想理论教育，2019（4）.

③ 习近平. 决胜全面建成小康社会　夺取新时代中国特色社会主义伟大胜利——在中国共产党第十九次全国代表大会上的报告 ［M］. 北京：人民出版社，2017：17.

④ 张曙光. 社会主要矛盾变化对思想政治工作提出的新要求 ［EB/OL］. 宣讲家网，2018-04-25.

⑤ 习近平关于社会主义文化建设论述摘编 ［M］. 北京：中央文献出版社，2017：33-34.

（2）必须善于使用群众听得懂的语言

基层思想政治工作直接面对广大人民群众，要采用人民群众喜闻乐见的方式来开展工作。人民群众常用的一些谚语、俗语，反映民间生活智慧，有时比书面语更能形象、深刻地表达某一观点，在这方面习近平总书记堪称典范。党的十八大后，在第一次中外记者见面会上，习近平总书记谈到党风问题时讲"打铁还需自身硬"；把理想信念看作共产党人精神上的"钙"，精神上"缺钙"，就会得"软骨病"；讲反腐败要坚持"老虎""苍蝇"一起打、制度建设不能"牛栏关猫"；等等。所以说，新时代思想政治工作通过采用人民群众听得懂、喜欢听的方式讲故事，在人民群众日常生活故事中阐释道理，比直接讲道理、解释理论更能吸引思想政治工作对象的关注。

2. 推动新时代思想政治工作充分发展，提升思想政治工作创新能力

推动新时代思想政治工作充分发展，提升思想政治工作创新能力，助推新时代思想政治工作高质量发展目标之实现，必须注重新时代思想政治工作的主体理念创新，必须注重新时代"思想政治工作内容创新、思想政治工作方法创新"①。

（1）新时代思想政治工作主体的理念创新

新时代国内外形势发生了深刻而广泛的变化，提出了新的重大时代课题，提供了新时代思想政治工作主体理念的创新契机。新时代社会主要矛盾转化背景下的思想政治工作主体，在思想观念上首先要树立一种"自信、昂扬、豪迈、欢快的精神状态"②，我们进入中国特色社会主义新时代的时候，思想政治工作的一个重大时代任务，就是从整体上调整自身的精神状态。其次，要树立"服务中心、回归本质、夯实基础、突出重点"③ 的新理念，这个中心就是坚持党的领导这个中心理念，回归本质就要求始终坚持引领人的思想发展这个本质力量，夯实基础意味着要切实加强社会主义思想文化建设，这个重点在于树立问题导向之理念以力求避免"空对空"与"从原则到原则"。最后则要树立高质量发展的理念，着力推进新时代思想政治工作的改革创新与高质量发展，以实实在在的思想政治工作业绩与实践效能来体现。

（2）新时代思想政治工作内容的创新

"思想政治教育工作的内容具有鲜明的时代性特征，不同历史时期的教育内

---

① 张曙光. 社会主要矛盾变化对思想政治工作提出的新要求 [EB/OL]. 宣讲家网，2018-04-25.

② 刘建军. 试论新时代思想政治教育的精神气质 [J]. 文化软实力，2017（4）.

③ 刘宏达. 新时代思想政治教育的历史使命、理论基础与实践要求 [J]. 学校党建与思想教育，2017（12）.

容是不一样的，这是思想政治教育工作内容创新发展的根本体现。"① 思想政治工作内容只有做到契合时代要求、做到与时俱进、体现时代精神，才能富有活力和生命力。一方面，新时代思想政治工作的时代性内容，主要有习近平新时代中国特色社会主义思想、新时代理想信念、社会主义核心价值观、"四个自信"等具体性内容；另一方面，人民群众历史的创造者，也是思想政治工作的对象主体，思想政治工作的内容必须贴近生活、贴近人民，坚持群众性和大众化，才能为人民群众所接受和所需求。因此，新时代思想政治工作者要注重新的矛盾任务与时代要求，认真研究人民群众思想活动的新情况与新特点，与时俱进和实事求是地确立思想政治工作内容，有针对性地扎实开展工作，教育广大人民群众不断为个人美好生活和强国复兴梦想而奋斗。

（3）新时代思想政治工作方法的创新

毛泽东指出："不同质的矛盾，只能用不同质的方法才能解决。"② 在新时代思想政治工作实践活动中，要使思想政治工作对象能够认知认同马克思主义、认知认同中国化时代化的马克思主义，尤其是认知认同习近平新时代中国特色社会主义思想等理论知识和内容，从而使其树立科学的世界观、人生观与价值观，这实际上就是显性教育的过程。但仅有此过程还是远远不够的，因为人民群众的思想观念和行为习惯的形成，还会受到多方面因素的影响，包括社会、家庭、工作环境、社会舆论等方面的综合影响和反复作用，然后在此基础上逐步形成正确的思想观念、认知判断、态度倾向和行为习惯，这一过程是隐性教育的过程。思想政治工作者只有将显性教育与隐性教育相结合，即在思想政治工作中做到"刚""柔"相济，不仅有严肃和规范的思想政治工作，还可利用喜闻乐见的文化、娱乐方式以及各种载体拓展丰富多彩的思想政治文化活动，提高人民群众的参与兴趣，使其受到潜移默化的影响，真正达到思想政治工作与思想道德教育的完美结合，充分发挥思想政治工作的重要作用。

---

① 骆郁廷，项敬尧. 新时代思想政治教育创新发展的基本遵循 [J]. 思想理论教育，2018（1）.
② 毛泽东选集：第一卷 [M]. 北京：人民出版社，1991：311.

参考文献

一、经典著作

［1］马克思恩格斯文集［M］.北京：人民出版社，2009.

［2］马克思恩格斯选集［M］.北京：人民出版社，2012.

［3］列宁选集：第1卷［M］.北京：人民出版社，2012.

［4］毛泽东选集：第一卷［M］.北京：人民出版社，1991.

［5］毛泽东文集：第一卷［M］.北京：人民出版社，1993.

［6］邓小平文选：第三卷［M］.北京：人民出版社，1993.

［7］江泽民文选：第一卷［M］.北京：人民出版社，2006.

［8］胡锦涛文选：第一卷［M］.北京：人民出版社，2016.

［9］习近平.习近平谈治国理政：第一卷［M］.北京：外文出版社，2014.

［10］习近平.习近平著作选读：第一卷［M］.北京：人民出版社，2023.

［11］习近平.思政课是落实立德树人根本任务的关键课程［M］.北京：人民出版社，2020.

［12］中共中央关于党的百年奋斗重大成就和历史经验的决议［M］.北京：人民出版社，2021.

［13］习近平.决胜全面建成小康社会　夺取新时代中国特色社会主义伟大胜利——在中国共产党第十九次全国代表大会上的报告［M］.北京：人民出版社，2017.

［14］习近平.高举中国特色社会主义伟大旗帜　为全面建设社会主义现代化国家而团结奋斗：在中国共产党第二十次全国代表大会上的报告［M］.北京：人民出版社，2022.

二、中文著作

［1］包心鉴.社会治理创新与当代中国社会发展［M］.北京：人民出版

社，2014.

[2] 董永俊，王恩宇，彭志远．社会基本矛盾学说与中国社会主义改革 [M]．北京：经济科学出版社，1994.

[3] 方松华，吴晓江，马丽雅．社会主要矛盾转化新论 [M]．上海：上海人民出版社，2022.

[4] 冯刚．探索思想政治教育发展的内生动力 [M]．北京：人民出版社，2017.

[5] 教育部思想政治工作司组编．加强和改进大学生思想政治教育重要文献选编（1978—2014）[M]．北京：知识产权出版社，2015.

[6] 荆惠民，董耀鹏，等．思想政治工作概论 [M]．北京：中国人民大学出版社，2007.

[7] 雷云．社会主义矛盾问题研究 [M]．杭州：浙江人民出版社，1999.

[8] 冷树青．从社会基本矛盾观到人类系统观——和平发展思想理论创新论 [M]．南昌：江西人民出版社，2017.

[9] 李凤梧．社会主义社会矛盾论 [M]．济南：山东人民出版社，1996.

[10] 李皋．变迁与启示：改革开放四十年化解社会矛盾经验研究 [M]．北京：中国民主法制出版社，2018.

[11] 李海涛．新时代中国特色社会主义发展战略 [M]．北京：人民出版社，2018.

[12] 李合亮．思想政治教育探本：关于其缘起及本质的研究 [M]．北京：人民出版社，2007.

[13] 李忠红，王贺．思想政治教育探究 [M]．北京：社会科学文献出版社，2019.

[14] 梁周敏，衡彩霞．新时期人民内部矛盾问题研究 [M]．北京：人民出版社，2001.

[15] 刘建军．马克思主义信仰研究 [M]．北京：中国人民大学出版社，2021.

[16] 刘建军．寻找思想政治教育的独特视角 [M]．北京：中国人民大学出版社，2017.

[17] 龙凯．思想政治工作原理 [M]．北京：中央编译出版社，2011.

[18] 卢伟．新时代我国社会主要矛盾研究 [M]．北京：中共中央党校出版社，2021.

[19] 骆郁廷．思想政治教育引论 [M]．北京：中国人民大学出版社，2018.

[20] 戚如强．思想政治教育社会整合论 [M]．上海：上海三联书店，2015.

[21] 饶武元. 社会稳定与思想政治工作研究 [M]. 北京：人民出版社，2022.

[22] 任志峰. 新时代思想政治教育发展：问题、借鉴与展望 [M]. 北京：中国社会科学出版社，2020.

[23] 任仲文. 新时代我国社会主要矛盾变化的重大意义 [M]. 北京：人民日报出版社，2019.

[24] 沈湘平，杨仁忠. 新时代社会主要矛盾与人的发展 [M]. 北京：经济管理出版社，2019.

[25] 沈壮海. 思想政治教育有效性研究 [M]. 3 版. 武汉：武汉大学出版社，2015.

[26] 石建勋. 新时代我国社会发展的主要矛盾研究 [M]. 北京：人民出版社，2019.

[27] 史广成，王玉敏. 思想政治工作概论 [M]. 济南：山东人民出版社，2008.

[28] 宋福范，李俊伟. 新时代党的思想政治工作概论 [M]. 北京：中国财政经济出版社，2023.

[29] 宋永平，等. 社会基本矛盾历史作用与当代表现 [M]. 西安：陕西人民出版社，2009.

[30] 孙其昂. 社会学视野中的思想政治工作 [M]. 2 版. 北京：科学出版社，2018.

[31] 田鹏颖，等. 中国特色社会主义论 [M]. 北京：社会科学文献出版社，2019.

[32] 田新文. 民生政治研究 [M]. 北京：中国社会科学出版社，2016.

[33] 汪勇. 利益多元化对马克思主义大众化的影响及对策研究 [M]. 北京：人民出版社，2017.

[34] 王滨. 思想政治教育环境论：大社会视野下的思想政治教育 [M]. 上海：同济大学出版社，2011.

[35] 王建国，邓岩. 新时代社会主要矛盾的转化与执政党的历史使命 [M]. 武汉：华中师范大学出版社，2020.

[36] 王敏. 当代中国合作型教育行政构建研究 [M]. 北京：光明日报出版社，2019.

[37] 王伟光. 经济利益、政治秩序、社会稳定：社会主义矛盾的深层反思 [M]. 北京：中共中央党校出版社，1991.

[38] 王伟光. 社会矛盾论：我国社会主义现阶段阶级、阶层和利益群体的

分析 [M]. 北京：中国社会科学出版社，2019.

[39] 吴忠民. 新形势下中国重大社会矛盾问题分析 [M]. 北京：中共中央党校出版社，2015.

[40] 谢海光. 互联网与思想政治工作概论 [M]. 上海：复旦大学出版社，2000.

[41] 杨威. 思想政治教育的社会学研究 [M]. 北京：中国社会科学出版社，2014.

[42] 姚尚建. 风险化解中的治理优化 [M]. 北京：中央编译出版社，2013.

[43] 叶方兴. 社会之镜：思想政治教育社会整合研究 [M]. 上海：上海人民出版社，2018.

[44] 于建勋. 论我国现阶段社会的主要矛盾 [M]. 北京：红旗出版社，1983.

[45] 俞可平. 推进国家治理与社会治理现代化 [M]. 北京：当代中国出版社，2014.

[46] 曾令辉. 虚拟社会人的发展研究 [M]. 北京：人民出版社，2009.

[47] 张廷广. 现阶段我国社会主要矛盾研究 [M]. 北京：人民出版社，2023.

[48] 张蔚萍，张俊南. 思想政治工作概论 [M]. 西安：陕西人民出版社，1983.

[49] 张耀灿，郑永廷，吴潜涛，等. 现代思想政治教育学 [M]. 北京：人民出版社，2006.

[50] 赵科天. 新世纪新阶段人民内部矛盾问题研究 [M]. 北京：中国社会科学出版社，2017.

[51] 赵岩. 思想政治教育学方法新论：基于批判实在论的视角 [M]. 北京：社会科学文献出版社，2020.

[52] 郑杭生. 走向更讲治理的社会：社会建设与社会管理 [M]. 北京：中国人民大学出版社，2006.

[53] 中共中央宣传部. 毛泽东邓小平江泽民论思想政治工作 [M]. 北京：学习出版社，2000.

[54] 周长美，李强. 全面深化改革中我国社会矛盾基本形态及化解对策研究 [M]. 哈尔滨：哈尔滨出版社，2019.

[55] 朱力，等. 现阶段我国社会矛盾演变趋势、特征及对策 [M]. 北京：中国社会科学出版社，2018.

三、中文译著

[1] 洛克. 政府论：下篇 [M]. 叶启方，瞿菊农，译. 北京：商务印书馆，1983.

[2] 帕特南. 使民主运转起来 [M]. 王列，赖海榕，译. 南昌：江西人民出版社，2001.

[3] 奈. 软力量——世界政坛成功之道 [M]. 吴晓辉，钱程，译. 上海：东方出版社，2005.

[4] 杜威. 道德教育原理 [M]. 王承绪，等译. 杭州：浙江教育出版社，2003.

[5] 特纳. 社会学理论的结构 [M]. 邱泽奇，张茂元，等译. 7 版. 北京：华夏出版社，2006.

[6] 亨廷顿，等. 现代化：理论与历史经验的再探讨 [M]. 张景明，译. 上海：上海译文出版社，1993.

[7] 亨廷顿. 变化社会中的政治秩序 [M]. 王冠华，等译. 上海：上海人民出版社，2023.

[8] 查普夫. 现代化与社会转型 [M]. 陈黎，陆宏成，译. 2 版. 北京：社会科学文献出版社，2000.

[9] 勒庞. 乌合之众：大众心理研究 [M]. 冯克利，译. 北京：中央编译出版社，2011.

[10] 奥斯特罗姆. 公共事物的治理之道：集体行动制度的演进 [M]. 余逊达，陈旭东，译. 上海：上海三联书店，2000.

[11] 罗尔斯. 政治自由主义 [M]. 万俊人，译. 北京：译林出版社，2000.

[12] 布莱克. 现代化的动力：一个比较史的研究 [M]. 景跃进，张静，译. 杭州：浙江人民出版社，1989.

[13] 伊斯顿. 政治生活的系统分析 [M]. 王浦劬，译. 北京：人民出版社，2012.

[14] 阿普特. 现代化的政治 [M]. 陈尧，译. 上海：上海人民出版社，2011.

[15] 罗兹曼. 中国的现代化 [M]. 国家社会科学基金"比较现代化"课题组，译. 南京：江苏人民出版社，2003.

四、期刊报纸

[1] 刘建军. 试论新时代思想政治教育的精神气质 [J]. 文化软实力，2017（4）.

[2] 陈华洲，赵耀. 社会主要矛盾转化视域下思想政治教育的现代转型 [J]. 思想理论教育，2019（2）.

[3] 白显良，崔建西. 新时代立德树人的价值定位、时代内涵与实践要旨 [J]. 思想理论教育，2018（11）.

[4] 范宝舟，赵蔚. 论思想政治教育与立德树人的辩证关系 [J]. 思想理论教育，2021（6）.

[5] 张毅翔. 社会主要矛盾转化影响新时代思想政治教育的机理、根源与应对 [J]. 思想理论教育，2019（4）.

[6] 吕学芳，郑流云，肖映胜. 论高校思想政治理论课"育人理念"的转换——从"供给者本位"与"需求者本位"的视角分析 [J]. 吉首大学学报（社会科学版），2015（6）.

[7] 彭正德，邵似玉. 新时代高校思想政治教育主要矛盾探析 [J]. 思想教育研究，2020（7）.

[8] 孙梦婵. 论新时代思想政治教育主要矛盾 [J]. 思想政治教育研究，2019（2）.

[9] 王永益. 问题与思路：新时代社会主要矛盾变化下的思想政治教育 [J]. 湖湘论坛，2018（2）.

[10] 谢辉. 把立德树人的成效作为检验学校一切工作的根本标准 [J]. 中国高等教育，2018（12）.

[11] 邢盈盈. 论新时代高校思想政治教育的供需矛盾 [J]. 扬州大学学报（高教研究版），2019（8）.

[12] 赵浚，张澍军. 信息化时代高校思想政治教育供应链的建构 [J]. 广西社会科学，2018（7）.

[13] 李国泉. 新时代社会主要矛盾转化的马克思主义阐释 [J]. 东南学术，2021（1）.

[14] 巩克菊，张国岭. 美好精神生活需要视域下大学生思想政治教育方法创新 [J]. 山东青年政治学院学报，2020（1）.

[15] 穆鹏程. 新时代思想政治教育发展的内蕴阐释、特性解析及现实依据——基于我国社会主要矛盾转化的视角 [J]. 成都理工大学学报（社会科学

版），2020（3）．

[16] 项久雨. 论美好生活的马克思主义逻辑 [J]. 马克思主义研究，2020
（7）．

[17] 李伟. 论思想政治教育对美好精神生活需要的满足 [J]. 思想理论教育，2020（3）．

[18] 秦维红，张玉杰. 马克思需要理论视域中"美好生活需要"探析 [J]. 马克思主义理论学科研究，2020（4）．

[19] 秦维红，张玉杰."美好生活"探究的三重维度 [J]. 思想教育研究，2020（8）．

[20] 谢海军. 新时代我国主要矛盾"变"与所处历史阶段"不变"的辩证逻辑分析 [J]. 东南学术，2020（2）．

[21] 梁严冰. 延安时期马克思主义与中华优秀传统文化的结合 [J]. 西北大学学报（哲学社会科学版），2020（6）．

[22] 常春. 中国共产党对社会主要矛盾的探索及启示 [J]. 思想理论教育，2015（2）．

[23] 杨玉成，刘艳. 习近平关于新时代我国社会主要矛盾论断的理论渊源和现实依据 [J]. 毛泽东研究，2019（4）．

[24] 项久雨. 新时代美好生活的样态变革及价值引领 [J]. 中国社会科学，2019（11）．

[25] 杨智勇. 全媒体时代大学生思想政治教育的审视与优化 [J]. 思想理论教育，2019（12）．

[26] 张明军，朱玉梅. 新时代社会主要矛盾新论断的依据、内涵及价值 [J]. 湘潭大学学报（哲学社会科学版），2019（6）．

[27] 陈国龙."微思政"背景下高校思想政治教育优化路径探究 [J]. 课程教育研究，2019（10）．

[28] 史向军，徐瑞矫. 进一步构筑新时代意识形态话语自信 [J]. 党建，2019（12）．

[29] 韩庆祥，刘雷德. 论新时代"历史方位"的鲜明标志 [J]. 马克思主义研究，2019（11）．

[30] 王永灿. 新时代主要矛盾转化与人的全面发展 [J]. 上海市社会主义学院学报，2019（2）．

[31] 李喜英. 新时代实现"美好生活"的历史价值指向 [J]. 福建论坛（人文社会科学版），2018（4）．

［32］张卫伟，王建新．美好生活的多重价值内涵及其现实构建［J］．思想理论教育，2018（4）．

［33］曹洪滔．论习近平关于新时代社会主要矛盾转化重要论述的唯物史观机理［J］．理论视野，2019（11）．

［34］汪信砚，周可．关于新时代我国社会主要矛盾转化的论断及其重要意义探析［J］．江汉论坛，2018（12）．

［35］刘雯炀，李婧．新中国成立初期党对我国社会主要矛盾的认识［J］．思想理论教育导刊，2019（11）．

［36］王会方，董振华．社会主要矛盾转化与新的发展要求［J］．中州学刊，2018（2）．

［37］王金磊，姚聪聪．习近平关于人民美好生活重要论述的哲学意蕴［J］．广西社会科学，2019（6）．

［38］刘吕红．人民美好生活创造的逻辑理路［J］．马克思主义理论学科研究，2019（1）．

［39］项久雨．新时代美好生活的样态变革及价值引领［J］．中国社会科学，2019（11）．

［40］李君如．深入理解我国社会主要矛盾转化的重大意义［N］．人民日报，2017-11-16（7）．

［41］中共中央　国务院印发《关于加强和改进新形势下高校思想政治工作的意见》［N］．人民日报，2017-02-28（1）．

［42］中共中央　国务院印发《关于新时代加强和改进思想政治工作的意见》［N］．人民日报，2021-07-13（1）．

五、汇编

［1］建党以来重要文献选编：第1册［G］．北京：中央文献出版社，2011．

［2］十一届三中全会以来党和国家重要文献选编［G］．修订版．北京：中共中央党校出版社，2008．

［3］十九大以来重要文献选编：下［G］．北京：中央文献出版社，2023．

［4］十九大以来重要文献选编：中［G］．北京：中央文献出版社，2021．

［5］十八大以来重要文献选编：上［G］．北京：人民出版社，2014．

［6］十八大以来重要文献选编：下［G］．北京：人民出版社，2018．

［7］十八大以来重要文献选编：中［G］．北京：人民出版社，2016．

［8］十九大以来重要文献选编：上［G］．北京：中央文献出版社，2019．

［9］中国共产党宣传工作文献选编：1915—1992［G］. 北京：学习出版社，1996.

［10］中华人民共和国学校思想政治理论课重要文献选编：上卷［G］. 北京：人民出版社，2022.

［11］中华人民共和国学校思想政治理论课重要文献选编：下卷［G］. 北京：人民出版社，2022.

后　记

呈现在诸君面前的这本小书是本人申请并获批的教育部人文社会科学研究青年基金项目"社会主要矛盾转化对新时代思想政治工作的影响研究"（项目编号：20YJC710060）的最终成果，也可以说是我近六年的博士研究生学习期间所取得的除博士学位论文之外的又一个重要成果。

当我在电脑上敲出本书的最后一行文字时，虽然没有早期所预想的如释重负之感，但我还是清楚地意识到这个项目可能真的做完了。临近书稿付梓之际，感慨良多。一方面，已至不惑之年的我，从没想到数10年间的求学、工作与生活之路是如此之艰辛，也从没想到误入其中的教学、科研与学术之路是如此之艰难；另一方面，近乎科研小白的我，从没想到自己能以博士生身份成功获批教育部人文社会科学研究基金项目，也从没想到自己还能以博士生身份成功获批国家社会科学研究基金项目。如此之种种，皆不由得想啰唆几句，以记录一下本人的学习与生活、科研与学术的心路历程。

5年以前，我有幸考入贵州师范大学马克思主义学院汪勇教授门下，跟随导师攻读思想政治教育专业博士学位研究生。记得当时还是暑假，录取通知书都没有到手，我便领到了老师布置的作业：要求我围绕社会主要矛盾转化与思想政治工作的关系进行思考，并要我按照国字号项目申报要求撰写一个高质量的项目申报书。博士入学以后没多久，老师便召开了小型讨论会，专门讨论我和另外一个同门的暑假作业，然后，我们均得到老师的好大一顿批评。接着，老师便开始从宏观破题到微观构思、从文献综述到遣词造句等方面，给我们系统讲解了申报书的撰写要求，这是我第一次真正开始接触教育部项目申报方面的教育。此后，老师又多次要求我旁听贵师大马院的国字号项目申报论证会，我也从中学习到不少方法与技巧。随后，我在肯定社会主要矛盾对思想政治工作的影响这个选题之后，又多次对之前的项目申报书进行了修改与完善。再往后，便有了我成功获批项目消息的传来。

项目获批以来，我作为一名在职攻读博士学位研究生的高校教师，在学生和教师之间不断地变换身份，在学业和职业之间不断地来往跋涉，在学位论文与结题材料之间来往穿梭。在这个过程中，我遇到了很多的人、很多的事，都需借此机会表达一下感激之情。

　　首先就是感谢我的博士生导师汪勇教授。因为有您，才有我人生进阶的博士学位。因为有您的命题作文，才有我人生第一个大项目。因为有您，才让我得以在高水平科研殿堂里畅游翱翔。我也要向贵州师范大学的欧阳恩良老师，伍志燕老师和杨席宇老师、衡阳师范学院的彭斌老师和宋建丽老师说一句感谢。我还要向赵志阳博士、刘晓鹏博士、范琼师妹、户振亚师弟、傅益南师弟、王建超师弟、秦锐师弟、程银师弟、林伟东师弟、徐振戎师弟、卓英莲师妹、余成龙师弟、谭天师妹、吕洁师妹、王漫群师妹、龙薪宇师妹、程前远师妹等说一声感激。我还要向我的父亲王春耕、母亲易购粮、胞弟王平、表哥易继胜、表姐夫雷光耀、儿子王昱升和王俊翔等表一言谢忱。我还要向与本文写作有关的参考文献与资料所涉及的作者，特别是那些没有列出名字的前辈学人们真诚地表达感谢。感谢诸位师长的热情指点，感恩诸多同学与师弟师妹的热心帮助，感激诸位家人亲人的坚定支持，感念诸多前辈学人提供的厚实肩膀。

　　总归而言，我能够成功获批此项目，欣喜之情自溢于言表，而要完成项目结项，困窘之情也时常涌现。我在项目开展进行中所遇到的各种心酸曲折，最终都落到了本书稿的文字上！走过来了，挺过来了，我才真正发现，学术与科研之路并非那么的灰暗。

　　虽年至不惑，好戏刚开场。一切皆能及，未来尤可追。

　　是为后记！

王敏　谨记于龙文山下

2023 年 12 月 4 日